全国中等职业教育物流专业课程改革规划教材

物流信息处理

主　编　王彩娥

副主编　李小龙

中国财富出版社

图书在版编目（CIP）数据

物流信息处理/王彩娥主编 . —北京：中国财富出版社，2013.7

（全国中等职业教育物流专业课程改革规划教材）

ISBN 978 - 7 - 5047 - 4748 - 8

Ⅰ. ①物…　Ⅱ. ①王…　Ⅲ. ①物流—管理信息系统—中等专业学校—教材　Ⅳ. ①F252 - 39

中国版本图书馆 CIP 数据核字（2013）第 152475 号

策划编辑	马　军	责任印制	何崇杭
责任编辑	王　琳　杨　璐	责任校对	饶莉莉

出版发行	中国财富出版社（原中国物资出版社）		
社　　址	北京市丰台区南四环西路 188 号 5 区 20 楼	邮政编码	100070
电　　话	010 - 52227568（发行部）	010 - 52227588 转 307（总编室）	
	010 - 68589540（读者服务部）	010 - 52227588 转 305（质检部）	
网　　址	http：//www. cfpress. com. cn		
经　　销	新华书店		
印　　刷	中国农业出版社印刷厂		
书　　号	ISBN 978 - 7 - 5047 - 4748 - 8/F · 1982		
开　　本	787mm×1092mm　1/16	版　次	2013 年 7 月第 1 版
印　　张	23.25	印　次	2013 年 7 月第 1 次印刷
字　　数	537 千字	定　价	38.00 元

出版说明

　　本书是中职中专物流服务与管理专业系列教材之一，目的在于培养学生从事物流企业一线基层岗位所需的综合素质与技能。本书包括物流业务档案的建立、物流票务接单、物流账务信息处理、客户返单处理、物流信息监控和物流信息系统报表导出等内容，并通过典型工作任务操作和训练使学生掌握知识、技能。训练任务设计注重学生的创新能力，强调以学生为主体。通过完成训练任务，学生能够在贴近现实的环境中得到锻炼，能运用计算机及时处理物流信息、数据及操作物流相关设备，提高经营管理能力，成为适应物流一线需要的信息技术型人才。

　　本书可作为中等职业学校物流服务与管理专业、物流信息管理专业及其他相关专业的教材，也可作为相关人员学习参考用书。

前　言

物流服务与管理专业要求学生不仅要熟悉各种物流理论知识，更要掌握物流设备的操作和物流现场的作业流程，对学生的动手实操能力要求非常高。为了使学生通过工学交替、实践教学提高实践能力，在教学过程中将工作过程设计成学习过程，实现工作与学习的结合，达到促进学生就业、为社会提供合格人才的目的，校企共同研讨开发了本套指导教材。

本教材围绕物流企业信息维护、管理、操作、采集工作进行教学。本课程以任务为引领，通过典型工作任务操作和训练使学生掌握知识、技能，同时各任务涵盖相关拓展知识，力求在教学过程中不但让学生掌握本课程内容，还能提高对物流信息处理的整体认识，培养举一反三的能力，使学生入职后能很快适应不同物流信息岗位的业务要求，为学生未来职业发展和成为基层管理人才储备知识、技能。

依据物流业务信息相关岗位典型职业能力划分，本教材分为物流资源维护、客户信息维护、供应商信息维护、库房信息维护、入库接单、在库制单、出库接单、运输制单、费用管理、费用结算、运单补录复核与返单处理、运输残损记录表制作、条码数据采集、RFID 数据采集、仓库明细表的制作、物流业务信息统计、物流业务信息查询 17 个典型的工作任务。在该基础上，按照物流企业中的物流信息流转实际业务流程进行设计，共分为六个项目：物流业务档案的建立、物流票务接单、物流账务信息处理、客户返单处理、物流信息监控、物流信息系统报表导出。

具体的教学内容与建议课时分配如下：

	教　学　内　容	建　议　课　时
物流业务档案的建立	任务一　物流资源维护	5
	任务二　客户信息维护	5
	任务三　供应商信息维护	5
	任务四　库房信息维护	5

续 表

教 学 内 容		建 议 课 时
物流票务接单	任务一　入库接单	6
	任务二　在库制单	10
	任务三　出库接单	6
	任务四　运输制单	8
物流账务信息处理	任务一　费用管理	6
	任务二　费用结算	6
客户返单处理	任务一　运单补录复核与返单处理	6
	任务二　运输残损记录表制作	4
物流信息监控	任务一　条码数据采集	8
	任务二　RFID 数据采集	8
物流信息系统报表导出	任务一　仓库明细表的制作	6
	任务二　物流业务信息统计	6
	任务三　物流业务信息查询	8
合 计		108

　　本教材由北京市商业学校王彩娥担任主编，李小龙担任副主编。毕丽丽、汝知骏、李洋、贾桂花、解凌竣、于寅虎、孙明燕、任义娥等人参与编写工作。

　　本教材在编写过程中，得到了北京市络捷斯特科技有限公司、祥龙物流集团、北京福田物流有限公司、西南物流中心、中国财富出版社的大力支持和帮助，同时还参阅、借鉴了许多专家和同行的成果，在此一并表示感谢。

　　由于能力、水平和编写时间有限，书中难免有不足之处，敬请广大读者提出宝贵意见和建议，以便进一步修订和完善。

王彩娥

2013 年 5 月

目　录

项目一　物流业务档案的建立

任务一　物流资源维护

◎ 知识目标

　　了解物流资源维护的流程和方法

　　理解物流资源的基本含义和内容

　　掌握物流资源维护的内容

◎ 能力目标

　　能正确使用物流信息系统进行资源维护管理

　　能根据要求进行仓储资源、人力资源、运力资源维护

◎ 情感态度与价值观目标

　　培养学生严谨、细致的工作态度

　　北京速达物流有限公司（以下简称速达物流）是一家现代化物流企业，物流服务网络及业务范围已遍及全国，现能提供的物流服务主要包括仓储、运输、流通加工等。

　　位于北京市石景山区辛中邑村的蓝港1号仓库是速达物流的主要库房之一。2012年12月初，速达物流要求蓝港1号仓库的相关人员在2012年12月31日18：00之前完成物流资源数据的维护工作。物流资源维护的基本内容是根据实际业务变化，在物流信息系统内完成仓储、人力、运力等物流相关数据的维护工作。

蓝港 1 号仓库主管在接到通知后，根据公司的要求，安排库管人员王飞对蓝港 1 号仓库的物流资源进行了盘点和统计，物流资源统计内容如下。

一、设备资源

根据设备统计数据，完成物流信息系统内设备资源的数据维护工作。速达物流蓝港 1 号仓库的 FD 柴油叉车统计数据如表 1 - 1 - 1 所示。

表 1 - 1 - 1   FD 柴油叉车统计

型号	单位	FD15A	FD20A
驱动方式		柴油	柴油
动力类型		内燃机	内燃机
额定载荷	公斤*	1500	2000
起升高度	毫米	3000～6000	3000～6000
可载货长	毫米	2000	2500
可载货宽	毫米	1100	1100
可载货高	毫米	2500	2500
底盘高度	毫米	150	150
生产厂家		南通西林搬运设备有限公司	南通西林搬运设备有限公司
价值	万元	10	12
功率	千瓦	5	7
数量	台	2	2
所属类型		本公司	本公司

速达物流蓝港 1 号仓库的手动托盘车的统计数据如表 1 - 1 - 2 所示。

表 1 - 1 - 2   手动托盘车统计

型号	单位	JS20S	JS20L
额定载重	千克	2000	2000
货叉最高高度	毫米	190	190
货叉最低高度	毫米	75	75
货叉长度	毫米	1150	1220
货叉外挡宽度	毫米	540	680
单只货叉宽度	毫米	160	160
净重	公斤	75	78
所属类型		本公司	本公司

---

* 1 公斤 = 1 千克

速达物流蓝港 1 号仓库的检验检测仪器设备统计数据如表 1 - 1 - 3 所示。

表 1 - 1 - 3 　　　　　　　　　　检验检测仪器设备统计

序号	设备名称	规格型号	数量（台）	单价（元）	品牌
1	电子分析天平	FB224	1	8100	上海恒平
2	电子精密天平	JA5003N	1	4897	上海精科
7	紫外可见分光光度计		1	15000	
8	农药残留速侧仪		1	3500	

速达物流蓝港 1 号仓库的辅助设备统计数据如表 1 - 1 - 4 所示。

表 1 - 1 - 4 　　　　　　　　　　辅助设备统计

设备名称	规格型号	数量（套）	单价（万元）	品牌
稳压电源	SG - 100KVA	2	20	变郎
变压器	SBK - 10KVA	2	500	变郎

二、人力资源

根据人力资源统计数据，完成物流信息系统内人力资源数据维护工作。速达物流蓝港 1 号仓库的人力资源统计数据如表 1 - 1 - 5 所示。

表 1 - 1 - 5 　　　　　　　　　　人力资源统计

预设岗位	司机姓名	区别码	身份证号	出生日期	工作日期	电话	住址	所属类型
库管员	张天羽	F000120	110217198004096905	1980 年 4 月 9 日	2010 年 1 月 10 日	18678239834	北京市朝阳区朝阳北路 31 号	本公司
搬运工	董峰	F000121	130135197609284501	1976 年 9 月 28 日	2009 年 2 月 12 日	13939028579	北京市朝阳区朝阳北路 13 号	本公司
理货员	张云	F000122	370403197603224858	1976 年 3 月 22 日	2008 年 10 月 24 日	15245489023	北京市朝阳区学院路 90 号	本公司
拣货员	丁军	F000123	330102197611082304	1976 年 11 月 8 日	2009 年 5 月 12 日	15946785467	北京市丰台区兴丰北路 2 号	本公司
叉车司机	王风	F000123	120104196512183847	1965 年 12 月 18 日	2007 年 10 月 3 日	13445987630	北京市大兴区黄村 5 号	本公司

三、车辆资源

1. 车辆信息

根据车辆资源统计数据，完成物流信息系统内车辆资源数据维护工作。速达物流蓝港1号仓库的车辆资源统计数据如表1-1-6所示。

表1-1-6 车辆资源统计

车牌号	品牌	车 型	长（米）	宽（米）	高（米）	体积（立方米）	核载（吨）
京 HU7831	东风	9.6米单桥，全封闭	9.6	2.4	3	69	10
京 HPV562	解放	12.5米双桥，全封闭	12.5	2.4	2.7	80	28
粤 SAE653	解放	9.6米单桥，全封闭	9.6	2.3	2.7	60	25
粤 M93836	东风	9.6米单桥，全封闭	9.6	2.4	3	69	10
沪 US6725	江铃	17.5米双桥，全封闭	17.5	2.4	2.7	110	35
沪 LP5216	东风	厢式货车	4.2	1.9	1.8	12	2.5

2. 车辆维修

根据表1-1-7所示速达物流蓝港1号仓库车辆维修信息，完成系统内车辆维修信息的维护更新工作。

表1-1-7 车辆维修信息统计

项 目	内 容
资源编码	0000010029
车牌号	京 HU7831
维修日期	2013年2月4日
自修耗时（时）	2
维修费用（元）	5000
维修内容	补漆
维修方式	4S店
修理人员	刘云飞
责任人	尤家达
维修原因	划伤

3. 车辆保险

根据表 1-1-8 所示速达物流蓝港 1 号仓库车辆保险信息，完成系统内车辆保险信息的维护更新工作。

表 1-1-8　　　　　　　　　　车辆保险信息统计

项　目	内　容
资源编码	0000010029
保险公司	中国平安
保险金额（元）	500000
投保日期	2010 年 2 月 1 日
车牌号	京 HU7831
保险开始日期	2010 年 2 月 1 日
保险结束日期	2015 年 2 月 1 日
司机	尤家达
被保险人	尤家达
车辆使用性质	公用
费率系数	5

四、路由管理

1. 运力

速达物流蓝港 1 号仓库的干线运力资源统计数据如表 1-1-9 所示。

表 1-1-9　　　　　　　　　　干线运力资源统计

运力类型	运力来源	目的站	车牌号	车辆类型	司机
公路	自有	上海站	京 HU7831	9.6 米单桥，全封闭 （长×宽×高：9.6 米 ×2.4 米 ×3 米，10 吨）	王志明
公路	自有	大连站	京 MK8921	9.6 米单桥，全封闭 （长×宽×高：9.6 米 ×2.4 米 ×3 米，10 吨）	刘立新
公路	自有	西安站	京 LC2893	9.6 米单桥，全封闭 （长×宽×高：9.6 米 ×2.3 米 ×2.7 米，25 吨）	葛玉东
公路	自有	成都站	京 AP45681	12.5 米双桥，全封闭 （长×宽×高：12.5 米 ×2.3 米 ×2.7 米，28 吨）	王志明

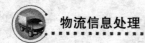
2. 取/派运力

速达物流蓝港 1 号仓库的取/派运力资源统计数据如表 1 – 1 – 10 所示。

表 1 – 1 – 10 取/派运力资源统计

运力来源	车牌号	司机	车辆类型	最大单项尺寸（米）
本公司	京 JU7823	刘家麒	厢式货车 （长×宽×高：7.2 米×2.3 米×2.7 米，10 吨）	8
本公司	京 BHU321	梁春伟	厢式货车 （长×宽×高：4.2 米×1.9 米×1.8 米，2.5 吨）	5
本公司	京 MH3462	王明	9.6 米单桥，全封闭 （长×宽×高：9.6 米×2.4 米×3 米，10 吨）	10

3. 路由

根据路由统计数据，完成物流信息系统内路由维护工作。速达物流蓝港 1 号仓库的路由统计数据如表 1 – 1 – 11 所示。

表 1 – 1 – 11 路由统计

项目名称	始发站	目的站	运输方式	路由描述	里程（公里*）
速达物流	北京	上海	公路	北京到上海	1490
速达物流	北京	石家庄	公路	北京到石家庄	285
速达物流	北京	广州	公路	北京到广州	2479
速达物流	北京	成都	公路	北京到成都	2170
速达物流	北京	重庆	公路	北京到重庆	2164
速达物流	北京	厦门	公路	北京到厦门	2517

库管人员王飞对蓝港 1 号仓库的物流资源进行仔细盘点，核对无误后，将相关统计信息交予信息管理员刘琦，由刘琦在物流信息系统中进行物流资源维护管理。

＊ 1 公里＝1 千米

任务单

任务名称	完成订单拣货
任务要求	1. 掌握一种物流信息系统软件的使用 2. 根据设备资源情况进行设备信息的维护 3. 根据人力资源情况进行人力信息的维护 4. 根据运力资源情况进行运力信息的维护 5. 根据路由资源情况进行路由信息的维护
任务成果	1. 完成设备资源信息的维护 2. 完成人力资源信息的维护 3. 完成运力资源信息的维护 4. 完成路由资源信息的维护

针对本任务，操作准备工作内容如下。

项　目		准备内容
环境准备	设备/道具	计算机
	主要涉及岗位角色	库管人员、信息管理员
	软件	第三方物流信息管理系统
	涉及单据	"人员安排"、"托盘及周转箱编码"、"车辆资源"、"路由信息"
制订计划	步骤一	设备资源信息维护
	步骤二	人力资源信息维护
	步骤三	车辆资源信息维护
	步骤四	路由资源信息维护

物流资源是指人、财、物、时间和信息。企业内部物流资源是指有利于加强存货管理的所有资源，包括仓储设备资源、人力资源、运力资源、路由资源、信息资源、管理资源等。企业内部物流资源的充分利用与否，直接影响着存货的经济采购量、仓储量和存货的仓储成本等。

一、设备资源

（一）装卸与搬运设备

1. 人力搬运车辆

表 1-1-12　　　　　　　　　　　　　人力搬运车辆

设备名称	适用范围	图　　例
杠杆式手推车	二轮杠杆式手推车是最古老、最实用的人力搬运车，它轻巧、灵活、转向方便，但因靠体力装卸、保持平衡和移动，所以仅适合装载较轻、搬运距离较短的场合 为适合现代的需要，目前还采用自重轻的型钢和铝型材作为车体；阻力小的耐磨的车轮；还有可折叠、便携的车体	
手推台车	手推台车是一种以人力为主的搬运车。轻巧灵活、易操作、回转半径小，广泛应用于车间、仓库、超市、食堂、办公室等，是短距离、运输轻小物品的一种方便而经济的搬运工具。一般，每次搬运量为 5～500 公斤，水平移动 30 米以下，搬运速度 30 米/分以下	
登高式手推台车	当人需要向较高的货架内存取轻小型的物料时，可采用带梯子的手推台车，以提高仓库的空间利用率，适用于图书、标准件等仓库进行拣选、运输作业	

续　表

设备名称	适用范围	图　例
手动托盘搬运车	手动托盘搬运车，在使用时将其承载的货叉插入托盘孔内，由人力驱动液压系统来实现托盘货物的起升和下降，并由人力拉动完成搬运作业。它是托盘运输中最简便、最有效、最常见的装卸、搬运工具	
手动液压升降平台车	手动液压升降平台车是采用手压或脚踏为动力，通过液压驱动使载重平台作升降运动的手推平台车。可调整货物作业时的高度差，减轻操作人员的劳动强度	
手推液压堆高车	手推液压堆高车是利用人力推拉运行的简易式插腿式叉车。其起升机构有：手摇机械式（左图）和电动液压式（右图）两种，适用于工厂车间、仓库内效率要求不高，但需要有一定堆垛、装卸高度的场合	

2. 工业搬运车辆

表 1 - 1 - 13　　　　　　　　　　工业搬运车辆

设备名称	适用范围	图　例
电动托盘搬运车	由外伸在车体前方的、带脚轮的支腿来保持车体的稳定，货叉位于支腿的正上方，并可以作微起升，使托盘货物离地进行搬运作业的电动插腿式叉车 　　根据司机运行操作的不同可分为：步行式电动托盘搬运车；踏板驾驶式电动托盘搬运车；侧座式电动托盘搬运车	

设备名称	适用范围	图　例
电动托盘堆垛车	由外伸在车体前方的、带脚轮的支腿来保持车体的稳定，货叉位于支腿的正上方，并可以较高起升，进行堆垛作业的电动插腿式叉车 　　根据司机运行操作的不同可分为：步行式电动托盘堆垛车；踏板驾驶式电动托盘堆垛车；侧座式电动托盘堆垛车	
前移式叉车	门架(或货叉)可以前后移动的叉车 　　运行时门架后移，使货物重心位于前、后轮之间，运行稳定，具有不需要平衡重，自重轻，降低直角通道宽和直角堆垛宽，适用于车间、仓库内工作 　　按操作可分为：站立式、坐椅式。按作业场所可分为：普通型、防爆型、冷藏型	
内燃式叉车	在车体前方具有货叉和门架，而在车体尾部设有平衡重的装卸作业车辆，称平衡重式叉车，简称叉车。以内燃机为动力的平衡重式叉车，简称内燃叉车。机动性好，是应用最广泛的叉车；功率大，尤其是重、大吨位的叉车	
电瓶叉车	在车体前方具有货叉和门架，而在车体尾部设有平衡重的装卸作业车辆，称平衡重式叉车，简称叉车。以电瓶为动力的平衡重式叉车，简称电瓶叉车。它具有操作容易，无废气污染，适合在室内作业，随环保要求的提高，需求有较快的增长，尤其是中、小吨位的叉车	
低位拣选叉车	操作者可乘立在上下车便利的平台上，驾驶搬运车和上下车拣选物料的搬运车。适于车间内各个工序间加工部件的搬运，减轻操作者搬运、拣选作业的强度 　　一般乘立平台离地高度仅为200毫米左右，支撑脚轮直径较小，仅适用于车间平坦路面上行驶	

设备名称	适用范围	图　例
高位拣选叉车	操作台上的操作者可与装卸装置一起上下运动，并拣选储存在两侧货架内物品的叉车 适用于多品种少量入出库的特选式高层货架仓库 起升高度一般 4 ~ 6 米，最高可达 13 米，大大提高仓库空间利用率。为保证安全，操作台起升时，只能微动运行	
牵引车	具有牵引一组无动力台车能力的搬运车辆的牵引车 牵引车作业时，台车的物料装卸时间与牵引车的运输时间可交叉进行，且牵引一组台车，从而提高工作效率 根据作业场所的不同可分为： 1. 室内牵引车　操作平台离地较低，实心车轮直径较小，适用于室内平坦路面 2. 室外牵引车　为充气轮胎，直径较大，可在室外不平的路面上行驶	

（二）物流集装单元器具

表 1 - 1 - 14　　　　　　　　　物流集装单元器具

设备名称	适用范围	图　例
平托盘	在承载面和支撑面间夹以纵梁，构成可集装物料，可使用叉车或搬运车等进行作业的货盘。（ISO/R455 定义） 托盘，一般是指平托盘。按作业机械和用途的不同，其结构种类如右图所示。按其材质的不同，有木制、塑制、钢制、竹制、塑木复合等	

续 表

设备名称	适用范围	图　例
网箱托盘	存放形状不规则的物料。可使用托盘搬运车、叉车、起重机等作业；可相互堆叠四层；空箱可折叠	
箱式托盘	箱式托盘是在平托盘基础上发展起来的，多用于散件或散状物料的集装，金属箱式托盘还用于热加工车间集装热料。一般下部可叉装，上部可吊装，并可进行码垛（一般为四层）	
柱式托盘	柱式托盘是在平托盘基础上发展起来的，其特点是在不压货物的情况下可进行码垛（一般为四层）。多用于包装物料、棒料管材等的集装 　　柱式托盘，可以作为可移动的货架、货位；不用时，还可叠套存放，节约空间。近年来，在国外推广迅速	
物流台车	物流台车是在平托盘、柱式托盘、或网箱托盘的底部装上脚轮而成，既便于机械化搬运，又易于短距离的人力移动。适用于企业工序间的物流搬运；也可在工厂或配送中心装上货物运到商店，直接作为商品货架的一部分	
周转箱	在流通领域可替代纸质包装，到达工厂企业后，不必变更包装形式，可直接进入加工、装配工位或仓库。可重复、周转使用	

二、人力资源

为了创造物质财富而投入生产活动中的一切要素通称为资源，包括人力资源、物力资源、财力资源、信息资源、时间资源等，其中人力资源是一切资源中最宝贵的资源，是第一资源。人力资源包括数量和质量两个方面。人力资源的最基本方面，包括体力和智力，从现实应用的状态，包括体质、智力、知识、技能四个方面。人力资源与其他资源一样也具有特质性、可用性、有限性。

一般来说，企业在进行人力资源信息维护时，需要的信息包括基础信息和工作信息两大部分。其中，基础信息包括姓名、身份证号、出生日期、联系电话、住址等。工作信息包括所属岗位、工作日期、所属类型等。

三、车辆资源

车辆资源是基础的运力资源。进行车辆资源维护时，一般需要维护其车牌号、品牌、车型、长、宽、高、体积、荷载量等参数。

（一）车辆分类

对于物流企业来说，货车是最常用的运输车辆。货车又称卡车，是指用来运输货物的汽车，也指可以牵引其他车辆的汽车，是相对客车来说的，属于商用车的一种。由于货车的种类繁多，形式各异，分类方法也非常多，以下是几种比较常见的分类方式。

1. 按照承载吨位分类

按照承载吨位来划分，卡车可分为：微卡（总质量＜1.8吨）、轻卡（1.8吨＜总质量≤6吨）、中卡（6.0吨＜总质量≤14吨）、重卡（总质量＞14吨），如图1-1-1至图1-1-4所示。

其中总质量是指，车辆本身的自重加上车辆在运行时生产厂家允许装载的最大货物质量。

图1-1-1　东风小康微卡

图1-1-2　解放轻卡

图 1-1-3 东风天锦中卡　　　　　　图 1-1-4 中国重汽 HOWO 重卡

2. 按照车厢结构分类

按照车厢结构划分，卡车可分为：平板式货车、栏板式货车、厢式货车、仓栅式货车、罐式车、自卸车等，如图 1-15 至图 1-1-10 所示。

图 1-1-5 平板式货车　　　　　　图 1-1-6 栏板式货车

图 1-1-7 厢式货车　　　　　　图 1-1-8 仓栅式货车

图 1-1-9　罐式车　　　　　　　图 1-1-10　自卸车

3. 按照驾驶室结构分类

按照驾驶室结构划分，卡车可分为：长头卡车、短头卡车、平头卡车、偏置式卡车等，如图 1-1-11 至图 1-1-14 所示。

图 1-1-11　东风天龙长头卡车　　　图 1-1-12　奔驰乌尼莫克短头卡车

图 1-1-13　重汽 A7 平头卡车　　　图 1-1-14　解放矿威偏置式卡车

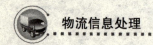

（二）车辆维修

车辆维修就是对出现故障的汽车通过技术手段排查，找出故障原因，并采取一定措施使其排除故障并恢复达到一定的性能和安全标准。汽车维修包括汽车大修和汽车小修，汽车大修是指用修理或更换汽车任何零部件（包括基础件）的方法，恢复汽车的完好技术状况和完全（或接近完全）恢复汽车寿命的恢复性修理。而汽车小修是指：用更换或修理个别零件的方法，保证或恢复汽车工作能力的运行性修理。

通常情况下，车辆报修的基本程序如下：

（1）凡采供配送部的车辆进厂维修保养、购置零配件和车辆辅助用品，不管金额大小必须由驾驶员向采购驾驶组组长或（副组长）提出具体项目清单；由采供配送部部长根据提出的项目及实际情况开具"车辆派修单"，并签字维修保养、购置零配件和车辆辅助用品等意见；若遇重大维修或维修经费过大需请示中心领导或集团分管领导同意后，方可进厂维修保养。

（2）驾驶员持"车辆派修单"到定点的修理厂修理，凡未按指定的修理厂维修保养、购置零配件和车辆辅助用品，所产生的费用一律不予报销，特殊情况除外。

（3）车辆修理完毕，驾驶员验收合格后，应对修理所用材料进行核对，查验是否更换配件，必要时，还应将调换的配件交采供配送部核对。并在所用材料、工时费等验车单上签字确认。

（三）车辆保险

汽车保险，即机动车辆保险，简称车险，是指对机动车辆由于自然灾害或意外事故所造成的人身伤亡或财产损失负赔偿责任的一种商业保险。汽车保险是财产保险的一种，在财产保险领域中，汽车保险属于一个相对年轻的险种，这是由于汽车保险是伴随着汽车的出现和普及而产生和发展的。同时，与现代机动车辆保险不同的是，汽车保险的初期是以汽车的第三者责任险为主险的，并逐步扩展到车身的碰撞损失等风险。

一般来说，汽车保险包括以下险种：

1. 车辆损失险（主险）

车辆损失险是指保险车辆遭受保险责任范围内的自然灾害（不包括地震）或意外事故，造成保险车辆本身损失，保险人依据保险合同的规定给予赔偿。这与第三者相反，它是顾自己的。

2. 第三者责任险（主险）

以往绝大多数的地方政府将第三者责任险列为强制保险险种，不买这个保险，机动车便上不了牌也不能年检。在机动车交通强制保险（简称交强险）出台后，第三者责任险已成为非强制性的保险。

3. 盗抢险（附加险）

如果你的车在使用过程中一直都在比较可靠、安全的停车场中停放，上下班路途中也没有什么特别僻静的路段，就可以考虑不保盗抢险，但如果你的车属于很常见的、丢失率比较高的车型，那一定要保盗抢险。

4. 车上座位责任险（附加险）

车上人员责任险并不建议买。建议单独考虑人寿保险的产品，保障范围和保险费一般都更低更好。如果你的车经常有朋友坐，那你也可以考虑买一点，不过不用买太多，保障额度在 1 万~2 万元/座就够了。

5. 玻璃单独破碎险（附加险）

指使用过程中发生本车玻璃单独破碎（注意"单独"两字）。若是其他事故引起的，车损险里有赔，所以若是国产车，玻璃亦不贵，想省钱的可不买。

6. 自燃险（附加险）

车辆在行驶过程中，因本车电器、线路、供油系统发生故障及载运货物自燃原因起火燃烧，造成车辆损失以及施救所支付的合理费用。是新车建议不买，三年以上的车建议考虑。

7. 划痕险（附加险）

在使用过程中，被他人剐划（无明显碰撞痕迹）需要修复的费用，一般新车、新手买。

8. 不计免赔率（附加险）

车辆发生车辆损失险或第三者责任险的保险事故造成赔偿，对应由被保险人承担的免赔金额（20%），由保险公司负责赔。

9. 不计免赔额（附加险）

车辆发生车辆损失险或第三者责任险的保险事故造成赔偿，对应由被保险人承担的免赔金额，由保险公司负责赔。不计免赔率—附加险几乎是个必保的好险种，建议加上。特别是新手，加上了会有用的，尤其在你碰到大的事故损失时，这个险种可以大大减少你的损失。

四、路由资源

路由管理包括运力管理、取/派运力管理、路由管理和临时运力管理。其中，路由资源的数据统计主要包括路由的始发站与目的站，包括采取的运输方式和里程。有的时候还可以说明该路由在哪个项目中使用，以及包含一些相关的描述。

所谓运力资源就是指企业总的运输能力，提供这些运输能力，依靠的是企业的各种交通工具和人力。

运力资源按照其特性可以分为干线运力、取/派运力和临时运力三大类。干线运力是指负责干线运输的运力，干线运输是利用铁路、公路的干线，大型船舶的固定航线进行的长距离，大数量的运输，是进行远距离空间位置转移的重要运输形式。取/派运力是在一定的区域内完成取货和派送任务的运力。临时运力则是为了缓解临时的运输高峰，而采用租赁、合作、挂靠等方式形成的临时性的运输能力。

运力资源按照所有权可以分为以下两种。企业自有运力资源：企业拥有运力资源的所有权，自行进行运输业务。个人挂靠运力资源：拥有运力资源的企业和个人作为挂靠

方，挂靠有资质的物流企业（以下简称被挂靠方）下，承接其运输业务，被挂靠方提供资质、技术、管理、业务等方面的服务，挂靠方向挂靠企业上交管理费，并负责运输业务。

以第三方综合业务平台软件为例，说明物流资源维护的方法和流程。

步骤一：设备资源信息维护

设备资源是物流资源的首要资源，因此首先进行设备资源信息的维护。

以表1-1-15中数据为例，进行设备资源数据的维护，相关设备资源信息维护的方法和流程同本例。

表1-1-15　　　　　　　　　　　设备资源实例

类型	单位	FD柴油叉车
型号		FD15A
驱动方式		柴油
动力类型		内燃机
额定载荷	公斤	1500
起升高度	毫米	3000～6000
可载货长	毫米	2000
可载货宽	毫米	1100
可载货高	毫米	2500
底盘高度	毫米	150
生产厂家		南通西林搬运设备有限公司
价值	万元	10
功率	千瓦	5
数量	台	2
所属类型		本公司

登录到物流综合业务平台，以给定的账号进入第三方物流信息管理系统中的"基础管理"系统，在"基础信息管理"模块下的"设备资源管理"内，进行相关设备资源数据的维护操作。具体的维护过程如表1-1-16和表1-1-17所示。

表 1 - 1 - 16　　　　　　　　　　设备资源维护操作指导（基本信息设定）

岗　位	作业进度	具体操作
信息管理员	基本信息设定	点击页面"新增"，进行新增设备资源。根据相关信息填制表格，录入结束后点击"提交"

表 1 - 1 - 17　　　　　　　　　　设备资源维护操作指导（设备信息查询）

岗　位	作业进度	具体操作
信息管理员	设备信息查询	对于已经录入的设备信息，可以返回"设备资源管理"界面，可进行修改、查看、删除等操作

步骤二：人力资源信息维护

以表 1 - 1 - 18 中数据为例，进行人力资源数据的维护，相关人力资源信息维护的方法和流程同本例。

表 1 - 1 - 18　　　　　　　　　　　　人力资源实例

预设岗位	司机姓名	区别码	身份证号	出生日期	工作日期	电话	住址	所属类型
库管员	张天羽	F000120	110217198004096905	1980 年 4 月 9 日	2010 年 1 月 10 日	18678239834	北京市朝阳区朝阳北路 31 号	本公司

登录到物流综合业务平台，以给定的账号进入第三方物流信息管理系统中的"基础管理"系统，在"基础信息管理"模块下的"人力资源管理"内，进行相关人力资源数据的维护操作。具体的维护过程如表 1 - 1 - 19 至表 1 - 1 - 21 所示。

表 1 - 1 - 19　　　　　　　　　　人力资源维护操作指导（基本信息设定）

岗　位	作业进度	具体操作
信息管理员	基本信息设定	点击页面下部"新增"，进行新增人力资源信息维护。根据相关信息填制表格，录入结束后点击"提交"

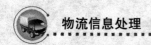

表 1 - 1 - 20　　　　　　　人力资源维护操作指导（人员工种设定）

岗　　位	作业进度	具体操作
信息管理员	人员工种设定	基本信息录入结束后，选择"人员工种"点击"增加"，进行人员工种维护 完成工种类型的维护，点击"工种类型"，选择下拉单选菜单中的"库管员"，工种证件号、验本日期、经验可以不填写 完成员工的经验类型的维护，点击"经验"，选择下拉单选菜单中的"好" 全部设置完成后，点击"确定"，即可完成工种类型设定

表 1 - 1 - 21　　　　　　　人力资源维护操作指导（人力信息查询）

岗　　位	作业进度	具体操作
信息管理员	人力信息查询	对于已经录入的人员信息，可以返回"人力资源管理"界面，进行查询、修改等操作

步骤三：车辆资源信息维护

1. 车辆资源管理

车辆资源管理在"基础管理"系统中完成，以表 1 - 1 - 22 数据为例，进行车辆资源数据的维护，相关车辆资源信息维护的方法和流程同本例。

表 1 - 1 - 22　　　　　　　　　　　车辆资源实例

车牌号	品牌	车　型	长（米）	宽（米）	高（米）	体积（立方米）	核载（吨）
京 HU7831	东风	9.6 米单桥，全封闭	9.6	2.4	3	69	10

表 1 - 1 - 23　　　　　　　车辆资源维护操作指导（车辆信息维护）

岗　　位	作业进度	具体操作
信息管理员	车辆信息维护	在"车辆资源管理"下点击"新增"，录入新增加货运车辆的信息。例如：车牌号京 HU7831，东风，可载货长宽高为 9.6 米 ×2.4 米 ×3.0 米，载重 10 吨，体积 69 立方米，9.6 米单桥全封闭货车 车辆信息录入完毕点击"提交"，返回车辆管理界面，可对输入的车辆信息进行查询、修改等操作

2. 车辆维修

车辆维修信息管理在"基础管理"系统内，"资源管理"菜单下的"车辆维修"栏目中完成，以表1-1-24中数据为例，进行车辆维修信息的维护，相关车辆维修信息维护的方法和流程同本例。

表1-1-24　　　　　　　　　　　　车辆维修实例

项　　目	内　　容
资源编码	0000010029
车牌号	京 HU7831
维修日期	2013 年 2 月 4 日
自修耗时（时）	2
维修费用（元）	5000
维修内容	补漆
维修方式	4S 店
修理人员	刘云飞
责任人	尤家达
维修原因	划伤

具体的维护过程如表1-1-25所示。

表1-1-25　　　　　　　　车辆资源维护操作指导（车辆维修信息维护）

岗　位	作业进度	具体操作
信息管理员	车辆维修信息维护	在"车辆维修"下点击"新增"，录入新增加车辆维修的信息，车辆维修信息录入完毕点击"提交"，则车辆维修信息维护完毕 返回车辆维修管理界面后，可对已录入的车辆维修信息进行查询、修改等操作

3. 车辆保险

车辆维修信息管理在"基础管理"系统内，"资源管理"菜单下的"车辆保险"栏目中完成，以表1-1-26中数据为例，进行车辆保险信息的维护，相关车辆保险信息维护的方法和流程同本例。

表 1 - 1 - 26　　　　　　　　　　车辆保险实例

项　目	内　容
资源编码	0000010029
保险公司	中国平安
保险金额（元）	500000
投保日期	2010 年 2 月 1 日
车牌号	京 HU7831
保险开始日期	2010 年 2 月 1 日
保险结束日期	2015 年 2 月 1 日
司机	尤家达
被保险人	尤家达
车辆使用性质	公用
费率系数	5

具体的维护过程如表 1 - 1 - 27 所示。

表 1 - 1 - 27　　　　　　车辆保险维护操作指导（车辆保险信息维护）

岗　位	作业进度	具体操作
信息管理员	车辆保险 信息维护	在"车辆保险"下点击"新增"，录入新增加车辆保险的信息，车辆保险信息录入完毕点击"提交"，则车辆保险信息维护完毕 　　返回车辆保险界面后，可对已录入的车辆保险信息进行查询、修改等操作

步骤四：路由资源信息维护

1. 运力信息维护

以表 1 - 1 - 28 中数据为例，进行干线运力资源维护，相关干线运力资源维护的方法和流程同本例。

表 1 - 1 - 28　　　　　　　　　　干线运力实例

运力类型	运力来源	目的站	车牌号	车辆类型	司机
公路	自有	上海站	京 HU7831	9.6 米单桥，全封闭 （长×宽×高：9.6 米×2.4 米×3 米，10 吨）	王志明

登录到物流综合业务平台，以给定的账号进入第三方物流信息管理系统中的"基础管理"系统，在"路由信息维护"模块下的"运力"内，进行相关干线运力数据的维护操作。具体的维护过程如表 1 – 1 – 29 所示。

表 1 – 1 – 29　　　　　　　　　路由维护操作指导（干线运力维护）

岗　位	作业进度	具体操作
信息管理员	干线运力维护	在"路由信息维护"模块中选择"运力"，点击"新增"，录入运力信息，信息录入完毕后点击"提交"即可完成运力维护操作 返回运力维护主界面，可进行运力的修改、查看、删除等操作

2. 取/派运力维护

以表 1 – 1 – 30 中数据为例，进行取/派运力资源维护，相关取/派运力资源维护的方法和流程同本例。

表 1 – 1 – 30　　　　　　　　　　　　取/派运力实例

运力来源	车牌号	司机	车辆类型	最大单项尺寸（米）
本公司	京 JU7823	刘家麒	厢式货车 （长×宽×高：7.2 米×2.3 米×2.7 米，10 吨）	8

登录到物流综合业务平台，以给定的账号进入第三方物流信息管理系统中的"基础管理"系统，在"路由信息维护"模块下的"取/派运力"内，进行相关取/派运力数据的维护操作。具体的维护过程如表 1 – 1 – 31 所示。

表 1 – 1 – 31　　　　　　　　　路由维护操作指导（取/派运力维护）

岗　位	作业进度	具体操作
信息管理员	取/派运力维护	在"路由信息维护"模块中选择"取/派运力"，点击"新增"，录入短途取货送港运力的信息，信息录入完毕后点击"提交"即可完成取/派运力维护操作

3. 路由维护

路由维护的操作在第三方物流系统的"基础管理"系统中"路由信息维护"模块操作完成。以表 1 – 1 – 32 中数据为例，进行路由资源数据的维护，相关路由资源信息维护的方法和流程同本例。

表 1 - 1 - 32　　　　　　　　　　　　路由资源实例

项目名称	始发站	目的站	运输方式	路由描述	里程（公里）
速达物流	北京	上海	公路	北京到上海	1490

具体的维护过程如表 1 - 1 - 33 所示。

表 1 - 1 - 33　　　　　　路由资源维护操作指导（路由信息维护）

岗　位	作业进度	具体操作
信息管理员	路由信息维护	通过"基础管理"进入"路由信息维护"，点击"新增"可以增加北京到上海站的路由信息。选择始发站、目的站、运输方式，点击"增加"添加运输项目名称。信息添加完毕后，点击"提交"就可以完成此次路由信息维护任务 返回路由维护界面，可以对路由信息进行查看、修改等操作

分析总结

　　物流资源维护主要包括设备资源信息的维护、人力资源信息的维护、车辆资源信息的维护和路由资源信息的维护。

　　在进行设备资源信息的维护时，由于设备种类的不同，其基本参数也不完全一样。对于不同的设备来说，在进行设备资源维护时，必须进行维护的内容包括：设备类型、状态、使用机构、所属类型和区别码。其中，状态是系统默认的，进行设备信息新增时，所有设备处于空闲状态；使用机构默认为所使用的账号所属的机构，不需要填写；所属类型未作特殊说明时，默认为本公司；区别码是为了区分各个设备，每一个区别码对应系统内的一个设备。

　　进行人力资源信息维护时，所属机构、区别码、所属类型、状态的填写注意事项同设备资源信息维护。

　　车辆资源信息维护包括车辆资源管理、车辆维修和车辆保险信息的维护管理。对于新增加的车辆资源，在系统内进行车辆资源维护后，第三方物流系统会为系统内每一条车辆资源信息添加一项资源编码，该编码是由系统自动生成的，不可更改。

　　路由资源信息维护包括运力信息维护、取/派运力维护和路由维护。其中，运力信息维护主要是指干线运力维护，起始站默认为所登录账号所在的站点，目的站需要从系统中选择，起始地和目的地可更改。

　　教师为学生新建账户时，第三方物流系统会同时生成五个账号，分别对应北京、上海、天津、广州和成都站点。学生进行技能训练时，在进行不同的站点的信息维护操作时，需要使用该站点对应的账号登录系统，进行相关的操作。假设教师为学生分配账号为 A001，系统生成账号及对应站点信息如表 1 - 1 - 34 所示。

表 1 - 1 - 34　　　　　　　　　　账户及站点信息

账号	站点	密码	应用
A001	北京	1	用于完成北京站的资源维护
SH_ A001	上海	1	用于完成上海站的资源维护
GZ_ A001	广州	1	用于完成广州站的资源维护
TJ_ A001	天津	1	用于完成天津站的资源维护
CD_ A001	成都	1	用于完成成都站的资源维护

班级			姓名		小组		
任务名称			物流资源维护				
考核内容		评价标准			参考分值	考核得分		
		优秀	良好	合格		自评（10%）	互评（30%）	教师评价（60%）
1	活动参与情况	积极观摩模仿，及时按任务要求做，认真分析总结	按时完成任务要求；积极观摩模仿	能够参加任务活动；认真观察思考	20			
2	技能掌握情况	了解物流资源维护内容和流程，能按照正确的流程，准确高效地进行物流资源的维护工作	了解物流资源维护内容和流程，能够正确完成物流资源维护工作	了解物流资源维护内容，能完成物流资源维护工作	40			
3	总结归纳相应知识情况	积极参加总结讨论，观点鲜明、新颖、独特	能够参加讨论总结，有自己的观点	有自己的见解；但需要通过总结修正自己的观点	40			
总体评价					总分			

练习与自测

单选题

1. 路由资源的数据统计不包括（　　　）。

A. 始发站　　　　　　B. 目的站　　　　　　C. 里程　　　　　　D. 报价

多选题

2. 按照承载吨位来划分，卡车可分为（　　　）。

A. 微卡（总质量 <1.8 吨）　　　　　　B. 轻卡（1.8 吨 < 总质量 ≤6 吨）

C. 中卡（6.0 吨 < 总质量 ≤14 吨）　　　D. 重卡（总质量 >14 吨）

判断题

3. 物流企业的运力资源是指其具有所有权的车辆资源。（　　　）

A. 正确　　　　　　　　　　B. 错误

填空题

4. 物流资源主要包括_____、_____、_____、_____、信息资源、管理资源等。

5. 按照车厢结构分，卡车可分为：_____、_____、厢式货车、仓栅式货车、罐式货车、自卸车等。

问答题

6. 请简述物流资源的基本含义。

1. D

2. ABCD

3. B

4. 仓储设备资源、人力资源、运力资源、路由资源

5. 平板式货车、栏板式货车

6. 物流资源是指人、财、物、时间和信息。企业内部物流资源是指有利于加强存货管理的所有资源。包括人力资源、仓储资源、运力资源、信息资源、管理资源等。企业内部物流资源的充分利用与否，直接影响着存货的经济采购量、仓储量和存货的仓储成本等。

任务二 客户信息维护

 学习目标

◎ 知识目标

了解客户信息维护的基本内容

了解客户信息管理系统的功能

◎ 能力目标

掌握物流信息系统客户信息维护的操作流程

能够进行客户基本信息、合同信息、取货地址信息、收货人信息维护

能够进行客户信用等级评价

◎ 情感态度与价值观目标

培养学生对服务的重视与服务意识

任务引入

2012 年 3 月 12 日，速达物流与北京利德曼科技发展有限公司（以下简称利德曼科技）签订了第三方物流服务合同，约定由速达物流承揽利德曼科技的仓储、配送等物流业务，合同的具体信息如下。

合同名称：北京利德曼科技

合同类型：个体车辆

业务代表人：马德江

联系方式：010 – 51689756

客户账号：北京利德曼科技发展有限公司

结算方式：托运人月结

截止日期：2013 年 4 月 20 日

客户利德曼科技的基本信息如表 1 – 2 – 1 所示。

表 1 – 2 – 1　　　　　　　　　　利德曼科技基本信息

项　目	内容（托运人）
客户单位名称	北京利德曼科技发展有限公司
客户简称	北京利德曼
拼音码	LDM
客户经理	陈鑫
客户经理电话	15911052836
联系人	汝志彬
联系人电话	13882536503
联系人 E – mail	ruzhibing@ 163. com
联系人传真	010 – 2237210
客户地址	北京市丰台区亦庄科技开发区 36 号
客户等级	A
客户邮编	100024
行业属性	制造业
企业规模	较大

同时利德曼科技有一个经常进行业务往来的客户，需要经常为其发货，具体信息如下。

客户：上海创维科技发展有限公司

地址：上海市长宁区法华镇路 63 号

收货人：郑洪新

联系电话：13411072672

速达物流对客户信用等级评估的项目设置如表 1 – 2 – 2 所示。

表 1 – 2 – 2　　　　　　　　　　客户信用评估项目

序号	评估项目	备　注
1	不良记录	如果客户曾经有过不良记录，如曾经欠款不还等，信用等级应降低
2	支付能力	有些客户尽管回款率高，但由于其支付能力有限而必须降低信用等级
3	贡献度	对客户公司的贡献能力
4	销售额	周期时间内的销售额，资金能力
5	声誉度	在市场以及客户中的口碑

经全面权衡后，速达物流对客户利德曼科技信用等级评估的项目设置详情为：不良记录 92 分，支付能力 93 分，贡献度 90 分，销售额 92 分，声誉度 90 分。

接下来，速达物流信息员须将客户的基本信息、合同信息、取货地址信息录入到公司的物流信息管理系统，并对客户进行信用评估。

任务名称	完成客户信息维护
任务要求	1. 根据客户信息进行客户基本信息维护 2. 能够根据客户信息进行客户合同信息维护 3. 能够根据客户信息进行客户取货地址信息维护 4. 能够根据客户信息进行客户收货人信息维护 5. 能够进行客户信用等级评价
任务成果	1. 完成客户基本信息维护 2. 完成客户合同信息维护 3. 完成客户取货地址信息维护 4. 完成客户收货人信息维护 5. 完成客户信用评估

针对本任务，操作准备工作内容如下。

项 目		准备内容
环境准备	设备/道具	计算机
	主要涉及岗位角色	信息管理员
	软件	基础信息管理系统、商务结算系统
制订计划	步骤一	登录客户信息维护界面客户信息
	步骤二	客户基本信息维护
	步骤三	客户合同信息维护
	步骤四	客户取货地址信息维护
	步骤五	客户收货人信息维护
	步骤六	进行客户信用评估

一、客户信息的内容

客户信息是指客户喜好、客户细分、客户需求、客户联系方式等一些关于客户的基本资料，具体的内容如表1-2-3所示。

表1-2-3 客户信息包含的内容

客户名称	指客户的名称，可以是客户的公司名称也可以是简称。例如，广州市人易软件技术有限公司或人易软件
所属区域	指客户的业务范围区域，如果客户的经营范围是国内大区，可以分为：华南、华东、华中、华北、西南、西北等
客户性质	指客户的企业性质，可以设置为：国有企业、中外合资、私营或个体户、合伙企业、外商独资等
客户来源	包括网站广告、展览会、客户推荐、电话、邮件、报刊广告、黄页、朋友介绍等
客户类别	包括潜在终端客户、潜在代理、现有终端客户、现有代理、流失终端客户、流失代理等
所属行业	按照用户的客户的所属行业进行定义，可以设置为：教育、医疗卫生、政府、化工等
信用状况	销售人员自行衡量评估客户的信用状况，包括一星至五星
联系策略	指客户的联系周期，系统为了防止用户长时间不与客户联系，系统将按照这个策略给用户提醒跟进计划
购买策略	指客户的购买周期，是为了防止客户流失而用户又没留意，当客户超出这个策略时间没有购买记录的话，系统自动生成一条客户业务下滑提醒，让用户及时采取一些行动，挽留客户
规模	为了能更清楚地了解客户的现状
从业时间	为了能更清楚地了解客户的发展情况
行业地位	为了能更清楚地了解客户的重要程度，包括领导者、较有影响力、影响力一般和没有影响力等
结算方式	例如，现款现货、一个月回款、票到付款、2个月回款、3个月回款等
电话	客户的常用联系电话，是公司的电话
传真	客户的传真号码
电子邮件	用户可以通过系统给客户发送电子邮件，而不用重复输入
单位网址	记录客户的单位网址，方便查找和了解客户的更多信息

续　表

通信地址	方便给客户邮寄资料
邮政编码	记录客户所在地区的邮政编码
交易次数	系统自动统计客户的消费次数
交易金额	系统自动统计客户的总交易金额，方便了解客户的重要程度
首次交易	系统自动记录客户的业务往来开始时间
最近交易	系统自动记录客户的最近一次购买时间，方便跟踪客户

二、客户信息的分类

客户信息主要分为描述类信息、行为类信息和关联类信息三种类型。下面简单介绍这三种基本的客户信息类型的特点。

1. 描述类信息

客户描述类信息主要是用来理解客户的基本属性的信息，如个人客户的联系信息、地理信息和人口统计信息，企业客户的社会经济统计信息等。

这类信息主要来自于客户的登记信息，以及通过企业的运营管理系统收集到的客户基本信息。这类信息的内容大多是描述客户基本属性的静态数据，其优点是大多数的信息内容比较容易采集到。但是一些基本的客户描述类信息内容有时缺乏差异性，且其中的一些信息往往涉及客户的隐私，如客户的住所、联络方式、收入等信息。对此类信息最主要的评价要素就是数据采集的准确性。

在实际情况中，经常有一些企业知道为多少客户提供了服务，以及客户购买了什么，但是往往到了需要主动联络客户的时候，才发现往往缺乏能够描述客户特征的信息和与客户建立联系的方式，或是这些联络方式已经失效了，这都是因为企业没有很好地规划和有意识地采集和维护这些客户描述类信息。

2. 行为类信息

客户行为类信息的主要是帮助企业的市场营销人员和客户服务人员在客户分析中掌握和理解客户的行为，反映客户的消费选择或是决策过程，一般包括客户购买服务或产品的记录、客户的服务或产品的消费记录、客户与企业的联络记录，以及客户的消费行为、客户偏好和生活方式等相关的信息。

这类信息一般都来源于企业内部交易系统的交易记录、企业呼叫中心的客户服务和客户接触记录，营销活动中采集到的客户响应数据，以及与客户接触的其他销售人员与服务人员收集到的数据信息。有时企业从外部采集或购买的客户数据，也会包括大量的客户行为类数据。

企业往往记录了大量的客户交易数据，如零售企业就记录了客户的购物时间、购物商品类型、购物数量、购物价格等信息。电子商务网站也记录了网上客户购物的交易数据，如客户购买的商品、交易的时间、购物的频率等。对于移动通信客户来说，其行为信息包括通话的时间、通话时长、呼叫客户号码、呼叫状态、通话频率等。对于电子商务网站来说，点击数据流记录了客户在不同页面之间的浏览和点击数据，这些数据能够很好地反映客户的浏览行为。

与客户描述类信息不同，客户的行为类信息主要是客户在消费和服务过程中的动态交易数据和交易过程中的辅助信息，需要实时的记录和采集。但是需要认识到，客户的行为信息并不完全等同于客户的交易和消费记录。客户的行为特征往往需要对客户的交易记录和其他行为数据进行必要地处理和分析后得到的信息汇总和提炼。

3. 关联类信息

客户关联类信息是指与客户行为相关的，反映和影响客户行为和心理等因素的相关信息。企业建立和维护这类信息的主要目的是为了更有效地帮助企业的营销人员和客户分析人员深入理解影响客户行为的相关因素，包括客户满意度、客户忠诚度、客户对产品与服务的偏好或态度、竞争对手行为等。

这些关联类信息有时可以通过专门的数据调研和采集获得，如通过市场营销调研、客户研究等获得客户的满意度、客户对产品或服务的偏好等；有时也需要应用复杂的客户关联分析来产生，如客户忠诚度、客户流失倾向、客户终身价值等。客户关联类信息经常是客户分析的核心目标。

关联类信息所需的数据往往较难采集和获得，即使获得了也不容易结构化后导入到业务应用系统和客户分析系统。规划、采集和应用客户关联类信息往往需要一定的创造性，而采集与应用也不是简单的技术问题，而往往是为了实现市场管理或客户管理直接相关的业务目标服务的业务问题，如提高客户满意度、提高客户忠诚度、降低客户流失率、提高潜在客户发展效率、优化客户组合等核心的客户营销问题。

很多企业并没有有意识地采集过这类信息，而对于高端客户和活跃客户来说，客户关联类信息可以有效地反映客户的行为倾向。对于很多企业来讲，尤其是服务类企业，有效的掌握客户关联类信息对于客户营销策略和客户服务策略的设计与实施是至关重要的。一些没能很好的采集和应用这些信息的企业往往会在竞争中丧失竞争优势和客户资源。

三、客户信用评估

信用评估就是指通过对客户资料的分析，赋予客户不同的信用等级，根据信用等级计算出信用额度、账期等具体指标，作为进行信用控制的依据。信用评估和信用控制是减少企业坏账风险保障现金回收的重要手段。

一般来说，对于客户的信用状况评估可以从如下几个方面考虑。

首先是客户的基本情况，包括企业成立的时间、经营的业务、以前的付款情况、与本企业的合作时间（如果不是新客户）、主要管理人员状况等都应该进行比较全面的了解，特别是该客户对于其他供货商的付款历史记录情况，就是比较有价值的参考信息。

其次是客户的资产状况，包括固定资产、流动资金、营业额、注册资金、企业净值等。这些资产的数据都可以从企业的财务报表中获得，资产绝对值的大小在一定程度上可以反映企业的实力。

再次是客户的能力问题，同样可以从财务报告中获得相关数据。包括企业的偿债能力、赢利能力和其他一些效率指标，如资产负债率、流动比率、速动比率、净利润率、资产回报率、库存周转率、应收账款周转率等。但是，所有这些财务指标的好与坏都不是绝对的，都应该和同行业的平均水平进行比较衡量。

步骤一：登录客户信息维护界面

客户信息维护要在"基础信息管理"系统中操作实现。进入综合业务平台的"基础信息管理"系统的"客户管理"模块进行客户相关信息维护操作，具体操作步骤如表1-2-4所示。

表1-2-4　　　　　　　　　登录客户信息维护界面

岗　位	作业进度	具体操作
信息管理员	登录客户信息维护界面	登录到综合业务平台，利用账号和密码进入"基础信息管理"系统选择上侧工具栏的"客户管理"标签，进行客户信息的维护

步骤二：客户基本信息维护

具体的维护过程如表1-2-5所示。

表1-2-5　　　　　　　　　客户基本信息维护

岗　位	作业进度	具体操作
信息管理员	客户基本信息维护	点击"客户信息维护"模块下的"客户信息管理"，进行客户基本信息的维护操作 点击页面下部"新增"，进行新增客户信息操作。根据客户的资料填制表格，录入结束后点击"提交"，系统自动生成客户账号 返回客户列表界面，选中客户条目，点击"查看"或"修改"，可以查看或修改客户信息

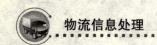

步骤三：客户合同信息维护

具体的维护过程如表1-2-6和表1-2-7所示。

表1-2-6　　　　　　　　　　客户合同信息录入

岗　位	作业进度	具体操作
信息管理员	客户合同信息录入	点击"客户信息维护"模块下的"客户合同管理"，进入客户合同列表界面，进行客户合同信息的维护操作 点击页面下部"新增"，进行新增客户合同操作。根据客户的资料填制表格，录入结束后点击"提交" 返回客户合同列表，勾选该客户合同条目的选框，点击"提交复核"

表1-2-7　　　　　　　　　　客户合同复核

岗　位	作业进度	具体操作
信息管理员	客户合同复核	切换系统，进入"商务结算"系统中的"复核管理"模块，点击"合同复核"，进入待复核合同列表，选中刚才的合同，点击"复核" 重新登录到"基础信息管理"系统中的"客户管理"模块，在"客户信息维护"下的"客户合同查询"中可以看到复核后的合同

步骤四：客户取货地址信息维护

具体的维护过程如表1-2-8所示。

表1-2-8　　　　　　　　　　客户取货地址信息维护

岗　位	作业进度	具体操作
信息管理员	客户取货地址信息维护	点击"客户信息维护"模块下的"客户取货地址信息"，进行客户取货地址信息的维护操作 点击页面下部"新增"，进行新增客户取货地址信息操作。根据客户的资料填制表格，录入结束后点击"提交" 返回客户列表界面，选中客户条目，点击"查看"或"修改"，可以查看或修改客户取货地址信息

步骤五：客户收货人信息维护

具体的维护过程如表1-2-9所示。

表1-2-9   客户收货人信息维护

岗 位	作业进度	具体操作
信息管理员	客户收货人信息维护	点击"客户信息维护"模块下的"客户收货人信息",进行客户收货人信息的维护操作 点击页面下部"新增",进行新增客户收货人信息操作。根据客户的资料填制表格,录入结束后点击"提交"

步骤六:进行客户信用评估

客户信用管理主要对客户的支付、销售、声誉等情况进行统计和衡量,速达物流主要从不良记录、支付能力、贡献度、销售额、声誉度这五个方面对客户进行评价。具体的信用评估过程如表1-2-10和表1-2-11所示。

表1-2-10   客户信用评估项目设置

岗 位	作业进度	具体操作
信息管理员	设置客户信用评估项目	点击"客户信用管理"模块下的"客户信用评估项目设置",设置客户信用评估项目

表1-2-11   客户信用评估

岗 位	作业进度	具体操作
信息管理员	客户信用评估	根据客户在五项评估指标中的表现情况打分(每一项都是百分制) 点击"提交",系统自动核算客户的信用评估结果 点击"确定",评估结果就会显示在列表位置中,系统会提示您的评价成功

对于已经成功评价的客户信用度,可以通过客户评估历史查询。操作步骤如表1-2-12所示。

表1-2-12   客户评估历史

岗 位	作业进度	具体操作
信息管理员	客户评估历史查询	勾选要查询的客户,点击"查看"

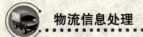

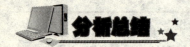

一、流程

进行客户信息维护的基本流程为操作人员根据分配的账号和密码登录到客户信息维护界面，按照客户与合同等信息进行基本信息、合同信息、取货地址信息、收货人信息的维护操作，最后对客户的信用等级进行评估，如图1-2-1所示。

图1-2-1 客户信息维护流程

二、注意事项

（1）客户信息维护是在"基础信息管理"系统中的"客户管理"标签下实现的；

（2）严格按照合同和客户信息进行信息维护操作，带"＊"号的为必填项；

（3）客户账号和合同编号是系统中自动生成的，且每次进行维护时会生成不同的编号。

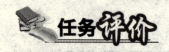

班级				姓名		小组		
任务名称			客户信息维护					
考核内容		评价标准			参考分值	考核得分		
		优秀	良好	合格		自评（10%）	互评（30%）	教师评价（60%）
1	活动参与情况	积极观摩模仿，及时按任务要求做，认真分析总结	按时完成任务要求，积极观摩模仿	能够参加任务活动，认真观察思考	20			

考核内容		评价标准			参考分值	考核得分		
		优秀	良好	合格		自评(10%)	互评(30%)	教师评价(60%)
2	技能掌握情况	熟练掌握系统的客户信息维护流程，准确地完成客户信息维护，并进行客户信用评估	了解系统的客户信息维护流程，能完成客户信息维护，并进行客户信用评估	了解系统的客户信息维护流程，能完成客户信息维护	40			
3	总结归纳相应知识情况	积极参加总结讨论，观点鲜明、新颖、独特	能够参加讨论总结，有自己的观点	有自己的见解；但需要通过总结修正自己的观点	40			
总体评价					总分			

单选题

1. 下列哪种客户信息可以用来理解客户的基本属性（　　）。

A. 描述类信息　　　　B. 行为类信息　　　　C. 关联类信息　　　　D. 说明类信息

多选题

2. 客户的信用状况评估可以从如下几个方面考虑（　　）。

A. 客户基本情况　　B. 客户资产状况　　C. 客户所属行业　　D. 客户能力

判断题

3. 客户的行为信息完全等同于客户的交易和消费记录。（　　）

A. 正确　　　　　　B. 错误

填空题

4. 客户信息的采集指客户数据的 _____ 、_____ 和_____。

5. _____ 和 _____ 是减少企业坏账风险保障现金回收的重要手段。

问答题

6. 请简述客户描述类信息的特点。

 答　案

1. A
2. ABD
3. B
4. 采集、整理、加工
5. 信用评估、信用控制
6. 客户描述类信息主要来自于客户的登记信息，以及通过企业的运营管理系统收集到的客户基本信息。这类信息的内容大多是描述客户基本属性的静态数据，其优点是大多数的信息内容比较容易采集到，但是一些基本的客户描述类信息内容有时缺乏差异性，且其中的一些信息往往涉及客户的隐私，如客户的住所、联络方式、收入等信息。所以，对此类信息最主要的评价要素就是数据采集的准确性。

任务三　供应商信息维护

学习目标

◎ 知识目标

　　了解供应商信息维护的作用

　　理解供应商信息的基本内容

　　能描述供应商信息维护的流程和方法

◎ 能力目标

　　能正确进行供应商信息维护

　　能正确进行供应商信息管理

◎ 情感态度与价值观目标

　　培养学生严谨细致的工作态度和诚信意识

任务引入

　　2013 年 1 月初，速达物流更换了一批新的供应商，要求蓝港 1 号仓库主管在 2013 年 1 月 20 日之前完成供应商信息的维护工作。供应商信息维护的基本内容是根据实际情况，在物流信息系统内完成供应商信息的更新和维护工作。

　　蓝港 1 号仓库主管在接到通知后，根据公司的要求，安排库管人员王飞对蓝港 1 号仓库新供应商的相关信息进行了盘点和统计，供应商统计内容如下。

一、供应商基础信息

表 1 – 3 – 1　　　　　　　　　　　供应商基础信息

项　目	内　容
合作单位名称	北京迅捷物流公司
合作单位类型	分供方

续　表

项　目	内　容
合作单位简称	迅捷物流
合作单位结算方式	月结
业务种类	公路
联系人	刘力红
联系人电话	18798374137
传真	010 – 78293512
邮编	101000
合作单位地址	北京市昌平区昌河物流园区 A 区 32 号

二、供应商信用信息

表 1 – 3 – 2　　　　　　　　供应商信用评估项目设置

序号	评估项目	备　注	权重
1	按时到达率	供应商出货的按时抵达率	0.15
2	货物合格率	供应商货物的合格率	0.2
3	在途及时反馈率	供应商货物在途的反馈率	0.25
4	末端交接满意率	客户对供应商的满意度	0.15
5	按时出货率	供应商的按时出货率	0.25

表 1 – 3 – 3　　　　　　　　供应商信用评估表

客　户		北京迅捷物流公司	
序号	评估项目	权重	评估值
1	按时到达率	0.15	89
2	货物合格率	0.2	89
3	在途及时反馈率	0.25	88
4	末端交接满意率	0.15	98
5	按时出货率	0.25	90

三、供应商报价信息

表 1 - 3 - 4　　　　　　　　供应商报价信息

起始地	目的地	里程 （公里）	最低限价 （元）	最高限价 （元）	分级报价（元/公斤）该报价已复核			
					L1，50	L51，100	L100，1000	L1000，99999
北京	北京	0	150	100000	78	90	120	147
北京	天津	118	150	100000	78	90	120	147
北京	石家庄	285	150	100000	78	90	120	147
北京	保定	147	150	100000	78	90	120	147
北京	邢台	419	150	100000	78	90	120	147
北京	秦皇岛	288	150	100000	78	90	120	147
北京	唐山	183	150	100000	78	90	120	147
北京	邯郸	474	150	100000	78	90	120	147
北京	廊坊	74	150	100000	78	90	120	147
北京	太原	503	150	100000	78	90	120	147
北京	青岛	668	150	100000	78	90	120	147
北京	济南	439	150	100000	78	90	120	147
北京	淄博	448	150	100000	78	90	120	147
北京	潍坊	563	150	100000	78	90	120	147
北京	日照	710	150	100000	78	90	120	147
北京	临沂	668	150	100000	78	90	120	147
北京	烟台	855	150	100000	78	90	120	147
北京	威海	943	150	100000	78	90	120	147
北京	呼和浩特	578	150	100000	78	90	120	147
北京	大连	873	150	100000	78	90	120	147
北京	沈阳	741	150	100000	78	90	120	147
北京	丹东	907	150	100000	78	90	120	147
北京	营口	659	150	100000	78	90	120	147
北京	长春	1065	150	100000	78	90	120	147
北京	哈尔滨	1303	150	100000	78	90	120	147
北京	郑州	722	150	100000	78	90	120	147

续　表

起始地	目的地	里程（公里）	最低限价（元）	最高限价（元）	分级报价（元/公斤）该报价已复核			
					L1, 50	L51, 100	L100, 1000	L1000, 99999
北京	包头	741	150	100000	78	90	120	147
北京	西安	1252	150	100000	78	90	120	147
北京	上海	1325	150	100000	95	110	147	185
北京	苏州	1255	150	100000	95	110	147	185
北京	南京	1065	150	100000	95	110	147	185
北京	南通	1163	150	100000	95	110	147	185
北京	昆山	1314	150	100000	95	110	147	185
北京	扬州	1013	150	100000	95	110	147	185
北京	镇江	1032	150	100000	95	110	147	185
北京	常熟	1125	150	100000	95	110	147	185
北京	常州	1116	150	100000	95	110	147	185
北京	无锡	1200	150	100000	95	110	147	185
北京	张家港	1106	150	100000	95	110	147	185
北京	江阴	1065	150	100000	95	110	147	185
北京	宜兴	1200	150	100000	95	110	147	185
北京	杭州	1409	150	100000	95	110	147	185
北京	嘉兴	1394	150	100000	95	110	147	185
北京	绍兴	1475	150	100000	95	110	147	185
北京	义乌	1730	150	100000	95	110	147	185
北京	宁波	1651	150	100000	95	110	147	185
北京	合肥	1085	150	100000	95	110	147	185
北京	武汉	1278	150	100000	95	110	147	185
北京	黄石	1379	150	100000	95	110	147	185
北京	荆州	1408	150	100000	95	110	147	185
北京	襄樊	1208	150	100000	95	110	147	185
北京	宜昌	1459	150	100000	95	110	147	185
北京	南昌	1642	150	100000	95	110	147	185
北京	温州	1867	150	100000	95	110	147	185

起始地	目的地	里程（公里）	最低限价（元）	最高限价（元）	分级报价（元/公斤）该报价已复核			
					L1，50	L51，100	L100，1000	L1000，99999
北京	广州	2479	150	100000	95	110	147	185
北京	深圳	2642	150	100000	95	110	147	185
北京	东莞	2540	150	100000	95	110	147	185
北京	中山	2573	150	100000	95	110	147	185
北京	佛山	2313	150	100000	95	110	147	185
北京	江门	2254	150	100000	95	110	147	185
北京	惠州	2635	150	100000	95	110	147	185
北京	珠海	2629	150	100000	95	110	147	185
北京	汕头	2411	150	100000	95	110	147	185
北京	肇庆	2589	150	100000	95	110	147	185
北京	湛江	2826	150	100000	95	110	147	185
北京	茂名	2783	150	100000	95	110	147	185
北京	阳江	2386	150	100000	95	110	147	185
北京	清远	2155	150	100000	95	110	147	185
北京	乌鲁木齐	3759	150	100000	115	133	178	220
北京	兰州	1810	150	100000	115	133	178	220
北京	银川	1207	150	100000	115	133	178	220
北京	南宁	3734	150	100000	115	133	178	220
北京	桂林	2251	150	100000	115	133	178	220
北京	成都	2170	150	100000	115	133	178	220
北京	重庆	2164	150	100000	115	133	178	220
北京	长沙	1684	150	100000	115	133	178	220
北京	贵阳	2661	150	100000	115	133	178	220
北京	昆明	3276	150	100000	115	133	178	220
北京	福州	2204	150	100000	115	133	178	220
北京	泉州	2400	150	100000	115	133	178	220
北京	厦门	2517	150	100000	115	133	178	220
北京	海口	3065	150	100000	115	133	178	220

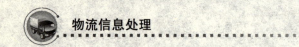

四、供应商路运报价

表 1 – 3 – 5 供应商路运报价信息

起始地	目的地	里程（公里）	最低限价（元）	最高限价（元）	分级报价（元/公斤）该报价已复核			
					L1，50	L51，100	L100，1000	L1000，99999
北京	北京	0	150	100000	100	115	158	197
北京	天津	118	150	100000	100	115	158	197
北京	石家庄	285	150	100000	100	115	158	197
北京	保定	147	150	100000	100	115	158	197
北京	邢台	419	150	100000	100	115	158	197
北京	秦皇岛	288	150	100000	100	115	158	197
北京	唐山	183	150	100000	100	115	158	197
北京	邯郸	474	150	100000	100	115	158	197
北京	廊坊	74	150	100000	100	115	158	197
北京	太原	503	150	100000	100	115	158	197
北京	青岛	668	150	100000	100	115	158	197
北京	济南	439	150	100000	100	115	158	197
北京	淄博	448	150	100000	100	115	158	197
北京	潍坊	563	150	100000	100	115	158	197
北京	日照	710	150	100000	100	115	158	197
北京	临沂	668	150	100000	100	115	158	197
北京	烟台	855	150	100000	100	115	158	197
北京	威海	943	150	100000	100	115	158	197
北京	呼和浩特	578	150	100000	100	115	158	197
北京	大连	873	150	100000	100	115	158	197
北京	沈阳	741	150	100000	100	115	158	197
北京	丹东	907	150	100000	100	115	158	197
北京	营口	659	150	100000	100	115	158	197
北京	长春	1065	150	100000	100	115	158	197
北京	哈尔滨	1303	150	100000	100	115	158	197

续　表

起始地	目的地	里程（公里）	最低限价（元）	最高限价（元）	分级报价（元/公斤）该报价已复核			
					L1, 50	L51, 100	L100, 1000	L1000, 99999
北京	郑州	722	150	100000	100	115	158	197
北京	包头	741	150	100000	100	115	158	197
北京	西安	1252	150	100000	100	115	158	197
北京	上海	1325	150	100000	135	140	197	215
北京	苏州	1255	150	100000	135	140	197	215
北京	南京	1065	150	100000	135	140	197	215
北京	南通	1163	150	100000	135	140	197	215
北京	昆山	1314	150	100000	135	140	197	215
北京	扬州	1013	150	100000	135	140	197	215
北京	镇江	1032	150	100000	135	140	197	215
北京	常熟	1125	150	100000	135	140	197	215
北京	常州	1116	150	100000	135	140	197	215
北京	无锡	1200	150	100000	135	140	197	215
北京	张家港	1106	150	100000	135	140	197	215
北京	江阴	1065	150	100000	135	140	197	215
北京	宜兴	1200	150	100000	135	140	197	215
北京	杭州	1409	150	100000	135	140	197	215
北京	嘉兴	1394	150	100000	135	140	197	215
北京	绍兴	1475	150	100000	135	140	197	215
北京	义乌	1730	150	100000	135	140	197	215
北京	宁波	1651	150	100000	135	140	197	215
北京	合肥	1085	150	100000	135	140	197	215
北京	武汉	1278	150	100000	135	140	197	215
北京	黄石	1379	150	100000	135	140	197	215
北京	荆州	1408	150	100000	135	140	197	215
北京	襄樊	1208	150	100000	135	140	197	215
北京	宜昌	1459	150	100000	135	140	197	215
北京	南昌	1642	150	100000	135	140	197	215

起始地	目的地	里程（公里）	最低限价（元）	最高限价（元）	分级报价（元/公斤）该报价已复核			
					L1, 50	L51, 100	L100, 1000	L1000, 99999
北京	温州	1867	150	100000	135	140	197	215
北京	广州	2479	150	100000	135	140	197	215
北京	深圳	2642	150	100000	135	140	197	215
北京	东莞	2540	150	100000	135	140	197	215
北京	中山	2573	150	100000	135	140	197	215
北京	佛山	2313	150	100000	135	140	197	215
北京	江门	2254	150	100000	135	140	197	215
北京	惠州	2635	150	100000	135	140	197	215
北京	珠海	2629	150	100000	135	140	197	215
北京	汕头	2411	150	100000	135	140	197	215
北京	肇庆	2589	150	100000	135	140	197	215
北京	湛江	2826	150	100000	135	140	197	215
北京	茂名	2783	150	100000	135	140	197	215
北京	乌鲁木齐	3759	150	100000	155	163	200	245
北京	兰州	1810	150	100000	155	163	200	245
北京	银川	1207	150	100000	155	163	200	245
北京	南宁	3734	150	100000	155	163	200	245
北京	桂林	2251	150	100000	155	163	200	245
北京	成都	2170	150	100000	155	163	200	245
北京	重庆	2164	150	100000	155	163	200	245
北京	长沙	1684	150	100000	155	163	200	245
北京	贵阳	2661	150	100000	155	163	200	245
北京	昆明	3276	150	100000	155	163	200	245
北京	福州	2204	150	100000	155	163	200	245
北京	泉州	2400	150	100000	155	163	200	245
北京	厦门	2517	150	100000	155	163	200	245
北京	海口	3065	150	100000	155	163	200	245

五、供应商运力信息

1. 干线运力

表 1-3-6　　　　　　　　　　干线运力信息

运力类型	车牌	运力来源	目的地	车辆类型	司机
公路	京 KA5678	北京迅捷物流公司	上海站	9.6 米单桥，全封闭 （长×宽×高：9.6 米×2.4 米×3 米，10 吨）	王志明
公路	京 SK0032	北京迅捷物流公司	大连站	9.6 米单桥，全封闭 （长×宽×高：9.6 米×2.3 米×2.7 米，25 吨）	刘立
公路	京 KL9031	北京迅捷物流公司	西安站	12.5 米双桥，全封闭 （长×宽×高：12.5 米×2.3 米×2.7 米，28 吨）	刘立
公路	京 BG6738	北京迅捷物流公司	成都站	17.5 米双桥，全封闭 （长×宽×高：17.5 米×2.4 米×2.7 米，35 吨）	刘立

2. 取/派运力

表 1-3-7　　　　　　　　　　取/派运力信息

运力来源	车牌号	司机	车辆类型
迅捷物流	京 SD7823	张家驹	9.6 米单桥，全封闭 （长×宽×高：9.6 米×2.4 米×3 米，10 吨）
迅捷物流	京 AP2461	张飞云	冷藏车 （长×宽×高：7.2 米×2.3 米×2.7 米，10 吨）
迅捷物流	京 KHI782	刘杰	厢式货车 （长×宽×高：4.2 米×1.9 米×1.8 米，2.5 吨）

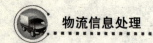

六、供应商人力信息

表 1 - 3 - 8　　　　　　　　　供应商人力资源信息

预设岗位	司机姓名	区别码	身份证号	出生日期	工作日期	验本日期	电话	住址	所属类型
取/派司机	张家驹	XJ0001	1102171983 07172467	1983 年 7 月 17 日	2010 年 3 月 1 日	2011 年 1 月 1 日	15980263784	北京市海淀区学院路 101 号	迅捷物流
取/派司机	张飞云	XJ0002	1108921989 07246782	1989 年 7 月 24 日	2010 年 8 月 23 日	2012 年 1 月 2 日	15267836548	北京市朝阳区五里桥一街	迅捷物流
取/派司机	刘杰	XJ0003	1108761986 09253578	1986 年 9 月 25 日	2009 年 2 月 11 日	2012 年 1 月 2 日	13467852873	北京市海淀区学院路 26 号	迅捷物流
干线司机	刘立	XJ0010	1102171978 03204008	1978 年 3 月 20 日	2009 年 7 月 21 日	2011 年 1 月 2 日	13511178436	北京市丰台区颐景园 3 号	迅捷物流

　　库管人员王飞对供应商信息进行收集整理，核对无误后，将相关统计信息交予信息管理员刘琦，由刘琦在物流信息系统中进行供应商信息的更新和维护管理。

任务单

任务名称	完成订单拣货
任务要求	1. 掌握一种物流信息系统软件的使用 2. 进行供应商信息的更新和维护 3. 进行供应商报价信息的更新和维护 4. 进行供应商运力信息维护和管理
任务成果	1. 完成供应商信息的更新和维护 2. 完成供应商报价信息的更新和维护 3. 完成供应商运力信息维护和管理

针对本任务，操作准备工作内容如下。

项　目		准备内容
环境准备	设备/道具	计算机
	主要涉及岗位角色	库管人员、信息管理员
	软件	第三方物流信息管理系统
	涉及单据	"供应商信息"、"供应商信用信息"、"供应商报价"、"供应商干线运力"、"供应商取/派运力"、"供应商人力信息"
制订计划	步骤一	供应商基础信息维护
	步骤二	供应商信用管理
	步骤三	供应商报价信息维护
	步骤四	供应商路运报价信息维护
	步骤五	供应商运力资源维护
	步骤六	供应商人力资源维护

供应商是指直接向零售商提供商品及相应服务的企业及其分支机构、个体工商户，包括制造商、经销商和其他中介商。物流企业的供应商主要是指为其提供仓储、运输、流通加工等辅助服务的分供方。

一、供应商基础信息维护

供应商基础信息维护主要包括两大部分的内容，即基础信息的更新维护和供应商信用管理。基础信息的维护主要是根据所统计的供应商档案，在信息系统内完成各个供应商基本档案信息的更新和维护工作。一般来说，供应商的基础信息包括：单位名称、单位类型、单位简称、联系人、联系电话、传真、邮编、地址等。

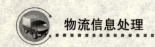

二、供应商信用管理

供应商信用管理的主要任务是完成供应商的信用评估。信用评价的内涵在于根据所掌握的材料，针对某种目的，对事物进行定量和定性说明和评估的过程。一般说来，它只是根据周围备件和部分事实对具体事物进行评价，是一种相对客观公正的意见和判断。

供应商信用评价管理是指由物流企业以与评价事项有关的法律法规、制度为依据，采用公正、科学、权威的信用考核标准和科学化的方法，对供应商的履约能力和可信任程度进行审核、揭示、监测，并做出综合评价的过程。

信用评价体系作为供应商信用评价的基础与核心，是信用评价的依据。信用评价体系主要包括以下内容：

1. 信用评价要素

这取决于对信用概念的认识和信用评价的目的，对于物流企业来说，供应商的信用评价要素主要指其履行合约的能力和可信任程度。一个信用良好的供应商应该具有良好的品德、开拓能力、充实的资本等。

2. 信用评价指标

这是体现信用评价要素的具体项目，一般用指标来表示。指标的选择必须能充分体现评价的内容，通过对几项指标的衡量，就能把企业信用某一方面的情况充分揭示出来。

任务中的供应商为运输提供商，因此以运输指标为基本的评价指标。最终选择的指标主要包括：按时到达率、货物合格率、在途及时反馈率、末端交接满意率、按时出货率。

3. 信用评价标准

要把被评价的供应商划分为不同的信用等级，以区别不同供应商的信用状况，还要对每一项指标制定出不同的等级标准，这是建立信用评价体系的关键。只有标准制定的科学合理，才能正确地评价企业信用水平的高低，因此，标准既不能定的太高，也不能定的太低。

4. 信用评价方法

目前，关于供应商信用评价的方法和模型层出不穷，主要有统计方法、专家方法、计量经济方法以及计算机技术的方法。不论采用哪种方法，都必须坚持定量分析和定性分析相结合。

5. 信用评价指标的权重

即各指标相对于信用评价体系的重要程度。不同的指标对信用的影响程度是不同的，有的能起决定作用，权重就应大一些；有的指标作用较小，权重相应也就小一些，在评价中必须根据实际情况加以考虑。

根据任务的基本情况，设计各指标的权重值如表 1 – 3 – 9 所示。

表 1-3-9　　　　　　　　　供应商信用评估指标及权重

序号	评估项目	备注	权重
1	按时到达率	供应商出货的按时抵达率	0.15
2	货物合格率	供应商货物的合格率	0.2
3	在途及时反馈率	供应商货物在途的反馈率	0.25
4	末端交接满意率	客户对供应商的满意度	0.15
5	按时出货率	供应商的按时出货率	0.25

三、供应商报价信息维护

供应商报价信息维护主要包括分供方报价信息维护和供应商路运报价信息维护两部分。供应商报价信息维护的主要内容是根据供应商所提供更新后的报价信息，在信息系统内部进行数据的维护和管理。某运输公司的报价单如图 1-3-1 所示。

报价单

目的地	首重(元)	续重(元/Kg)	时限(天)	目的地	首重(元)	续重(元/Kg)	时限(天)
天津	15.00	10.00	2	湖北	15.00	10.00	2
河北	15.00	10.00	2	湖南	15.00	10.00	2-3
山西	15.00	10.00	2-3	广东	15.00	10.00	2
内蒙古	15.00	10.00	2-3	广西	15.00	10.00	3-4
辽宁	15.00	10.00	2	海南	15.00	10.00	2
吉林	15.00	10.00	2	重庆	15.00	10.00	2
黑龙江	15.00	10.00	2	四川	15.00	10.00	2
上海	15.00	10.00	2	贵州	15.00	10.00	2-3
江苏	15.00	10.00	2	云南	15.00	10.00	2-3
浙江	15.00	10.00	2	陕西	15.00	10.00	2
安徽	15.00	10.00	2	甘肃	15.00	10.00	3-4
福建	15.00	10.00	2-3	青海	15.00	10.00	3
江西	15.00	10.00	3	宁夏	15.00	10.00	3
山东	15.00	10.00	2	新疆	20.00	18.00	2-3
省内	10.00	5.00	1-2	北京	15.00	10.00	2

图 1-3-1　运输公司报价单

四、供应商资源维护

供应商资源维护主要包括运力资源和人力资源两部分的维护。其中，运力资源包括

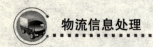

干线运力和取/派运力。

1. 运力信息维护

干线运力是指完成干线运输的运力。干线运输是利用铁路、公路的干线，大型船舶的固定航线进行的长距离、大数量的运输，是进行远距离空间位置转移的重要运输形式。

取/派运力是指完成市区内取货、派送任务的运力，其属于支线运输。支线运输是相对于干线运输来说的，是在干线运输的基础上，对干线运输起辅助作用的运输形式。

运力信息一般需要包括运力类型、运力来源、车辆类型等内容，其中车辆类型需要说明车辆的长、宽、高等尺寸以及车辆的基本类型。

2. 人力信息维护

人力资源信息维护，需要的信息包括基本信息和工作信息两大部分。其中，基础信息包括姓名、身份证号、出生日期、联系电话、住址等。工作信息包括所属岗位、工作日期、所属类型等。

以第三方综合业务平台软件为例，说明供应商信息更新、维护的方法和流程。

步骤一：供应商基础信息维护

以表 1 – 3 – 10 中数据为例，进行供应商基础信息维护，相关供应商信息维护的方法和流程同本例。

表 1 – 3 – 10 　　　　　　　　　　供应商基础信息实例

项　　目	内　　容
合作单位名称	北京迅捷物流公司
合作单位类型	分供方
合作单位简称	迅捷物流
合作单位结算方式	月结
业务种类	公路
联系人	刘力红
联系人电话	18798374137
传真	010 – 78293512
邮编	101000
合作单位地址	北京市昌平区昌河物流园区 A 区 32 号

登录到物流综合业务平台，以给定的账号进入第三方物流信息管理系统中的"基础管理"系统，在"供应商管理"模块下的"供应商档案管理"内，进行相关供应商资源数据的维护操作。具体的维护过程如表 1 – 3 – 11 所示。

表 1 – 3 – 11　　　　　　　　供应商维护操作指导（基础信息维护）

岗　位	作业进度	具体操作
信息管理员	基础信息维护	在"供应商档案管理"界面下，点击"新增"，录入新增供应商信息。信息录入完毕后，点击"提交"则完成供应商信息的新增。另外，已经录入的信息可以在"供应商管理"界面进行查询、修改以及删除等操作

步骤二：供应商信用管理

在"供应商管理"模块下的"供应商信用管理"界面，进行供应商信用管理。具体的管理操作过程如表 1 – 3 – 12 和 1 – 3 – 13 所示。

表 1 – 3 – 12　　　　　　供应商维护操作指导（供应商信用评估项目设置）

岗　位	作业进度	具体操作
信息管理员	供应商信用评估项目设置	点击"供应商信用管理"模块内的"供应商信用评估项目设置"，可以查询供应商评价原则和权重设置

表 1 – 3 – 13　　　　　　　　供应商维护操作指导（供应商信用评估）

岗　位	作业进度	具体操作
信息管理员	供应商信用评估	选择"供应商信用管理"界面下"供应商信用评估"，弹出供应商评价界面，选择需要评价的供应商名称，对评估各项的表现情况进行打分（百分制） 　　点击"提交"系统可以自动对供应商的评价得分进行核算，并点击"确定"按钮确认评价得分。完成此次供应商评价过程，系统会提示用户的评价结果已被录入

在"供应商管理"模块下的"供应商评估历史"界面，进行供应商评价结果查询。具体的管理操作过程如表 1 – 3 – 14 所示。

表 1 – 3 – 14　　　　　　　供应商维护操作指导（供应商评估结果查询）

岗　位	作业进度	具体操作
信息管理员	供应商评估结果查询	在"供应商信用管理"界面下的"供应商评估历史"中，可以查询曾经录入的供应商评估信息，勾选需要查询的供应商，点击"查看"进入评价结果查看界面

步骤三：供应商报价信息维护

登录到物流综合业务平台，以给定的账号进入第三方物流信息管理系统中的"商务结算"系统，进行分供方费用设置及审核操作。具体的维护过程如表 1 – 3 – 15 所示。

表 1 – 3 – 15　　　　　供应商报价信息维护操作指导（分供方费用设置）

岗　位	作业进度	具体操作
信息管理员	分供方费用设置	在"商务结算管理"模块下的"费用管理"内，选择"分供方费用设置"，进行分供方费用维护操作 从下拉列表框中选择项目名称、计费方式、计费标准。再根据界面提示导入分供方费用文件，点击"浏览"选择费用文件，点击"上传"至服务器。数据上传成功后，系统弹出界面提示分供方费用设置完成

经过上一步操作，将分供方报价上传设置完毕，还需要由商务人员对该报价进行审核，才能完成分供方报价信息的维护工作。

在"商务结算管理"模块下的"复核管理"内，选择"分供方报价审核"项来进行分供方报价审核。具体的审核过程如表 1 – 3 – 16 所示。

表 1 – 3 – 16　　　　　供应商报价信息维护操作指导（分供方报价审核）

岗　位	作业进度	具体操作
信息管理员	分供方报价审核	在"商务结算管理"模块下的"复核管理"内，选择"分供方报价审核"，进行分供方报价审核操作 在下拉列表框中选择分供方，点击"复核通过"即可完成费用报价的审核工作

步骤四：供应商路运报价信息维护

登录到物流综合业务平台，以给定的账号进入第三方物流信息管理系统中的"商务结算"系统，进行路运报价信息设置及审核操作。具体的维护过程如表 1 – 3 – 17 所示。

表 1 - 3 - 17　　　　　供应商路运报价维护操作指导（路运报价设置）

岗　位	作业进度	具体操作
信息管理员	路运报价设置	在"商务结算管理"模块下的"费用管理"内，选择"路运报价维护"，进行路运费用设置操作 从下拉列表框中选择项目名称、计费方式、计费标准。再根据界面提示导入分供方费用文件，点击"浏览"选择费用文件，点击"上传"至服务器。数据上传成功后，系统弹出提示界面，则说明路运报价信息设置完成

　　经过上一步操作，将路运报价信息上传设置完毕，还需要由商务人员对该报价进行审核，才能完成分供方路运报价信息的维护工作。在"商务结算管理"模块下的"复核管理"内，选择"路运报价审核"项来进行分供方报价审核。具体的审核过程如表 1 - 3 - 18 所示。

表 1 - 3 - 18　　　　　供应商路运报价维护操作指导（路运报价审核）

岗　位	作业进度	具体操作
信息管理员	路运报价审核	在"商务结算管理"模块下的"复核管理"内，选择"路运报价审核"，进行分供方路运报价审核操作 在下拉列表框中选择分供方，点击"复核通过"即可完成路运费用报价的审核工作

步骤五：供应商运力资源维护

　　以表 1 - 3 - 19 中数据为例，进行供应商干线运力资源维护，相关供应商干线运力资源维护的方法和流程同本例。

表 1 - 3 - 19　　　　　　　　　　供应商干线运力实例

运力类型	车牌	运力来源	目的地	车辆类型	司机
公路	京 KA5678	北京迅捷物流公司	上海站	9.6 米单桥，全封闭 （长×宽×高：9.6 米×2.4 米×3 米，10 吨）	王志明

　　登录到物流综合业务平台，以给定的账号进入第三方物流信息管理系统中的"基础管理"系统，在"路由信息维护"模块下的"运力"内，进行相关供应商运力数据的维护操作。具体的维护过程如表 1 - 3 - 20 所示。

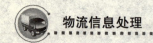

表1−3−20 供应商运力维护操作指导（干线运力维护）

岗　位	作业进度	具体操作
信息管理员	干线运力维护	在"路由信息维护"模块中选择"运力"，点击"新增"，录入运力信息，信息录入完毕后点击"提交"即可完成运力维护操作

以表1−3−21中数据为例，进行供应商取派运力资源维护，相关供应商取派运力资源维护的方法和流程同本例。

表1−3−21 供应商取/派运力实例

分供方编号	运力来源	车牌号	司机	车辆类型
DP010024	迅捷物流	京SD7823	张家驹	9.6米单桥，全封闭 （长×宽×高：9.6米×2.4米×3米，10吨）

登录到物流综合业务平台，以给定的账号进入第三方物流信息管理系统中的"基础管理"系统，在"路由信息维护"模块下的"取/派运力"内，进行相关供应商取/派运力数据的维护操作。具体的维护过程如表1−3−22所示。

表1−3−22 供应商运力维护操作指导（取/派运力维护）

岗　位	作业进度	具体操作
信息管理员	取/派运力维护	在"路由信息维护"模块中选择"取/派运力"，点击"新增"，录入短途取货送港运力的信息，信息录入完毕后点击"提交"即可完成取/派运力维护操作

步骤六：供应商人力资源维护

以表1−3−23中数据为例，进行供应商人力资源信息维护，相关供应商人力资源信息维护的方法和流程同本例。

表1−3−23 供应商基础信息实例

预设岗位	司机姓名	区别码	身份证号	出生日期	工作日期	验本日期	电话	住址	所属类型
取/派司机	张家驹	XJ0001	110217198307172467	1983年7月17日	2010年3月1日	2011年1月1日	15980263784	北京市海淀区学院路101号	迅捷物流

登录到物流综合业务平台，以给定的账号进入第三方物流信息管理系统中的"基础管理"系统，在"资源管理"模块下的"人力资源管理"内，进行相关供应商人力资源数据的维护操作。具体的维护过程如表1-3-24所示。

表1-3-24　　　　　　　　　　供应商人力资源维护操作指导

岗　位	作业进度	具体操作
信息管理员	人力资源维护	在"人力资源管理"界面下，点击"新增"，录入新增供应商人力资源基本信息。基本信息录入完毕后，选择"人员工种"继续添加人员的职位信息 　　信息录入完毕后，点击"增加"，录入的信息以表格的形式体现在下方，点击"提交"则完成供应商人力资源信息的新增 　　另外，已经录入的信息可以在"人力资源管理"界面进行查询、修改以及删除等操作

进行供应商信用管理时，供应商评估结果是由系统根据评估人员对供应商的评价得分进行核算而来，不需要人为输入，无法手动更改。

进行供应商报价信息维护和供应商路运报价信息维护时，首先需要下载报价模板文件，如图1-3-2所示。然后，将报价信息按照系统给定的模板进行更改保存。这样系统才能识别所上传的报价信息数据。

图1-3-2　模板文件下载

进行分供方运力维护时，首先需要选择分供方编号，运力来源不需手动填写，在选择分供方编号时，系统会根据系统内已维护的供应商基础数据自动填写运力来源。

起始站默认为账号所处站点，无法更改。进行目的站选择时，请选择个人账号下的相应站点。如个人账号为A001，运力为北京到上海，起始站默认为A001，目的站请选择SH_A001（上海）。起始地、目的地可更改，一般填起始站、目的站的城市名。

另外，若该运力的司机是系统内已维护人力资源，则可直接从系统内选择；若运力的司机是新增的人力资源，则需要先完成供应商人力资源信息维护以后，才能进行相应的运力资源信息维护。

供应商取/派运力维护同样需要先选择分供方编号信息。

进行人力资源维护时，需要先设置所属类型为外部，然后才能选择所属单位信息；所属机构默认为账号所属站点；区别码唯一标识系统内的一条人力资源信息。

人员工种信息维护时，可只填写工种类型，其他信息可忽略。

任务评价

班级			姓名		小组		
任务名称			供应商信息维护				
考核内容		评价标准			参考分值	考核得分	
		优秀	良好	合格		自评（10%）	互评（30%）	教师评价（60%）
1	活动参与情况	积极观摩模仿，及时按任务要求做，认真分析总结	按时完成任务要求；积极观摩模仿	能够参加任务活动；认真观察思考	20			
2	技能掌握情况	了解供应商信息维护内容和流程，能按照正确的流程，准确高效地进行供应商信息的维护工作	了解供应商信息维护内容和流程，能够正确完成供应商信息维护工作	了解供应商信息维护内容，能完成供应商信息维护工作	40			
3	总结归纳相应知识情况	积极参加总结讨论，观点鲜明、新颖、独特	能够参加讨论总结，有自己的观点	有自己的见解；但需要通过总结修正自己的观点	40			
总体评价					总分			

单选题

1. 供应商的基础信息不包括（　　）。

A. 供应商名称　　　　　　　　　B. 供应商联系电话

C. 供应商信用水平　　　　　　　D. 供应商地址

多选题

2. 运输提供商的评价指标主要包括（　　）。

A. 按时到达率　　　　　　　　　B. 末端交接满意率

C. 在途及时反馈率　　　　　　　D. 按时出货率

判断题

3. 信用评价的内涵在于根据所掌握的材料，针对某种目的，对事物进行定量和定性说明和评估的过程。（　　）

A. 正确　　　　　　　　　　　　B. 错误

填空题

4. 供应商基础信息维护主要包括两大部分的内容，基础信息的更新维护和_____。

5. 供应商信用评价方法和模型层出不穷，主要有_____、_____、计量经济方法以及计算机技术的方法。

问答题

6. 请简述信用评价体系的主要内容。

答案

1. C

2. ABCD

3. A

4. 供应商信用管理

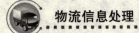

5. 统计方法、专家方法

6. 信用评价体系主要包括以下内容：

1）信用评价的要素

对于物流企业来说，供应商的信用评价的要素主要指其履行和约的能力和可信任程度。

2）信用评价指标

运输提供商评价的指标主要包括：按时到达率、货物合格率、在途及时反馈率、末端交接满意率、按时出货率。

3）信用评价标准

要把被评价的供应商划分为不同的信用等级，以区别不同供应商的信用状况，还要对每一项指标制定出不同的等级标准。

4）信用评价方法

目前，关于供应商信用评价方法和模型层出不穷，主要有统计方法、专家方法、计量经济方法以及计算机技术的。

5）信用评价的权重

即各指标相对于信用评价体系的重要程度。不同的指标对信用的影响程度是不同的，有的能起决定作用，权重就应大一些；有的指标作用较小，权重相应也就小一些，在评价中必须根据实际情况加以考虑。

任务四　库房信息维护

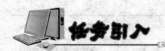

◎ 知识目标

　　了解仓库的基本概念及类型

　　能描述物流信息系统库房信息维护的操作方法

◎ 能力目标

　　掌握物流信息系统库房信息维护的操作流程

　　能根据要求进行仓储基本信息、区/储位信息、货品信息维护

◎ 情感态度与价值观目标

　　培养学生耐心、细致的工作态度和工作责任心

2012 年 2 月 16 日，速达物流要求蓝港 1 号仓库核实库房及其资源信息，并在信息系统中进行库房信息维护。蓝港 1 号仓库接受任务后，按要求开展工作，经过信息核实及实际盘点后，整理出以下资料。

一、仓库基本信息

库房名称：蓝港 1 号库

库管员：张天羽

库房地址：北京市石景山区辛中邑村

电话：010 – 51866702

库房类型：普通库房

所在区域：华北

规格：长 120 米，宽 55 米，高 8 米

面积：6600 平方米

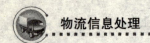

库房有三个门，分别为出货门（门类型：大门、状态：正常）、出货门（门类型：小门、状态：锁定）、进货门（门类型：大门、状态：正常）

二、储区类型

表 1 – 4 – 1　　　　　　　　　　　　储区概况　　　　　　　　　　（单位：个）

区名称	层数	排数	列数	货位数
立库存储区	4	4	10	160
托盘货架区	3	4	6	72
栈板货架区	3	2	8	48
电子拣选区	2	1	11	22
平堆区	1	6	9	54
补货暂存区	1	3	3	9
赠品存储区	1	3	1	3

三、储位编码

表 1 – 4 – 2　　　　　　　　　立库存储区—储位—各列正面平视图

A00300	A00301	A00302	A00303	A00304	A00305	A00306	A00307	A00308	A00309
A00200	A00201	A00202	A00203	A00204	A00205	A00206	A00207	A00208	A00209
A00100	A00101	A00102	A00103	A00104	A00105	A00106	A00107	A00108	A00109
A00000	A00001	A00002	A00003	A00004	A00005	A00006	A00007	A00008	A00009
B00300	B00301	B00302	B00303	B00304	B00305	B00306	B00307	B00308	B00309
B00200	B00201	B00202	B00203	B00204	B00205	B00206	B00207	B00208	B00209
B00100	B00101	B00102	B00103	B00104	B00105	B00106	B00107	B00108	B00109
B00000	B00001	B00002	B00003	B00004	B00005	B00006	B00007	B00008	B00009
C00300	C00301	C00302	C00303	C00304	C00305	C00306	C00307	C00308	C00309
C00200	C00201	C00202	C00203	C00204	C00205	C00206	C00207	C00208	C00209
C00100	C00101	C00102	C00103	C00104	C00105	C00106	C00107	C00108	C00109
C00000	C00001	C00002	C00003	C00004	C00005	C00006	C00007	C00008	C00009

D00300	D00301	D00302	D00303	D00304	D00305	D00306	D00307	D00308	D00309
D00200	D00201	D00202	D00203	D00204	D00205	D00206	D00207	D00208	D00209
D00100	D00101	D00102	D00103	D00104	D00105	D00106	D00107	D00108	D00109
D00000	D00001	D00002	D00003	D00004	D00005	D00006	D00007	D00008	D00009

表 1 - 4 - 3　　　　　　　　　　托盘货架区—储位—各列正面平视图

A00200	A00201	A00202	A00203	A00204	A00205
A00100	A00101	A00102	A00103	A00104	A00105
A00000	A00001	A00002	A00003	A00004	A00005
B00200	B00201	B00202	B00203	B00204	B00205
B00100	B00101	B00102	B00103	B00104	B00105
B00000	B00001	B00002	B00003	B00004	B00005
C00200	C00201	C00202	C00203	C00204	C00205
C00100	C00101	C00102	C00103	C00104	C00105
C00000	C00001	C00002	C00003	C00004	C00005
D00200	D00201	D00202	D00203	D00204	D00205
D00100	D00101	D00102	D00103	D00104	D00105
D00000	D00001	D00002	D00003	D00004	D00005

表 1 - 4 - 4　　　　　　　　　　栈板货架区—储位—正面平视图

A00200	A00201	A00202	A00203	A00204	A00205	A00206	A00207
A00100	A00101	A00102	A00103	A00104	A00105	A00106	A00107
A00000	A00001	A00002	A00003	A00004	A00005	A00006	A00007
B00200	B00201	B00202	B00203	B00204	B00205	B00206	B00207
B00100	B00101	B00102	B00103	B00104	B00105	B00106	B00107
B00000	B00001	B00002	B00003	B00004	B00005	B00006	B00007

表1-4-5 　　　　　　电子拣选区—储位—正面平视图

A00100	A00101	A00102	A00103	A00104	A00105	A00106	A00107	A00108	A00109	A00110
A00000	A00001	A00002	A00003	A00004	A00005	A00006	A00007	A00008	A00009	A00010

表1-4-6 　　　　　　平堆区—储位—各列正面平视图

A00000	A00001	A00002	A00003	A00004	A00005	A00006	A00007	A00008
B00000	B00001	B00002	B00003	B00004	B00005	B00006	B00007	B00008
C00000	C00001	C00002	C00003	C00004	C00005	C00006	C00007	C00008
D00000	D00001	D00002	D00003	D00004	D00005	D00006	D00007	D00008
E00000	E00001	E00002	E00003	E00004	E00005	E00006	E00007	E00008
F00000	F00001	F00002	F00003	F00004	F00005	F00006	F00007	F00008

表1-4-7 　　　　　　补货暂存区—储位—正面平视图

A00000	A00001	A00002
B00000	B00001	B00002
C00000	C00001	C00002

表1-4-8 　　　　　　赠品存储区—储位—正面平视图

A00000
B00000
C00000

四、货品信息

表1-4-9 　　　　　　货物基础信息

序号	货物名称	型号/编码	条码	包装规格（立方毫米）	物流单元（箱）	产品规格（个）
1	蒸蛋器	TPHJQ001	9787880642365	600×400×220	30	1×1
2	电磁炉	TPHJQ002	9787883203872	440×240×180	20	1×1
3	咖啡机	TPHJQ003	9787799912714	600×400×220	20	1×1
4	取暖器	TPHJQ004	9787799510521	600×300×220	20	1×1

序号	货物名称	型号/编码	条码	包装规格（立方毫米）	物流单元（箱）	产品规格（个）
5	电烤箱	TPHJQ005	9787799912707	450×300×200	25	1×1
6	电炸锅	TPHJQ006	9787885273156	480×320×200	25	1×1
7	电饭煲	TPHJQ007	9787887328253	480×320×200	25	1×1
8	蒸汽拖把	TPHJQ008	9787798966879	700×300×220	10	1×1
9	饮水机	YSJM5038	9787799917542	250×180×1000	10	1×1
10	冰箱	BXSM5091	9787880701203	1500×550×600	10	1×1
11	洗衣机	XYJQ5092	9787798928860	900×500×490	20	1×1
12	3D 电视	3DTV5093	9787799418261	150×40×100	35	1×1
13	热水器	RSHQ5094	9787880452648	350×360×700	20	1×1
14	燃气灶	PRQZ5095	9787799418148	900×360×400	20	1×1
15	文具盒	ZBHJQ001	9787880457681	600×400×220	20	1×5
16	削笔器	ZBHJQ002	9787885163471	600×400×220	20	1×5
17	剪刀	ZBHJQ003	9787885160784	600×400×220	20	1×5
18	胶带	ZBHJQ004	9787885160371	600×400×220	20	1×5
19	尺子	ZBHJQ005	9787885161057	600×400×220	20	1×5
20	橡皮	ZBHJQ006	9787885160715	600×400×220	20	1×5
21	胶水	ZBHJQ007	9787885161033	600×400×220	20	1×5
22	文件收纳	ZBHJQ008	9787885160296	600×400×220	20	1×5
23	笔筒	ZBHJQ009	9787885160746	600×400×220	20	1×5
24	订书器	ZBHJQ010	9787885160203	600×400×220	20	1×5
25	笔记本	ZBHJQ011	9787881012322	600×400×220	20	1×5
26	计算器	ZBHJQ012	9787880975901	600×400×220	20	1×5
27	贝壳袖扣	DZJXX001	9787799630021	600×400×220	20	1×5
28	钢质袖扣	DZJXX002	9787880798180	600×400×220	20	1×5
29	珐琅质袖扣	DZJXX003	9787799627281	600×400×220	20	1×5
30	银质袖扣	DZJXX004	9787512503205	600×400×220	20	1×5

序号	货物名称	型号/编码	条码	包装规格（立方毫米）	物流单元（箱）	产品规格（个）
31	玛瑙袖扣	DZJXX005	9787888382534	600×400×220	20	1×5
32	铜质袖扣	DZJXX006	9787799436845	600×400×220	20	1×5
33	水晶袖扣	DZJXX007	9787540453770	600×400×220	20	1×5
34	宝石袖扣	DZJXX008	9787101084382	600×400×220	20	1×5
35	钻石袖扣	DZJXX009	9787801653857	600×400×220	20	1×5
36	合金袖扣	DZJXX010	9787540453732	600×400×220	20	1×5
37	珍珠袖扣	DZJXX011	9787511319661	600×400×220	20	1×5
38	镀金领带夹	DZJXY001	9787211064281	600×400×220	20	1×5
39	银质领带夹	DZJXY002	9787508632018	600×400×220	20	1×5
40	铁质领带夹	DZJXY003	9787505418943	600×400×220	20	1×5
41	合金领带夹	DZJXY004	9787300149295	600×400×220	20	1×5
42	自动皮带扣	DZJXZ001	9787561345948	600×400×220	20	1×5
43	针式皮带扣	DZJXZ002	9787543057388	600×400×220	20	1×5
44	手工皮带扣	DZJXZ003	9787543064812	600×400×220	20	1×5
45	湿帘	LKCCM001	9787500697176	600×400×220	20	1×10
46	电机	LKCCM002	9787538557138	600×400×220	20	1×10
47	电机支架	LKCCM003	9787511319623	600×400×220	20	1×10
48	风叶	LKCCM004	9787514600407	600×400×220	20	1×10
49	浮球	LKCCM005	9787511319814	600×400×220	20	1×10
50	电路板	LKCCM006	9787538560404	600×400×220	20	1×10
51	显示器	LKCCM007	9787798975703	600×400×220	20	1×10
52	压缩机	LKCCM008	9787799418261	600×400×220	20	1×10
53	感温头	LKCCM009	9787798984361	600×400×220	20	1×10
54	变压器	LKCCM010	9787503952265	600×400×220	20	1×10
55	办公帮手	ZPCCLL01	9787508944361	600×400×220	10	1×1
56	袖扣低端礼盒	ZPCCLL02	9787508944265	600×400×220	10	1×1
57	袖扣中端礼盒	ZPCCLL03	9787503952231	600×400×220	20	1×1

续　表

序号	货物名称	型号/编码	条码	包装规格（立方毫米）	物流单元（箱）	产品规格（个）
58	袖扣高端礼盒	ZPCCLL04	9787503954958	600×400×220	20	1×1
59	袖扣顶端礼盒	ZPCCLL05	9787503954638	600×400×220	20	1×1
60	领带夹套装	ZPCCLL06	9787503954476	600×400×220	20	1×1
61	皮带扣套装	ZPCCLL07	9787503953256	600×400×220	20	1×1

备注："办公帮手"、"袖扣低端礼盒"、"袖扣中端礼盒"、"袖扣高端礼盒"、"领带夹套装"、"皮带扣套装"的货品类型为组装品，组装信息如下：

办公帮手：剪刀、胶带、尺子；

袖扣低端礼盒：贝壳袖扣、钢质袖扣、珐琅质袖扣；

袖扣中端礼盒：银质袖扣、玛瑙袖扣、水晶袖扣；

袖扣高端礼盒：宝石袖扣、钻石袖扣、珍珠袖扣；

领带夹套装：镀金领带夹、银质领带夹、合金领带夹；

皮带扣套装：自动皮带扣、针式皮带扣、手工皮带扣；

其他货品的类型默认为：一般品。

接下来，蓝港1号仓库工作人员须根据以上信息在信息系统中进行库房信息的维护。

任务名称	完成库房信息维护
任务要求	1. 根据库房信息进行库房基本信息维护 2. 根据区/储位信息进行区/储位信息维护 3. 根据货品信息进行货品信息维护
任务成果	1. 完成库房基本信息维护 2. 完成区/储位信息维护 3. 完成货品信息维护

针对本任务，操作准备工作内容如下。

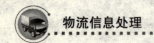

项　目		准备内容
环境准备	设备/道具	计算机
	主要涉及岗位角色	信息员
	软件	仓储管理系统
制订计划	步骤一	登录库房信息维护界面
	步骤二	仓库基本信息维护
	步骤三	区/储位信息维护
	步骤四	货品信息维护

仓库一般是指以库房、货场及其他设施、装置为劳动手段的，对商品、货物、物资进行收进、整理、储存、保管和分发等工作的场所。

一、仓库的类型

仓库可以有不同的分类标准，一般主要从以下几个方面来进行分类。

（一）按仓库用途来分类

仓库按照它在商品流通过程中所起的作用，可以分为以下几种：

1. 采购供应仓库

主要用于集中储存从生产部门收购的和供国际间进出口的商品，一般设在商品生产比较集中的大、中城市，或商品运输枢纽的所在地，如图 1 - 4 - 1 所示。

2. 批发仓库

主要用于储存从采购供应库场调进或在当地收购的商品，一般贴近商品销售市场，规模同采购供应仓库相比一般要小一些，它既从事批发供货，也从事拆零供货业务，如图 1 - 4 - 2 所示。

3. 零售仓库

主要用于为商业零售业做短期储货，一般是提供店面销售，零售仓库的规模较小，所储存物资周转快，如图 1 - 4 - 3 所示。

4. 储备仓库

一般由国家设置，以保管国家应急的储备物资和战备物资。货物在这类仓库中储存时间一般比较长，并且储存的物资会定期更新，以保证物资的质量。图 1 - 4 - 4 是我国某大型粮食储备仓库。

图 1 - 4 - 1　采购供应仓库

图 1 - 4 - 2　某汽车零件批发仓库

图 1 - 4 - 3　沃尔玛的零售仓库

图 1 - 4 - 4　大型粮食储备仓库

5. 中转仓库

主要用于存放等待转运的货物，货物一般在此仅做临时停放，一般设置在公路、铁路的场站和水路运输的港口码头附近，如图 1 - 4 - 5 所示。

图 1 - 4 - 5　国外物流企业现代化的货物中转仓库

6. 加工仓库

一般具有产品加工能力的仓库被称为加工仓库，如图 1 - 4 - 6 所示。

7. 保税仓库

保税仓库是指为国际贸易的需要，设置在一国国土之上，但在海关关境以外的仓库。外国企业的货物可以免税进出这类仓库而办理海关申报手续，而且经过批准后，可以在

图 1-4-6　大型生产企业的加工仓库

保税仓库内对货物进行加工、存储等作业，如图 1-4-7 所示。

图 1-4-7　保税仓库

　　以上是常见的几类仓库，采购供应仓库、批发仓库以及零售仓库在物流供应链中形成了前后衔接的关系。一般来说，生产出来的产品首先是被储存在采购供应仓库，然后流向批发仓库，接着是零售仓库，最后商品进入卖场，在那里向最终用户销售。

　　（二）按保管货物的特性分类

　　1. 原料仓库

　　原材料仓库是用来储存生产所用的原材料的，这类仓库一般比较大。图 1-4-8 是某食品加工厂的原材料仓库。

图1-4-8　食品加工厂的原材料仓库

2. 产品仓库

产品仓库的作用是存放已经完成的产品,但这些产品还没有进入流通区域,这种仓库一般是附属于产品生产工厂。电子产品仓库如图1-4-9所示。

图1-4-9　电子产品仓库

3. 冷藏仓库

冷藏仓库如图1-4-10所示,其通常用来储藏那些需要进行冷藏储存的货物,一般多是农副产品、药品等对于储存温度有要求的物品。

4. 恒温仓库

恒温仓库和冷藏仓库一样也是用来储存对于储藏温度有要求的产品。适用食品、药品等行业需要对保管货物进行严格温度控制的领域,可实现仓库不同区域、不同温度的控制要求。图1-4-11是某物流企业的低温型自动立体仓库。

图 1 - 4 - 10　药品冷藏仓库

图 1 - 4 - 11　低温型自动立体仓库

5. 危险品仓库

危险品仓库从字面上就比较容易理解它是用于储存危险品的。由于危险品可能对于人体以及环境造成危害，因此在此类物品的储存方面一般会有特定的要求。典型的危险品仓库如图 1 - 4 - 12 所示。

图 1-4-12　危险品仓库

6. 水面仓库

像圆木、竹排等能够在水面上漂浮的物品，它们可以储存在水面。水面仓库如图1-4-13 所示。

图 1-4-13　水面仓库

（三）按照场库的构造来分类

1. 单层仓库

单层仓库是最常见、使用最广泛的一种仓库建筑类型，这种仓库只有一层，如图1-4-14 所示。

2. 多层仓库

多层仓库一般占地面积较小，建在人口稠密、土地使用价格较高的地区，由于是多层结构，因此货物一般是使用垂直输送设备来搬运货物。图1-4-15 是典型的多层仓库。

图 1 - 4 - 14 单层仓库

图 1 - 4 - 15 多层仓库

3. 立体仓库

立体仓库又被称为高架仓库，也是一种单层仓库，但与一般的单层仓库不同的是它利用高层货架来储存货物，而不是简单的将货物堆积在库房地面上。在立体仓库中，由于货架一般比较高，所以货物的存取需要采用与之配套的机械化、自动化设备，一般在存取设备自动化程度较高时也将这样的仓库称为自动化仓库，如图 1 - 4 - 16 所示。

4. 简仓

简仓就是用于存放散装的小颗粒或粉末状货物的封闭式仓库，一般这种仓库被置于高架上，例如简仓经常用来存储粮食、水泥和化肥等。图 1 - 4 - 17 是典型的储粮简仓。

图 1 - 4 - 16 立体仓库

图 1 - 4 - 17 储粮简仓

5. 露天堆场

露天堆场是用于在露天堆放货物的场所，一般储存大宗原材料，或者不怕受潮的货物，如图 1 - 4 - 18 所示。

（四）按建筑材料的不同分类

根据仓库使用的建筑材料的不同，可以将仓库分为：钢筋混凝土仓库、钢质仓库、砖石仓库等，如图 1 - 4 - 19 至图 1 - 4 - 21 所示。

图 1 - 4 -18　露天堆场

图 1 - 4 -19　钢筋混凝土仓库

图 1 - 4 -20　钢质仓库

图 1 - 4 -21　砖石仓库

（五）按仓库的管理体制分类

根据仓库隶属关系的不同，可以分为以下几类：

1. 自用仓库

自用仓库是指某个企业建立的供自己使用的仓库，这种仓库一般由企业自己进行管理，如图 1 - 4 -22 所示。

图 1 - 4 - 22　自有仓库

2. 公用仓库

这是一种专业从事仓储经营管理的，面向社会的，独立于其他企业的仓库。如图 1 - 4 - 23 所示。

图 1 - 4 - 23　公共仓库

二、储区/储位编码

仓库通常都会划分不同的区/储位来进行货物的分区分类储存。仓库商品的分区分类储存是根据"四一致"的原则（性能一致、养护措施一致、作业手段一致、消防方法一致），把仓库划分为若干保管区域；把储存商品划分为若干类别，以便统一规划储存和保管。

1. 储区分类作用

分区储存商品可缩短商品拣选及收、发作业的时间；能合理使用仓容，提高仓容利用率；有利于保管员熟悉商品的性能，提高保管养护的技术水平；可合理配制和使用机械设施，有效提高机械化、自动化操作程度；有利于仓储商品的安全、减少损耗。

2. 储位编码作用

储位经过编码以后，在管理上具有以下若干功能：

（1）确定储位资料的正确性。

（2）提供电脑相对的记录位置以供识别。

（3）提供进出货、拣货、补货等人员存取货品的位置依据，以方便货品进出上架及查询，节省重复寻找货品的时间且能提高工作效率；提高调仓、移仓的工作效率。

（4）可以利用电脑处理分析。

（5）方便盘点。

（6）可让仓储及采购管理人员了解掌握储存空间，以控制货品存量。

（7）可避免货品乱放堆置致使过期而报废，并可有效掌握存货而降低库存量。

3. 储位编码方法

储位编码的方法一般有区段式、品项群式、地址式和坐标式四种方式。

（1）区段式。把保管区分成几个区段，再对每个区段编码。这种方式是以区段为单位，每个号码代表的储区较大。适用于单位化货品和大量货品且保管期短的货品。区域大小根据物流量大小而定。

（2）品项群式。把一些相关性货品经过集合区分成几个品项群，再对每个品项群进行编码。这种方式适用于容易按商品群保管的场合和品牌差距大的货品，如服饰群、五金群、食品群。

（3）地址式。利用保管区中的现成参考单位，如建筑物第几栋、区段、排、行、层、格等，按相关顺序编码，如同地址的区、胡同、号一样。这是物流配送中心使用较普及的编码方法。

（4）坐标式。利用空间坐标 x 、y、z 对储位进行编码。这种编码方式直接对每个储位定位，在管理上较复杂，适于流通率很小、存放时间较长的物品。因为储存货品的特性不同，所以采用的储位编码方法也不一样。应根据货品储存量、流动率、保管空间布置和保管设备来选择储位编码方法。

一般而言，由于储存货品特性不同，对于所适合采用之储位编码方式也不同，而如何选择编码方式就得依保管货品的储存量、流动率，保管空间布置及所使用的保管设备而做选择。不同的编码方法，对于管理难易程度也有影响，这些都必须先行考虑上列因素及信息管理设备，才能适宜的选用。

步骤一：登录库房信息维护界面

库房信息维护要在"仓储管理"系统中操作实现。进入综合业务平台的"仓储管理"

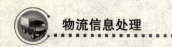

系统的"基础管理模块"进行库房相关信息维护操作，具体操作步骤如表 1 - 4 - 10 所示。

表 1 - 4 - 10　　　　　　　　　　　　登录库房信息维护界面

岗　位	作业进度	具体操作
信息管理员	登录库房信息维护界面	登录到综合业务平台，利用账号和密码进入"仓储管理"系统 选择左侧的工具栏的"基础管理"模块，进行库房信息的维护

步骤二：仓库基本信息维护

具体的维护过程如表 1 - 4 - 11 所示。

表 1 - 4 - 11　　　　　　　　　　　　仓库基本信息维护

岗　位	作业进度	具体操作
信息管理员	仓库基本信息维护	点击"基础管理"模块的"库房管理"，进入库房列表界面 点击库房列表界面底部的"新增"按钮，进入到库房基本信息填写界面。在"门信息"页面填写库房所有门的信息，点击"增加"，输入信息后点击"确定"，若库房有多个门重复上述操作即可 在"库管员"页面填写人员信息。点击"增加"，输入维护库管员信息后点击"确定"，会在下方的库管员信息表中显示所维护的具体信息，证明上述操作已被录入 上述操作结束后，点击"提交"即可完成并保存库房信息

步骤三：区/储位信息维护

区/储位信息的维护需要把仓库的各个存储区以及其包括的储位信息录入系统中，在这里以立库存储区为例，具体的维护过程如表 1 - 4 - 12 和表 1 - 4 - 13 所示。

表 1 - 4 - 12　　　　　　　　　　　　立库存储区信息维护

岗　位	作业进度	具体操作
信息管理员	立库存储区信息维护	点击"基础管理"模块的"区/储位管理"，进入区储位列表界面。点击区储位列表界面底部的"新增"按钮，进入到区/储位信息填写界面 信息录入完毕点击"提交"保存储区信息 其他存储区信息的维护即重复上述操作，将所有储区信息全部录入完毕

表1－4－13　　　　　　　　　储位信息维护

岗　　位	作业进度	具体操作
信息管理员	储位信息维护	储位分配就是要根据上一步添加的储区信息，按照各储区的空间、存储产品特点进行库区划分 　　返回区储区列表界面，勾选立体仓库区的选框，点击"分配储位"，进入储位设置界面，设置货架数（排数）、层数、截面数（列数）的信息 　　点击"生成"即可完成储位的分配 　　点击"保存"即可完成储位信息的维护，并返回储位管理界面，可以查看储位分布情况

步骤四：货品信息维护

货品信息的维护需要把仓库的各种货品信息录入到系统中，在这里以一般品蒸蛋器和组装品办公帮手为例。

1. 蒸蛋器

具体的维护过程如表1－4－14所示。

表1－4－14　　　　　　　　　货品信息维护

岗　　位	作业进度	具体操作
信息管理员	货品信息维护	点击"基础管理"模块的"货品管理"，进入货品列表界面。点击货品列表界面底部的"新增"按钮，进入到货品信息填写界面，包含"货品"、"货品数量对照"和"操作策略" 　　在"货品"界面选择"客户名称"，通过单选框选择需要添加货品的客户名称，点击"确定"完成设置后，录入货品的相关信息 　　在"货品数量对照"界面点击"增加"，录入数量、长、宽、高信息，并点击"确定" 　　在"操作策略"界面，选择默认上架策略和默认下架策略 　　点击"提交"即可保存录入的相应信息

2. 办公帮手

具体的维护过程如表1－4－15所示。

表 1 - 4 - 15　　　　　　　　　　　　　货品信息维护

岗　　位	作业进度	具体操作
信息管理员	货品信息维护	点击"基础管理"模块的"货品管理",进入货品列表界面。点击货品列表界面底部的"新增"按钮,进入到货品信息填写界面 在"货品"界面选择"客户名称",通过单选框选择需要添加货品的客户名称,点击"确定"完成设置后,录入货品的相关信息 在"货品数量对照"界面点击"增加",录入数量、长、宽、高信息,并点击"确定" 在"货品组装信息"界面点击"增加",录入组装货品,并点击"确定" 在"操作策略"界面,选择默认上架策略和默认下架策略 点击"提交"即可保存录入的相应信息

一、流程

进行库房信息维护的基本流程为工作人员根据分配的账号和密码登录到库房信息维护界面,并按照仓库与货品的信息进行仓库基本信息、区/储位信息、货品信息的维护操作,如图 1 - 4 - 24 所示。

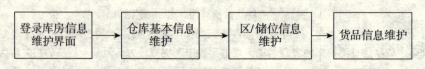

图 1 - 4 - 24　库房信息维护流程

二、注意事项

（1）库房信息维护是在"仓储管理"系统中的"基础管理"模块下实现的。

（2）严格按照仓库基本信息、区/储位信息、货品信息进行信息维护操作,带"＊"号的为必填项。

（3）库房编号、区编号和货品编号是系统中自动生成的,且每次进行维护时会生成不同的编号。

（4）进行储位信息维护时,我们填写通道号为"0",所得储位编号为"A00000"等;若通道号设为"1",则储位编号相应更改为"A10000"。

（5）进行组装品类型的货品信息维护时，必须保证货品的几种组装货品均已在系统中进行过维护。

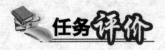

班级			姓名			小组		
任务名称			库房信息维护					
考核内容		评价标准			参考分值	考核得分		
		优秀	良好	合格		自评（10%）	互评（30%）	教师评价（60%）
1	活动参与情况	积极观摩模仿，及时按任务要求做，认真分析总结	按时完成任务要求，积极观摩模仿	能够参加任务活动，认真观察思考	20			
2	技能掌握情况	熟练掌握库房信息维护的操作流程，准确无误地完成仓库基本信息维护，按要求录入区储位信息，并录入货品信息	了解库房信息维护的操作流程，基本完成仓库基本信息维护，按要求录入区储位信息，并录入货品信息	了解库房信息维护的操作流程，能进行仓库基本信息维护，录入区储位信息，并录入货品信息	40			
3	总结归纳相应知识情况	积极参加总结讨论，观点鲜明、新颖、独特	能够参加讨论总结，有自己的观点	有自己的见解；但需要通过总结修正自己的观点	40			
总体评价					总分			

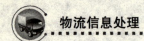

单选题

1. 以下不属于仓储资源维护内容的是（　　　）。

A. 仓库信息维护　　　　　　　　B. 区/储位信息维护

C. 货品信息维护　　　　　　　　D. 车辆信息维护

多选题

2. 仓库按用途来分类可以分成（　　）等。

A. 采购供应仓库　　　　　　　　B. 批发仓库

C. 零售仓库　　　　　　　　　　D. 中转仓库

判断题

3. 储位编码的方法一般有区段式、品项群式、地址式和坐标式四种方式。（　　）

A. 正确　　　　　　　　　　　　B. 错误

填空题

4. 商品分区分类储存的四一致原则包括：＿＿＿＿＿＿、＿＿＿＿＿＿、
＿＿＿＿＿＿、＿＿＿＿＿＿。

1. D

2. ABCD

3. A

4. 性能一致、养护措施一致、作业手段一致、消防方法一致

项目二　物流票务接单

任务一　入库接单

学习目标

◎ 知识目标

　　了解入库单的基本内容

　　了解入库单制作的流程

◎ 能力目标

　　掌握物流信息系统入库接单的操作流程

　　能够根据入库通知单新增入库订单并生成作业计划

　　能够按要求进行储位分配并进行入库处理、反馈

◎ 情感态度与价值观目标

　　培养学生认真细致的工作态度和效率意识

任务引入

　　2012 年 5 月 12 日，北京速达物流有限公司（以下简称速达物流）蓝港 1 号仓库接到客户北京利德曼科技发展有限公司一批货物的入库通知，入库通知单如表 2 – 1 – 1 所示。

表 2 - 1 - 1　　　　　　　　　　入库通知单

仓库名称: 蓝港 1 号　　　　　　　　　　　　　　　　2012 年 5 月 12 日

批次	1203001						
采购订单号	201205120001						
客户指令号	201205120003		订单来源		E - mail		
客户名称	北京利德曼科技发展有限公司		质 量		正品		
入库方式	送货		入库类型		正常		
序号	货品编号	名称	单位	包装规格（立方毫米）	申请数量	实收数量	备注
1	9787880622355	蒸蛋器	箱	600 × 400 × 220	20		
2	9787799917542	饮水机	箱	250 × 180 × 1000	8		
合　计					28		

制单人: 李华　　　　　　　　送货员: 宋立青　　　　　　　　仓管员:

　　工作人员通过初步了解, 并与客户沟通核实此项入库业务的紧急程度为一般, 预计入库时间为 2012 年 5 月 13 日 15: 30: 00。

　　通过查询库存情况, 工作人员决定将需要入库的蒸蛋器存放在托盘货架区 "A00000" 货位上, 饮水机存放在平堆区 "A00006" 货位上。

　　这时, 速达物流的仓储部仓库主管交给工作人员一份新的货卡, 以记录平堆区新增货品出入库情况, 货品入库后填写此货卡, 货卡编号 001。蓝港 1 号库房的空白货卡如表 2 - 1 - 2 所示。

表 2 - 1 - 2　　　　　　　　蓝港 1 号库房——货卡

货卡号:

货品名称:　　　　　　　　　　　　规格:　　　　　　包装单位:

年		送货（提货）单位	入库	出库	库存	备注	经手人
月	日						

接下来，工作人员须根据上述入库信息完成第三方物流信息管理系统的入库接单业务。

任务名称	完成入库接单
任务要求	1. 根据入库通知单录入入库订单 2. 生成作业计划 3. 进行入库预处理，分配储位 4. 填制货卡 5. 进行入库反馈
任务成果	1. 完成入库订单的录入 2. 生成入库订单 3. 完成入库预处理和储位分配 4. 完成货卡填制 5. 完成入库反馈

针对本任务，操作准备工作内容如下。

项　目	准备内容	
环境准备	设备/道具	计算机
	主要涉及岗位角色	信息管理员
	软件	订单管理系统、仓储管理系统
制订计划	步骤一	入库核单
	步骤二	新增入库订单
	步骤三	生成作业计划
	步骤四	入库预处理
	步骤五	货卡填制
	步骤六	入库反馈

一、入库单

1. 入库单的概念

入库单是收货员在收货入库前填制的单据，是商家和商家之间互相调货的凭证，用于反映入库货物的主要信息和收货的状态。如商家甲从商家乙手中拿了什么东西，然后商家甲就会给商家乙一张入库单，上面写明什么时间拿了什么东西、什么型号以及价格，并且要写明两商家的名称，同时还要有商家甲的印章。以后商家乙就可以凭这张入库单找商家甲收款。这样就简化了经常合作的两商家之间的交易程序，同时也使市场上的交易更加流动化。入库单所载具体内容应和入库订单一致。

2. 入库单的作用

（1）部分公司以入库单代替了验收单，所以入库单对于公司采购来讲是非常重要的。

（2）无出入库的管理，公司人员无法得知任何时点的库存状况（零库存除外）；无法配合采购人员提供合理的库存数量，容易造成存货的利用不充分。

（3）影响财务记账的充分性。

（4）入库单是对采购实物入库数量的确认，对采购人员和供应商是一种监控。

3. 填写说明

（1）入库单一般一式两联，第一联为仓库记账联，第二联交采购员办理付款并作为财务记账联。

（2）入库单适用于成品以外的物品入库。一般在抬头写上仓库名称，入库日期，材料编号、名称等。其实在实际工作中每个单位的入库单填写并不完全一样。有的单位的入库单还需要注明供货单位，所以入库单填写以各企业的不同要求而有所区别。

入库单需要采购人员、验收人员、库管人员签字；出库单需要领用人员（或领用部门）、库管人员签字。"两单"都需注明日期、材料名称、材料数量、材料单价、金额合计、使用部门（或用途）等。

（3）材料入库单一般设置为五联，如图2-1-1所示。

第一联"供应部门存查"（黑联），

第二联"仓库记账凭证"（红联），

第三联"财务记账凭证"（蓝联），

第四联"财务结转账凭证"（绿联），

第五联"业务班组存查"（黄联）。

各联次的内容一致，主要包括××仓库（材料所属库别）、年月日（入库时间）、供应单位（材料供应商）、材料代码、材料名称、规格、单位、数量、单价、合计、总计、备注等，最后一行由相关人员签字或盖章，包括记账人员，材质检验人员，验收人员，

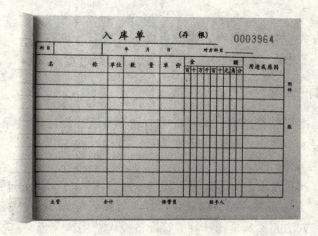

图 2 - 1 - 1 入库单

制单人员等。

二、入库核单

入库核单是入库接单业务的重要环节，要求对各种形式的入库通知都能准确辨识关键货物信息。关键货物信息一般会给入库准备带来影响，包括货物种类、名称、物化特征、批次、所属客户、数量、包装单元、体积、重量、预计到货时间、预计存储时间以及客户有无特别要求。客服人员要查对这些关键信息，如有缺失，应根据历史情况做出判断或向客户查询确认。

货物运抵仓库后，仓库收货人员首先要检验货物入库凭证，然后按货物入库凭证所列的收货单位、货物名称、规格数量等具体内容，逐项与货物核对。如发现送错，应拒收退回；一时无法退回的，应进行清点并另行存放，然后做好记录，待联系后再处理。经复核查对无误后，即可进行下一道工序。

三、货物入库

1. 入库性质

货物入库的性质可分为正常入库、退货入库和调拨入库等。

正常入库的情况下，仓库业务人员只要按照相应入库流程实施作业并签发相应单据，完成登记入账工作即可。

退货入库是已发出库的货物，由于交货不到、质量或数量不符、承诺退换货等原因，又将货物返回入库的情况。这种情况下，要对退货商品进行分类，良品与正常品入库程序相同，而不良品应入不良仓储区位，并做好日期、数量和原因的记录工作。

调拨入库是仓储企业从一个库存组织向另一个库存组织转移物资的情况，这种入库需要在正常入库基础上，进行调拨单据的核对处理。

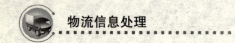

2. 入库交接方式

按货物交接方式的不同，货物入库分为提货入库（如到车站、码头、机场、邮局或者生产厂、流通企业提取货物并运输入库）和货主自行送货入库。

四、货物储位分配

储位分配就是指在储存空间、储存设备、储存策略、储位编码等一系列前期工作准备就绪之后，将待入库货物分配到最佳的货位上。

1. 储位分配的方式

储位分配的方式有人工分配、计算机辅助分配和计算机全自动分配三种方式。

（1）人工分配。以人工分配货位所凭借的是管理者的知识和经验，其效率会因人而异。人工分配货位方法的优点是比计算机等设备投入费用少，但是其缺点是分配效率低、出错率高，需要大量人力。

（2）计算机辅助分配。这种货位的分配方法是利用图形监控系统，收集货位信息并显示货位的使用情况，提供给货位分配者实时查询，为货位分配提供参考，最终还是由人工下达货位分配指示。

（3）计算机全自动分配。这是利用图形监控储位管理系统和各种现代化信息技术（条码扫描器、无线通信设备、网络技术、计算机系统等），收集货位有关信息，通过计算机分析后直接完成货位分配工作，整个作业过程不需要人工分配作业。

2. 储位分配的原则

储位分配考虑的原则是很多的。专门用于仓储的立体仓库，其储位分配原则如下。

（1）保持货架受力情况良好。重的物品存在下面的货位，较轻的物品存放在高处的货位，使货架受力稳定；分散存放，物料分散存放在仓库的不同位置。避免因集中存放造成货格受力不均匀。

（2）加快周转，先入先出。同种物料出库时，先入库者先提取出库，以加快物料周转，避免因物料长期积压产生锈蚀、变形、变质及其他损坏造成的损失。

（3）提高可靠性，分巷道存放。仓库有多个巷道时，同种物品分散在不同的巷道进行存放，以防止因某巷道堵塞影响某种物料的出库，造成生产中断。

（4）提高效率，就近入库。在线自动仓库，为保证快速响应出库请求，一般将物料就近放置在出库台附近。

五、单据填制案例

石家庄海盛物流中心（以下简称石家庄海盛）是天津海盛国际货运中心在石家庄设立的分支机构，专门负责石家庄区域内客户的物流服务。

2012年3月12日，石家庄海盛物流中心收到客户美的集团有限公司（客户编号：SA0086）的"入库通知单"，如表2-1-3所示。

表 2 - 1 - 3　　　　　　　　　　　　　　入库通知单

仓库：石家庄海盛物流中心　　　　　　　　　　　　入库通知单号：RK20120312001

客户名称	美的集团有限公司		质　量		正品	
入库方式	送货		入库类型		正常	
序号	货品编号	名称	单位	规格（立方毫米）	申请数量	实收数量	备注
1	362465	美的电饼铛 FT2011	台	348×235×400	30		
2	501810	美的电磁炉 RT2106	台	365×390×425	20		
3	359949	美的豆浆机 E12Q11	台	1.2L	32		
合　计					82		

制单人：张扬　　　　　　　　　　　　　　　　审核人：李磊

同时，客户美的集团有限公司提供了一份关于此批货品的信息，如表 2 - 1 - 4 所示。

表 2 - 1 - 4　　　　　　　　　　　　　　货品信息

货品名称	货品编码	规格（立方毫米）	单位	堆码层高	每层堆码数量	计划入库数量
美的电饼铛 FT2011	362465	348×235×400	台	4	5	30
美的电磁炉 RT2106	501810	365×390×425	台	4	5	20
美的豆浆机 E12Q11	359949	1.2L	台	4	9	32

接到入库通知后，物流信息员对订单的真实性进行确认，并与客户联系，确认此批货品入库的真实性。当货品入库信息确认后，石家庄海盛仓储部仓管员张寅根据入库通知单开始编制入库单号为 RKHK2763 的"入库单"。

公司现行使用的空白入库单模版如表 2 - 1 - 5 所示。

表 2 - 1 - 5　　　　　　　　石家庄海盛物流中心入库单

仓库编号：　　　　　　　　　　　　　　　　入库单号：

供应商名称		供应商编号		制单时间		
入库通知单号						
货品名称	货品编号	规格	单位	计划数量	实际数量	批次	备注
仓管员			制单人			

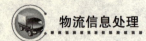

经过信息查询，张寅决定将货品存入仓库 KF003 的家电 5 区，填制完成的"入库单"如表 2 - 1 - 6 所示。

表 2 - 1 - 6 　　　　　　　　　　石家庄海盛物流中心入库单

仓库编号：KF003　　　　　　　　　　　　　　　　　　　　入库单号：RKHK2763

供应商名称	美的集团有限公司		供应商编号	SA0086	制单时间	2012.3.12
入库通知单号			RK20120312001			
货品名称	货品编号	规格（立方毫米）	单位	计划数量	实际数量	批次	备注
美的电饼铛 FT2011	362465	348×235×400	台	30			
美的电磁炉 RT2106	501810	365×390×425	台	25			
美的豆浆机 DE12Q11	359949	1.2L	台	20			
仓管员		制单人		张寅			

目前仓库 KF003 家电 5 区的货品情况如图 2 - 1 - 2 所示。

库区	货位	货品编号	货品名称	规格	单位	库存数量	批次	入库日期
家电5区	A50301	386665	美的电磁炉 FT2101	348×238×407 立方毫米	台	20	20110007	2011-04-21
家电5区	A50302	386665	美的电磁炉 FT2101	348×238×407 立方毫米	台	15	20110007	2011-04-21
家电5区	A50305	501810	美的电磁炉 RT2106	365×390×425 立方毫米	台	20	20110010	2011-08-16
家电5区	A50306	501810	美的电磁炉 RT2106	365×390×425 立方毫米	台	20	20110010	2011-08-16
家电5区	A50307	501810	美的电磁炉 RT2106	365×390×425 立方毫米	台	10	20110010	2011-08-16
家电5区	A50202	349949	美的豆浆机 DE12Q11	1.2升	台	36	20110004	2011-02-16
家电5区	A50203	349949	美的豆浆机 DE12Q11	1.2升	台	36	20110004	2011-02-16
家电5区	A50204	349949	美的豆浆机 DE12Q11	1.2升	台	12	20110004	2011-02-16
家电5区	A50403	258573	美的变频微波炉 EV025LC7-NR	512×328×435 立方毫米	台	10	20110008	2011-06-30
家电5区	A50404	258573	美的变频微波炉 EV025LC7-NR	512×328×435 立方毫米	台	10	20110008	2011-06-30

图 2 - 1 - 2 　家电 5 区货品库存情况

家电 5 区设置一排货架，且货架有 4 层，每层 10 列，如图 2 - 1 - 3 所示。

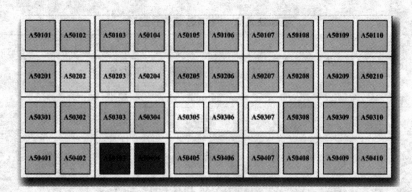

图 2 - 1 - 3 货架情况

因此，仓管员张寅根据目前存货情况、货品性质及客户提供的货品堆码信息，决定将美的电饼铛 FT2101 的 30 台货品组成两托，分别入库到 A50303 和 A50304 储位上；将美的电磁炉 RT2106 的 15 台货品组成一托，入库到 A50308 储位上；将美的豆浆机 DE12Q11 的 32 台货品组成一托，入库到 A50201 上。

根据上面的分析情况，仓管员张寅开始编制作业单号为 IB0000120121 的"储位分配单"。

公司现行使用的储位分配单模版如表 2 - 1 - 7 所示。

表 2 - 1 - 7 　　　　　　　石家庄海盛物流中心储位分配单

				作业单号					
入库单号				仓库编号					
仓管员				日期					
作业明细									
序号	库区	储位	货品名称	货品编号	规格	单位	应放数量	实放数量	备注
制单人					作业人				

— 93 —

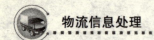

填制完毕后的"储位分配单"如表2－1－8所示。

表2－1－8 石家庄海盛物流中心储位分配单

				作业单号		IB0000120121				
入库单号	RKHK2763			仓库编号		KF003				
仓管员	张寅			日期		2012.3.12				
				作业明细						
序号	库区	储位	货品名称	货品编号	规格（立方毫米）	单位	应放数量	实放数量	备注
1	家电5区	A50303	美的电饼铛 FT2011	362465	348×235×400	台	20		
2	家电5区	A50304	美的电饼铛 FT2011	362465	348×235×400	台	10		
3	家电5区	A50308	美的电磁炉 RT2106	501810	365×390×425	台	20		
4	家电5区	A50201	美的豆浆机 DE12Q11	349949	1.2L	台	32		
制单人		张寅			作业人				

根据入库单和储位分配单，工作人员就可以进行接下来的作业操作了。

步骤一：入库核单

信息管理员收到入库通知单后，查看客户和货物信息并判断是否完整，然后受理此项入库任务。如不完整，需及时与客户沟通后再受理。

步骤二：新增入库订单

根据入库通知单，信息管理员须进入订单管理系统中进行入库订单的录入处理，新增入库业务订单。具体的操作过程如表2－1－9和表2－1－10所示。

表 2 - 1 - 9		登录入库订单列表界面
岗 位	作业进度	具体操作
信息管理员	登录入库订单列表界面	登录到综合业务平台，利用账号和密码进入"订单管理"系统 选择左侧的工具栏中"订单录入"并点击"入库订单"，进入入库订单列表界面

表 2 - 1 - 10		录入入库订单
岗 位	作业进度	具体操作
信息管理员	录入入库订单	点击界面底部的"新增"，新增一个入库订单。订单的具体信息，可以划分为：订单信息、订单入库信息、订单货品信息三类 根据入库通知单的信息，录入订单信息；填写订单入库信息，包括库房、入库方式、入库类型等信息 在订单货品界面，点击"添加货品"，从货品列表中选择蒸蛋器和饮水机，加入到货品列表中，并填写批次、数量等信息 上述三项信息全部填写完成后，点击"保存订单"即可

步骤三：生成作业计划

入库订单保存完毕后，须生成实际的入库作业计划，为货物入库做准备。具体的操作步骤如表 2 - 1 - 11 所示。

表 2 - 1 - 11		生成入库作业计划
岗 位	作业进度	具体操作
信息管理员	生成入库作业计划	返回到订单列表中，勾选中刚才新增的订单，点击界面底部的"生成作业计划" 系统弹出入库订单界面，核对订单无误后，点击"确认生成"

步骤四：入库预处理

作业计划生成后，信息管理员切换到仓储管理系统，为货品分配储位，确定入库储位，具体操作步骤如表 2 - 1 - 12 所示。

确定上架储位后，信息管理员需要将储位分配单打印存档。同时，需要打印入库单，用于货物的后续入库交接，由仓管员和送货员确认签字，再存档留底，具体操作步骤如表 2 - 1 - 13 所示。

表 2 - 1 - 12 入库储位分配

岗 位	作业进度	具体操作
信息管理员	入库储位分配	返回综合业务平台，切换到"仓储管理"系统，在左侧作业栏中，选择"入库作业"，进入"入库预处理"界面 　　选择新生成的入库订单，点击"调度"，进入到入库储位分配界面 　　在待上架货品中，选中要上架的货品及填写上架的数量，在区编码和储位编码中选择要上架货品的区储位编码，根据入库要求，将蒸蛋器存放在托盘货架区的"A00000"储位上 　　确定好上架数量后，点击"上架"

表 2 - 1 - 13 准备入库单据

岗 位	作业进度	具体操作
信息管理员	准备入库单据	在入库储位分配界面中，分别点击"打印储位分配单"、"打印入库单"，打印入库单据

　　入库单据准备完成后，完成入库预处理操作，具体操作步骤如表 2 - 1 - 14 所示。

表 2 - 1 - 14 完成入库预处理

岗 位	作业进度	具体操作
信息管理员	完成入库预处理	点击入库储位分配界面下方的"关闭"，返回到"入库预处理"界面 　　选择新增的入库订单，点击"完成"，在弹出的确认调度完成的窗口中点击"确认"，完成入库预处理操作

步骤五：货卡填制

　　货物进行实际的上架操作后，根据仓库内管理规定，填写平堆区的相应货卡，如表 2 - 1 - 15所示。

表 2-1-15 蓝港 1 号库房——货卡

货卡号：001

货品名称：饮水机　　　　　　　　规格：1×1　　　　　　　　包装单位：箱

2012 年		送货（提货）单位	入库	出库	库存	备注	经手人
月	日						
5	12	北京利德曼科技发展有限公司	8		8		刘忻

货卡填写完毕后放置于货垛指定位置。

步骤六：入库反馈

入库操作完毕后，就应该对将要入库的货品进行理货清点，并根据预处理操作时分配的储位，将货品上架处理，具体操作步骤如表 2-1-16 所示。

表 2-1-16 入库反馈

岗 位	作业进度	具体操作
信息管理员	入库反馈	在"入库作业"操作界面下，选择"入库反馈"，进入到入库反馈操作界面 系统将已经调度完成的单据列出。点击"理货"对需要入库的货物进行入库清点理货操作，填写实际收货数量 确定实收数量后，点击"保存修改"返回到入库反馈界面，点击"上架"，用户会发现在待上架货品中，未上架数量为 0，证明货物均已上架完毕 待货品理货、上架操作完毕后，返回到入库反馈列表中，点击"完成"，货品入库操作完毕 切换到"订单管理"系统，用户可以查询到该订单的作业状态为"完成"

至此，入库接单业务完成。

一、流程

进行入库接单任务的基本流程为操作人员根据入库通知单审核客户的货物入库信息，然后根据分配的账号和密码登录到入库订单列表界面，按照入库通知单信息新增入库订单，生成入库作业计划，并进行入库预处理分配货物的储位，待货物入库完成后，填制货卡并进行系统的入库反馈，如图 2－1－4 所示。

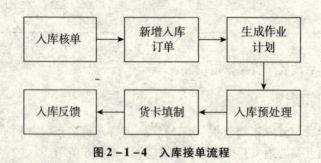

图 2－1－4　入库接单流程

二、注意事项

（1）操作人员需严格按照沟通核实后的货物入库信息进行入库订单填制操作，带"＊"号的为必填项。

（2）进行入库预处理分配货物的储位时，原则上是进行到此步骤再选择货物的上架储位，查看空闲的储位并分配给待入库货品。但是案例中为了有依据进行作业流程，所以事先给出了货物的上架储位。

（3）进行入库反馈时，我们需要对入库的货物进行入库清点理货操作，在这里填写实际收货的数量。

任务评价

班级				姓名			小组		
任务名称					入库接单				
考核内容		评价标准			参考分值	考核得分			
		优秀	良好	合格		自评（10%）	互评（30%）	教师评价（60%）	
1	活动参与情况	积极观摩模仿，及时按任务要求做，认真分析总结	按时完成任务要求，积极观摩模仿	能够参加任务活动，认真观察思考	20				
2	技能掌握情况	熟练掌握入库接单的操作流程，准确无误地完成新增入库订单信息，按要求进行储位分配，并准备好入库单据，完成入库反馈	了解入库接单的操作流程，基本完成新增入库订单信息，按要求进行储位分配，并准备好入库单据，完成入库反馈	了解入库接单的操作流程，能新增入库订单信息，按要求进行储位分配，并准备好入库单据，完成入库反馈	40				
3	总结归纳相应知识情况	积极参加总结讨论，观点鲜明、新颖、独特	能够参加讨论总结，有自己的观点	有自己的见解；但需要通过总结修正自己的观点	40				
总体评价					总分				

单选题

1. 仓库业务人员只要按照相应入库流程实施作业并签发相应单据，完成登记入账工作即可的货物入库为（　　）。

A. 正常入库　　　　　　　　　B. 退货入库　　　　　　　　　C. 调拨入库

多选题

2. 专门用于仓储的立体仓库，其储位分配原则包括（　　）。

A. 保持货架受力情况良好　　　　　　B. 加快周转，先入先出

C. 提高可靠性，分巷道存放客户所属行业　　D. 提高效率，就近入库

判断题

3. 同种物料出库时，先入库者先提取出库，以加快物料周转，避免因物料长期积压产生锈蚀、变形、变质及其他损坏造成的损失。（　　）

A. 正确　　　　　　　　　　　　　B. 错误

填空题

4. 储位分配的方式有_____、_____和_____三种方式。

5. 按货物交接方式的不同，货物入库分为_____和_____。

问答题

6. 请简述入库单的概念及作用。

1. A

2. ABCD

3. A

4. 人工分配、计算机辅助分配、计算机全自动分配

5. 提货入库、送货入库

6. 入库单是收货员在收货入库前填制的单据，是商家和商家之间互相调货的凭证，用于反映入库货物的主要信息和收货的状态。作用如下：

（1）部分公司以入库单代替了验收单，所以入库单对于公司采购来讲是非常重要的；

（2）无出入库的管理，公司人员无法得知任何时点的库存状况（零库存除外）；无法配合采购人员提供合理的库存数量，容易造成存货的利用不充分；

（3）影响财务记账的充分性；

（4）入库单是对采购实物入库数量的确认，对采购人员和供应商是一种监控。

任务二　在库制单

◎ 知识目标

了解移库、补货作业的概念

了解盘点作业内容及方法

了解流通加工作业内容、作用

◎ 能力目标

能够根据任务要求编制移库作业单、填制补货作业单

能够根据任务要求准备盘点作业单、填制流通加工订单

◎ 情感态度与价值观目标

培养学生严谨的工作态度和效率意识

北京速达物流有限公司蓝港 1 号仓库的在库作业包括移库作业、盘点作业及流通加工作业，各项作业均涉及制单作业。

一、移库作业

2012 年 6 月 23 日，仓管工作人员为了提高出入库速度，根据货物的出入库频率对仓库内各储区的货物进行了优化管理，决定将立库存储区"B00300"储位上名称为湿帘（货品编码为 9787500697176，数量为 20 箱）的货物移至立库存储区"B00000"储位上。接下来，工作人员须根据上述信息完成移库作业制单，为移库作业做准备。

二、补货作业

2012 年 6 月 25 日上午，速达物流蓝港 1 号库房的仓库主管查看库存情况时发现，电子拣货区"钻石袖扣"这个货品目前的库存量为 10 箱，而该货品的补货配置信息如表

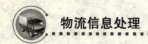

2－2－1 所示。

表 2－2－1　　　　　　　　　　　　补货配置信息

货品编码	库房	区编码	储位编码	补货点	最大库存	包装单位
钻石袖扣	蓝港1号	电子拣选区	A00007	11	20	箱

仓库主管根据上述信息制订了补货计划，并向仓管员发送了补货指令，如表 2－2－2 所示。

表 2－2－2　　　　　　　　　　　　补货指令

仓库：蓝港1号　　　　　　　　　　　　　　　　时间：2012 年 6 月 25 日

请 仓管员 按照下列指令完成补货作业：

　　请根据补货指令的指示，从托盘货架区的相应货位将对应的货品补货下架至补货暂存区，然后从对其中的一箱货品拆零补货上架至电子拣选货架的对应货位

备注：

制单人：丁维山　　　　　　　　　　　　　　　　仓库主管：

补货作业的货品需要从托盘货架区分别下架货品，放到补货暂存区拆零，再上架到电子货架进行补货上架操作。

请根据上述信息完成托盘货架区的补货作业任务。

三、盘点作业

速达物流执行月盘制度，盘点时间为每月的 27 日和 28 日两天。但近期托盘货架区的货物流通速度较快，为保证库存数量的准确性，2012 年 6 月 28 日，仓库主管交给仓管员葛玉东一份托盘货架区的库存明细，如表 2－2－3 所示。要求仓管员作为盘点人员对托盘货架区进行一次盘点，盘点类型为按区域盘。

表 2 - 2 - 3　　　　　　　　　　库存明细

托盘货架区库存图
单位：箱

储位	A00200	A00201	A00202	A00203	A00204	A00205
货物名称	蒸蛋器	电磁炉	咖啡机	取暖器	电烤箱	电炸锅
数量	30	20	20	20	25	25
储位	A00100	A00101	A00102	A00103	A00104	A00105
货物名称	蒸蛋器	电饭煲	蒸汽拖把	无	无	无
数量	30	20	10	0	0	0
储位	A00000	A00001	A00002	A00003	A00004	A00005
货物名称	无	无	无	无	无	无
数量	0	0	0	0	0	0
储位	B00200	B00201	B00202	B00203	B00204	B00205
货物名称	无	无	无	无	无	无
数量	0	0	0	0	0	0
储位	B00100	B00101	B00102	B00103	B00104	B00105
货物名称	胶水	文件收纳	笔筒	订书器	笔记本	计算器
数量	20	20	20	20	20	20
储位	B00000	B00001	B00002	B00003	B00004	B00005
货物名称	文具盒	削笔器	剪刀	胶带	尺子	橡皮
数量	20	20	20	20	20	20
储位	C00200	C00201	C00202	C00203	C00204	C00205
货物名称	无	无	无	无	无	无
数量	0	0	0	0	0	0
储位	C00100	C00101	C00102	C00103	C00104	C00105
货物名称	无	无	无	无	无	无
数量	0	0	0	0	0	0
储位	C00000	C00001	C00002	C00003	C00004	C00005
货物名称	贝壳袖扣	钢质袖扣	珐琅质袖扣	银质袖扣	玛瑙袖扣	铜质袖扣
数量	20	20	20	20	20	20

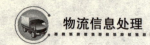

托盘货架区库存图

单位：箱

储位	D00200	D00201	D00202	D00203	D00204	D00205
货物名称	无	无	无	无	无	无
数量	0	0	0	0	0	0
储位	D00100	D00101	D00102	D00103	D00104	D00105
货物名称	水晶袖扣	宝石袖扣	钻石袖扣	合金袖扣	珍珠袖扣	镀金领带夹
数量	20	20	20	20	20	20
储位	D00000	D00001	D00002	D00003	D00004	D00005
货物名称	银质领带夹	铁质领带夹	合金领带夹	自动皮带扣	针式皮带扣	手工皮带扣
数量	20	20	20	20	20	20

接下来，工作人员须根据任务要求准备盘点作业单。

四、流通加工作业

货品袖扣低端礼盒是由贝壳袖扣、钢质袖扣、珐琅质袖扣各一件组成的成套货品。2012 年 6 月 29 日，工作人员发现袖扣低端礼盒这一货品库存不足，需要从电子拣选区下架贝壳袖扣（储位：A00100）、钢质袖扣（储位：A00101）和珐琅质袖扣（储位：A00102）各 2 件来组合成 2 套袖扣低端礼盒，并上架到电子拣选区的 A00008 储位上。

该加工订单的加工指令号：20120629001，采购订单号：201206280012，订单来源：E – mail，紧急程度：一般，下达时间：2012 年 6 月 29 日 09：42：00。

接下来，工作人员须根据上述信息，填制流通加工订单。

任务名称	完成在库制单
任务要求	1. 根据任务要求进行移库作业制单 2. 根据任务要求进行补货作业制单 3. 根据任务要求进行盘点作业制单 4. 根据任务要求进行流通加工作业制单
任务成果	1. 完成移库作业制单 2. 完成补货作业制单 3. 完成盘点作业制单 4. 完成流通加工作业制单

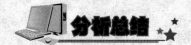

针对本任务,操作准备工作内容如下。

项　　目		准备内容
环境准备	设备/道具	计算机
	主要涉及岗位角色	仓管员、物流信息员
	软件	仓储管理系统
制订计划	步骤一	移库作业制单
	步骤二	补货作业制单
	步骤三	盘点作业制单
	步骤四	流通加工作业制单

一、移库作业

1. 移库定义

移库作业作为在库作业的一种,是根据需要调整库存储位的一种手段。移库是指业务流程中需要将库存货品从 A 仓库转移到 B 仓库或从 A 库位转移到 B 库位,进行储存并进行保管。移库作业一般流程如下。

(1)打印移库单。信息系统对库内数据进行分析后,打印出移库单,交给移库作业人员。

(2)移库作业。移库作业人员凭移库作业单进行移库作业,并对完成的移库作业进行确认。

(3)调整储位。信息系统对确认过的移库作业进行储位信息的更新,完成移库作业。

2. 移库目的

(1)优化储位。根据商品的周转率,进行 ABC 分析,对商品进行储位的移动,以优化库存结构。

(2)提高仓储效率。为了提高库内仓储效率,对不满一个托盘的商品进行拼盘作业,以提高储位的仓储效率。

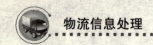

3. 移库准备

在物品移库前，要进行以下准备工作：

（1）整理仓库。将源库区相同型号的货品集中存放、堆码整齐，并清点数量。将目标库区清扫干净，做好必要的苫垫等准备工作。

（2）设备调配。安排两到三辆叉车以便加快装卸速度、提高工作效率。

（3）人员组织。安排两到三名仓管员指挥组织协调移库作业。

（4）填制移库单。根据工作任务，仓储商务人员编制移库单。

（5）打印移库单。仓储商务人员将移库单打印出来，签字盖章，交给仓管员进行移库作业。

4. 移库反馈

物品移库反馈是指在移库操作结束之后，明确并核对有关物品移库操作信息的操作，主要包括：

（1）签单。即签移库单。仓管员在完成入库立卡操作后，可签移库单，标注具体的目的库货位，并签上自己姓名。

（2）返单。仓管员将签单完毕的移库单仓库联留存，其余返给仓储商务人员。

（3）移库确认。仓储商务人员根据仓管员签字后的移库单处理账务，主要核对商品名称、型号、数量、目的库位等信息，做移库确认。

二、补货作业

（一）定义

补货作业是指包括从保管区域将货品移到另一个为了做订单拣选的动管拣货区域，然后将此迁移作业做进一步处理的总和。

补货作业与拣选作业息息相关，补货作业要根据订单需求制订详细计划，不仅要确保库存，也不能补充过量，而且还要将其安置在方便存取的位置上。

当拣选区的存货水平下降到预先设定的标准以后，补货人员就将需要补充的存货种类由保管区搬运至拣选区，然后拣选人员再将物品拣出，放到出库输送设备上运走。

（二）补货时机

补货作业的发生与否取决于拣选区的物品数量能否满足要求，因此，何时补货取决于拣选区的物品存量，同时也取决于临时补货对整个出货时间的影响。补货时机一般有以下三种。

（1）批次补货。指通过计算机查询每天需要的总补货量以及持货区存货量的情况，将补货量一次性补足的方式。批次补货比较适合一个工作日内作业量变化不大、紧急插单较少或是每批次拣取量大的情况。

（2）定时补货。指每天规定几个时间点，补货人员在这几个时段内检查拣选区的存货情况，若货架上的存货已经降到预先规定的水平以下，则立即进行补货。定时补货适合拣选时间固定，且紧急配送情况较多的仓库。

（3）随机补货。这种方式通常是仓库（配送中心）指定专门的补货人员，随时巡视拣选区物品存量，发现存量不足则立即补货。随机补货适合每批次补货量不大，但紧急插单较多，不确定性大的情况。

（三）补货方式

补货作业一定须小心地计划，不仅为了确保存量，也要将其安置于方便存取的位置。补货方式既取决于货物的物品特性，又取决于场地、设备等，主要的补货方式有：拼/整箱补货、托盘补货（整栈补货）、货位补货。补货作业所需的设备主要为拣选搬运设备，如：堆高机、电动式拖板车等。

拼/整箱补货　　　托盘补货（整栈补货）　　货位补货

图2-2-1　补货作业方式

1. 拼/整箱补货

这种补货方式是由货架保管区补货到流动货架的拣货区。这种补货方式的保管区为料架储放，动管拣货区为两面开放式的流动棚拣货区。拣货员在流动棚拣取区拣取单品放入浅箱（篮）中之后把货物放入输送机并运到发货区，当动管区的存货低于设定标准时，则进行补货作业。这种补货方式由作业员到货架保管区取货箱，用手推车载箱至拣货区，由流动棚架后方（非拣取面）补货。较适合于体积小且少量多样出货的物品。

2. 托盘补货

这种补货方式是以托盘为单位进行补货。根据补货的位置不同，又分为两种情况，一种是地板至地板，一种是地板至货架。

地板至地板的整托盘补货方式保管区以托盘为单位的地板平置堆叠储放，动管区也以托盘为单位的地板平置堆叠储放，不同之处在于保管区的面积较大，储放物品量较多，而动管区的面积较小、储放物品量较少。拣取时拣货员从拣取区拣取托盘上的货箱，放至中央输送机出货；或者，可使用堆高机将托盘整个送至出货区（当拣取大量种类时）。而当拣取后发觉动管拣取区的存货低于水准之下，则要进行补货动作。其补货方式为作业员以堆高机由托盘平置堆叠的保管区搬运托盘至同样是托盘平置堆叠的拣货动管区。此保管、动管区储放形态的补货方式较适合体积大或出货量多的物品。

地板至货架的补货方式保管区以托盘为单位的地板平置堆叠储放，动管区则为托盘货架储放。拣取时拣货员在拣取区搭乘牵引车拉着推车移动拣货，拣取后再将推车送至输送机轨道出货。而一旦发觉拣取后动管区的库存太低，则要进行补货动作，其补货方式为作业员使用堆高机很快地至地板平置堆叠的保管区搬回托盘，送至动管区托盘货架上储放。此种保管、动管区储放形态的补货方式较适合体积中等或中量（以箱为单位）出货的物品。

3. 货架之间的补货

此种补货方式为保管区与动管区属于同一货架，也就是将一货架上的两手方便拿取之处（中下层）作为动管区，不容易拿取之处（上层）做为保管区。而进货时便将动管区放不下的多余货箱放至上层保管区。对动管拣取区的物品进行拣货，而当动管区的存货低于水准之下则可利用叉车将上层保管区的物品搬至下层动管区补货。此保管动管区存放形态的补货方式较适合体积不大，每品项存货量不高，且出货多属中小量（以箱为单位）的物品。

三、盘点作业

（一）定义

仓库盘点作业是指对在库的物品进行账目和数量上的清点作业。即为了掌握货物的流动情况（入库、在库、出库的流动状况），对仓库现有物品的实际数量与保管账上记录的数量相核对，以便准确地掌握库存数量。

（二）目的

1. 核查实际库存数量

盘点可以查清实际库存数量，并通过盈亏调整使库存账面数量与实际库存数量一致。通常物料在一段时间不断接收与发放后，容易产生误差，这些误差的形成主因有：

（1）库存资料记录不确实，如多记、误记、漏记等。

（2）库存数量有误，如损坏、遗失、验收与出货清点有误。

（3）盘点方法选择不恰当，如误盘、重盘、漏盘等。

这些差异必须在盘点后察觉错误的起因，并予以更正。

2. 计算企业资产的损益

库存物品总金额直接反映企业流动资产的使用情况，库存量过高，流动资金的正常运转将受到威胁，因此为了能准确地计算出企业实际损益，就必须针对现有数量加以盘点。

3. 发现物品管理中存在的问题

通过盘点查明盈亏的原因，发现作业与管理中存在的问题，并通过解决问题来改善作业流程和作业方式，使出入库的管理方法和保管状态变得清晰。例如，呆、废品的处理状况，存货周转率、物料的保养维修，均可借盘点发现问题，以谋改善之策。

（三）盘点方法

（1）动态盘点法是指对有动态变化的商品即发生过收、发的商品，即时核对该批商品的余额是否与账、卡相符的一种盘点方法。动态盘点法有利于及时发现差错和及时处理。

（2）重点盘点法是指对商品进出动态频率高的，或者是易损耗的，或者是昂贵商品的一种盘点方法。

（3）全面盘点法是指对在库商品进行全面的盘点清查的一种方法。通常多用于清仓查库或年终盘点。盘点的工作量大，检查的内容多，把数量盘点，质量检查，安全检查结合在一起进行。

（4）循环盘点法是在每天、每周按顺序一部分一部分地进行盘点，到了月末或期末则每项商品至少完成一次盘点的方法。是指按照商品入库的前后顺序，不论是否发生过进出业务，有计划地循环进行盘点的方法。

（5）定期盘点法，又称期末盘点，是指在期末一起清点所有商品数量的方法。期末盘点必须关闭仓库做全面性的商品的清点，因此，对商品的核对十分方便和准确，可减少盘点中不少错误，简化存货的日常核算工作。缺点是关闭仓库，停止业务会造成损失，并且动员大批员工从事盘点工作，加大了期末的工作量；不能随时反映存货收入、发出和结存的动态，不便于管理人员掌握情况；容易掩盖存货管理中存在的自然和人为的损失；不能随时结转成本。

采用循环盘点法时，日常业务照常进行，按照顺序每天盘点一部分，所需的时间和人员都比较少，发现差错也可及时分析和修正。其优点是对盘点结果出现的差错，很容易及时查明原因；不用加班，可以节约经费。

两者可作以下比较，如表2-2-4所示。

表2-2-4　　　　　　　　　　期末盘点与循环盘点的差异比较

比较内容 ＼ 盘点方式	期末盘点	循环盘点
时间	期末、每年仅数次	日常、每天或每周一次
所需时间	长	短
所需人员	全体动员（或临时雇用）	专门人员
盘点差错情况	多且发现很晚	少且发现很早
对营运的影响	须停止作业数天	无
对商品的管理	平等	A类重要商品：仔细管理 C类不重要商品：稍微管理
盘点差错原因追究	不易	容易

四、流通加工作业

流通加工是为了提高物流速度和物品的利用率，在物品进入流通领域后，按客户的

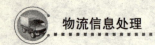

要求进行的加工活动，即在物品从生产者向消费者流动的过程中，为了促进销售、维护商品质量和提高物流效率，对物品进行一定程度的加工。

（一）流通加工的目的

流通加工处于不易区分生产还是物流的中间环节，尽管它可以创造性质和形态的使用效能，但是还是应该从物流机能拓展的角度将其看作物流的构成要素为宜。流通加工的目的可归纳如下：

（1）适应多样化的客户的需求。

（2）在食品方面，可以通过流通加工来保持并提高其保存机能。

（3）提高商品的附加值。

（4）可以规避风险，推进物流系统化。

（二）流通加工的内容

1. 食品的流通加工

流通加工最多的是食品行业，为了便于保存，提高流通效率，食品的流通加工是不可缺少的，如鱼和肉类的冷冻，蛋品加工，生鲜食品的原包装，大米的自动包装，上市牛奶的灭菌等。

2. 消费资料的流通加工

消费资料的流通加工是以服务客户，促进销售为目，如衣料品的标识和印记商标、家具的组装、地毯剪接等。

3. 生产资料的流通加工

具有代表性的生产资料加工是钢铁的加工，如钢板的切割，使用矫直机将薄板卷材展平等。

（三）流通加工的作用

1. 提高原材料利用率

通过流通加工进行集中下料，将生产厂商直接运来的简单规格产品，按用户的要求进行下料。例如，将钢板进行剪板、切裁；木材加工成各种长度及大小的板、方等。集中下料可以优材优用、小材大用、合理套裁，明显地提高原材料的利用率，有很好的技术经济效果。

2. 方便用户

用量小或满足临时需要的用户，不具备进行高效率初级加工的能力，通过流通加工可以使用户省去进行初级加工的投资、设备、人力，方便了用户。目前发展较快的初级加工有将水泥加工成生混凝土、将原木或板、方材加工成门窗、钢板预处理、整形等加工。

3. 加工效率及设备利用率

在分散加工的情况下，加工设备由于生产周期和生产节奏的限制，设备利用时松时紧，使得加工过程不均衡，设备加工能力不能得到充分发挥。而流通加工面向全社会，加工数量大，加工范围广，加工任务多。这样可以通过建立集中加工点，采用一些效率高、技术先进、加工量大的专门机具和设备，一方面提高了加工效率和加工质量，另一方面还提高了设备利用率。

五、单据填制案例

石家庄海盛物流中心根据公司日清日结的规定，于2012年4月20日下班前，仓管员张寅根据库存对客户新梅商贸有限公司所有货品进行清点，并按库区开始编制KF001号库6区（盘点单号：ST0001002）、KF001号库7区（盘点单号：ST0001003）和KF001号库8区（盘点单号：ST0001004）三张盘点单，盘点均采用盲盘形式，我们以KF001号库6区为例介绍。

KF001仓库6区中货物基础信息如表2-2-5所示。

表2-2-5　　　　　　　　　　　货物基础信息

货物编号	货物名称	储位区间	规格（件/箱）
352411260	DRIED FLOWER 0688	6区A排	2
320005020	DRIED FLOWER 0689	6区B排	2

KF001仓库6区货物实际库存如图2-2-2所示。

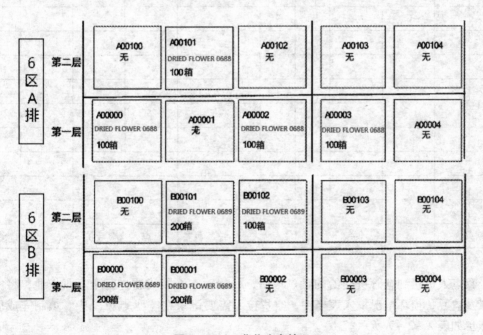

图2-2-2　货物库存情况

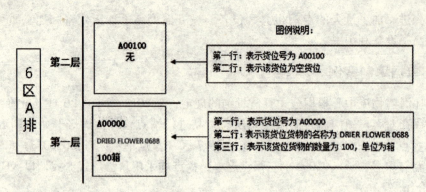

图 2 - 2 - 3　图例说明

公司的空白盘点单模板如表2-2-6所示。

表 2 - 2 - 6　　　　　　　　　　　　盘点单

盘点单号：

仓库编号							制单日期			
库区	储位	货品编号	货品名称	规格	单位	系统库存数量	实际数量	盈亏数量	损坏数量	备注
制单人					盘点人（签字）					

　　盘点人员接到仓管员交给的盘点单后，开始对本区的货物进行全盲盘作业，将实际数量及盈亏、损坏情况填入表格中，空货位不需要记录在"盘点单"中。填制完成后的盘点单如表2-2-7所示。

表 2 - 2 - 7   盘点单

盘点单号：ST0001002

仓库编号			KF001				制单日期		2012. 4. 20	
库区	储位	货品编号	货品名称	规格（件/箱）	单位	系统库存数量	实际数量	盈亏数量	损坏数量	备注
6 区	A00000	352411260	DRIED FLOWER 0688	2	箱		100			
6 区	A00002	352411260	DRIED FLOWER 0688	2	箱		100			
6 区	A00003	352411260	DRIED FLOWER 0688	2	箱		100			
6 区	A00101	352411260	DRIED FLOWER 0688	2	箱		100			
6 区	B00000	320005020	DRIED FLOWER 0689	2	箱		200			
6 区	B00001	320005020	DRIED FLOWER 0689	2	箱		200			
6 区	B00101	320005020	DRIED FLOWER 0689	2	箱		200			
6 区	B00102	320005020	DRIED FLOWER 0689	2	箱		100			
制单人			张寅			盘点人（签字）				

2012 年 5 月 6 日，石家庄海盛物流中心接到总公司天津海盛国际货运中心的移库请求，移库请求信息如表 2 - 2 - 8 所示。

表 2 - 2 - 8   移库货物信息

货物编号	货物名称	单位	请求数量
HF98765 - 01	海飞丝丝蕴洗发露 200 毫升	箱	30
HF98765 - 02	海飞丝丝蕴洗发露 400 毫升	箱	20
HF98765 - 03	海飞丝丝蕴护发素 400 毫升	箱	25

2012 年 5 月 6 日下午，仓管员张寅开始编制编号为 YK20120506 的"移库单"，空白移库单模板如表 2 - 2 - 9 所示。

5 月 7 日上午，张寅在出库过程中发现海飞丝丝蕴洗发露 200 毫升（编号：HF98765 - 01）实际可用库存数量为 27 箱，经与天津仓库沟通，确认该货物以实际可用库存数量进行移库，其他货物均按请求数量移库。张寅出库完成后根据实际出库情况在移库单上进行反馈，填制完成后的移库单如表 2 - 2 - 10 所示。

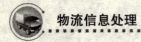

表 2 – 2 – 9　　　　　　　　　　　　　　　移库单

编　　号：

发货仓库名称：		收货仓库名称：		制单日期：	
货物编号	货物名称	单位	请发数量	实发数量	实收数量
发货仓库填写			收货仓库填写		
制单人			收货人		
出库人					
发货日期			收货日期		

表 2 – 2 – 10　　　　　　　　　　　　　　移库单

编　　号：YK20120506

发货仓库名称：石家庄仓库		收货仓库名称：天津仓库		制单日期：2012 – 05 – 06	
货物编号	货物名称	单位	请发数量	实发数量	实收数量
HF98765 – 01	海飞丝丝蕴洗发露 200 毫升	箱	30	27	
HF98765 – 02	海飞丝丝蕴洗发露 400 毫升	箱	20	20	
HF98765 – 03	海飞丝丝蕴护发素 400 毫升	箱	25	25	
发货仓库填写			收货仓库填写		
制单人	张寅		收货人		
出库人	张寅				
发货日期	2012 – 05 – 07		收货日期		

当天下午，天津仓库仓管员陆翔在接收货物中发现海飞丝丝蕴洗发露 400 毫升（编号：XH98765 – 03）实际到货数量为 18 箱，经与天津仓库沟通并调查，确定为运输环节出现问题，决定以实际到货数量入库，并根据实际到货数量在移库单上进行反馈，如表 2 – 2 – 11 所示。

表 2 – 2 – 11　　　　　　　　　　　　　移库单

编　号：YK20120506

发货仓库名称：石家庄仓库		收货仓库名称：天津仓库		制单日期：2012 – 05 – 06		
货物编号	货物名称		单位	请发数量	实发数量	实收数量
HF98765 – 01	海飞丝丝蕴洗发露 200 毫升		箱	30	27	27
HF98765 – 02	海飞丝丝蕴洗发露 400 毫升		箱	20	20	18
HF98765 – 03	海飞丝丝蕴护发素 400 毫升		箱	25	25	25
发货仓库填写				收货仓库填写		
制单人	张寅			收货人		陆翔
出库人	张寅					
发货日期	2012 – 05 – 07			收货日期		2012 – 05 – 07

步骤一：移库作业制单

确定移库作业后，信息管理员须进入仓储管理系统填制并准备移库作业单。具体的操作过程如表 2 – 2 – 12 至表 2 – 2 – 16 所示。

表 2 – 2 – 12　　　　　　　　　　　　登录移库作业列表界面

岗　位	作业进度	具体操作
信息管理员	登录移库作业列表界面	利用账号和密码登录到综合业务平台，进入"仓储管理"系统 选择左侧的工具栏的"移库作业"模块并点击"移库作业单"，进入移库作业列表界面

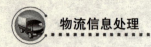

表 2 - 2 - 13 录入移库作业单

岗 位	作业进度	具体操作
信息管理员	录入移库作业单	点击移库作业列表界面底部的"新增"按钮，进入到移库作业单填写界面 填写需要移库的库房信息：源库房与目标库房。在下方的"源—库存条目"列表中，查询需要移库货品的库存情况：选择正确的区编码和储位编码以及客户编码，点击"查询库存"，系统就会按查询条件过滤出可以移动的库存货品 根据库存货品的库存量确定移库量，点击移库货品右侧的上移箭头，将货品移动到移库条目区域。在移库目标区域，选择目标储位，确定移库的目标区域后，点击界面下方的"保存"按钮，即完成移库作业单的信息录入

表 2 - 2 - 14 打印移库作业单

岗 位	作业进度	具体操作
信息管理员	打印移库作业单	勾选正确的作业计划单号对应的订单，点击"打印"按钮，即可打印移库作业单 勾选正确的作业计划单号对应的订单，点击"移库作业单提交"按钮，即可提交本次移库作业计划单，并准备进行移库作业

表 2 - 2 - 15 移库预处理

岗 位	作业进度	具体操作
信息管理员	移库预处理	点击"移库作业"模块下的"移库预处理"，进入移库作业单列表界面 勾选正确的作业计划单号对应的订单，点击"调度"按钮，进入移库调度界面 在"基本信息"标签中查看移库作业的源区域和目标区域是否设定正确 查看并确认移库单基本信息、拣货情况、上架情况和资源调度后，点击"调度完成"按钮

移库作业操作按要求执行完毕后，需在系统中进行移库反馈。

表2–2–16　　　　　　　　　　　　　　　移库反馈

岗　　位	作业进度	具体操作
信息管理员	移库反馈	点击"移库作业"模块下的"移库反馈"，进入移库作业单反馈列表界面 勾选正确的作业计划单号对应的订单，点击"作业计划单反馈"按钮 查看并确认移库单的基本信息、拣货情况、上架情况和资源调度后，点击"反馈完成"按钮

步骤二：补货作业制单

1. 补货设置

管理人员可以在综合业务平台"仓储管理"系统的"配置管理"模块中设置补货点，具体操作步骤如表2–2–17所示。

表2–2–17　　　　　　　　　　　　　　　补货设置

岗　　位	作业进度	具体操作
信息管理员	补货设置	利用账号和密码登录到综合业务平台，进入"仓储管理"系统。选择左侧的工具栏的"配置管理"模块并点击"补货设置"，进入补货设置界面 点击"新增"，填写补货相关信息，填写完成后，点击"提交"，即可将上述补货管理信息录入 返回设置的初始界面，可对上述设定信息进行查看和修改

2. 进行补货作业

接受补货指令后，信息管理员须进入订单管理系统填制补货订单。具体的操作过程如表2–2–18所示。

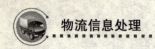

表 2 - 2 - 18		进行补货作业单录入
岗　位	作业进度	具体操作
信息管理员	登录补货作业列表界面	切换到"订单管理"系统,点击"订单录入"模块下的"补货订单",进入补货订单列表界面 点击补货订单列表界面底部的"新增"按钮,进入到补货订单填写界面 按照补货指令要求录入相关信息,补货指令录入完毕后,点击"生成补货单",即补货指令已生成 勾选已录入完毕的补货单,然后点击"补货作业单提交",即补货指令处理完毕

步骤三:盘点作业制单

接受盘点任务后,信息管理员须进入仓储管理系统填制盘点单。具体的操作过程如表 2 - 2 - 19 至表 2 - 2 - 25 所示。

表 2 - 2 - 19		登录盘点任务列表界面
岗　位	作业进度	具体操作
信息管理员	登录盘点任务列表界面	利用账号和密码登录到综合业务平台,进入"仓储管理"系统 选择左侧的工具栏的"盘点管理"并点击"盘点任务",进入盘点任务列表界面

表 2 - 2 - 20		录入盘点任务信息
岗　位	作业进度	具体操作
信息管理员	录入盘点任务信息	点击盘点任务列表界面底部的"新增"按钮,进入到盘点任务填写界面 根据任务要求,填写盘点的库房、储位、负责人以及盘点类型等信息。订单填写无误后,点击下方的"提交"按钮 勾选该盘点任务单,点击"提交处理"按钮,完成新增盘点任务操作

表 2 – 2 – 21   准备盘点作业单据

岗　位	作业进度	具体操作
信息管理员	准备盘点作业单据	点击"盘点管理"模块下的"盘点作业"，进入盘点作业列表界面　勾选盘点作业单，点击界面底部的"打印"按钮，准备此次盘点任务的作业单据即可

　　盘点作业人员到达"托盘货架区"根据盘点任务将该区域的货品清点、记录。盘点作业完成后，盘点作业的结果需要反馈到平台系统中，并进行差异调整，具体操作步骤如表 2 – 2 – 22 和表 2 – 2 – 23 所示。

表 2 – 2 – 22   盘点作业反馈

岗　位	作业进度	具体操作
信息管理员	盘点作业反馈	登录到"仓储管理"系统中，在"盘点管理"模块下选择进入"盘点作业"，进入到盘点作业列表　点击作业列表下方的"反馈"按钮，根据盘点的实盘结果，将实盘的正品、次品数量信息，录入"实际正品量"与"实际次品量"列表中　实盘数据反馈完毕后，点击"反馈完成"按钮

表 2 – 2 – 23   盘点差异调整

岗　位	作业进度	具体操作
信息管理员	盘点差异调整	点击"盘点管理"模块下的"盘点调整"，进入盘点调整界面　点击"调整审核"按钮，盘点差异处理办法为：根据实盘数量对系统库存进行盈亏调整。选择盈亏调整选项，然后点击"下一步"按钮　盘点数据与库存明细数量一致时，调整类型选择为"不调整"；数量一致，货品有次品时选择"正次"；数量不一致，选择"盈亏"，然后点击"调整确认"按钮，完成盘点差异调整

　　盘点作业的结果反馈到平台系统中后，可以进行盈亏查询，如表 2 – 2 – 24 和表 2 – 2 – 25 所示。

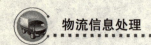
表 2 - 2 - 24 盈亏查询

岗 位	作业进度	具体操作
信息管理员	盈亏查询	进入"仓储管理"系统中"盘点管理"模块下的"盈亏查询"模块 系统会显示当前系统中各状态的盘点任务列表,在此页面选择一个盘点任务,点击"查看"系统会盘点任务单的详细信息

表 2 - 2 - 25 盘点结果打印

岗 位	作业进度	具体操作
信息管理员	盘点结果打印	进入"仓储管理"系统中"盘点管理"模块下的"盘点结果打印"模块 系统会显示当前系统中已完成的盘点任务列表,在此页面选择所做的盘点任务,点击"打印",将本次盘点任务完成

步骤四：流通加工作业制单

接受流通加工任务后,信息管理员须进入订单管理系统填制流通加工订单。具体的操作过程如表 2 - 2 - 26 至表 2 - 2 - 30 所示。

表 2 - 2 - 26 登录加工订单列表界面

岗 位	作业进度	具体操作
信息管理员	登录加工订单列表界面	利用账号和密码登录到综合业务平台,进入"订单管理"系统 选择左侧的工具栏的"订单录入"并点击"加工订单",进入加工订单列表界面

表 2 - 2 - 27 录入加工订单

岗 位	作业进度	具体操作
信息管理员	录入加工订单	点击加工订单列表界面底部的"新增"按钮,进入到加工订单填写界面,内容包括订单信息和加工信息两部分 根据任务要求中给定的信息,填写加工订单的基本信息 填写"加工信息"时,填选完库房后,点击"添加货品",选择"袖扣低端礼盒"这个货品,填写加工数量,再点击该加工品,会在下方的材料中,显示出该组装品的构成原料及数量。填写完相关信息后,点击"保存订单"即可

表 2 – 2 – 28　　　　　　　　　　　　　生成作业计划

岗　位	作业进度	具体操作
信息管理员	生成作业计划	订单录入完毕后，返回加工订单列表界面，选中该流通加工订单，点击"生成作业计划"，核实订单信息和加工信息无误后，点击"确认生成"，生成流通加工订单

表 2 – 2 – 29　　　　　　　　　　　　　加工预处理

岗　位	作业进度	具体操作
信息管理员	加工预处理	切换到"仓储管理"系统，选择"流通加工作业"模块下的"加工预处理"，进入流通加工订单列表界面 　　选择流通加工订单，并点击"调度"，进入流通加工订单调度界面 　　点击待拣货品贝壳袖扣后面的"库存"按钮，查询存货数量，并选择此库存，输入拣货数量"2"，点击"拣货"，拣选出2件贝壳袖扣。重复上述操作，分别拣选出2件铜质袖扣和2件珐琅质袖扣 　　点击界面底部的"打印拣货单"，可以打印本次流通加工作业的拣货单据 　　点击界面底部的"调度完成"，可以完成本次流通加工的调度作业

　　流通加工作业操作按要求执行完毕，货物在电子拣选区进行了上架操作后，需在系统中进行加工反馈。

表 2 – 2 – 30　　　　　　　　　　　　　加工反馈

岗　位	作业进度	具体操作
信息管理员	加工反馈	选择"流通加工作业"模块下的"加工反馈"，进入流通加工订单列表界面 　　点击界面底部的"作业计划反馈"，进入流通加工作业反馈界面，查看货品下架组合信息 　　点击界面顶部的"上架反馈"，点击待上架货品条目，输入其上架的货位，点击"上架"，完成货品的上架操作 　　点击界面底部的"反馈完成"，本次流通加工作业完成

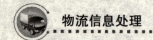

一、流程

进行移库作业制单的基本流程为操作人员根据分配的账号和密码登录到移库作业列表界面，按照移库作业信息录入移库作业单，提交并打印出移库作业单，然后进行移库预处理，待货物移库完成后，进行系统的移库反馈，如图2-2-4所示。

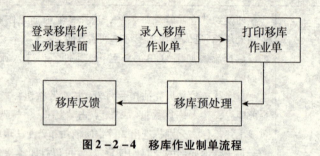

图2-2-4 移库作业制单流程

进行补货作业制单的基本流程为操作人员根据分配的账号和密码登录到补货作业列表界面，按照补货作业信息录入补货作业单，提交作业单生成补货作业，如图2-2-5所示。

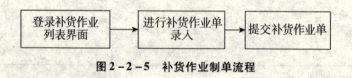

图2-2-5 补货作业制单流程

进行盘点作业制单的基本流程为操作人员根据分配的账号和密码登录到盘点任务列表界面，按照盘点任务信息新增盘点任务，提交并打印盘点作业单，盘点作业完成后根据盘点结果进行作业反馈和差异调整，最后可以对盘点结果进行查询和盘点结果打印，如图2-2-6所示。

进行流通加工作业制单的基本流程为操作人员根据分配的账号和密码登录到加工订单列表界面，按照流通加工作业信息录入加工订单，提交流通加工作业单并打印出拣货单，然后进行加工预处理选择货物下架储位，待货物加工完成后，进行系统的加工反馈将组装品上架，如图2-2-7所示。

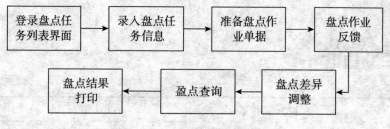

图 2 - 2 - 6 盘点作业制单流程

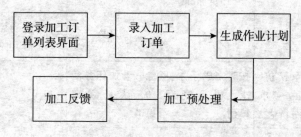

图 2 - 2 - 7 流通加工作业制单流程

二、注意事项

（1）操作人员需严格按照各项在库任务的要求进行作业单的填制操作，带"＊"号的为必填项。

（2）进行补货作业制单时，储区货物必须达到补货配置信息所要求的补货点才能进行补货。

（3）进行流通加工预处理拣选货物时，原则上是进行到此步骤再选择货物的拣货储位，查看货物的在库储存情况后，根据实际情况选择货物的出库储位。但是案例中为了有依据进行作业流程，所以事先给出了货物的出库储位，只需按要求下架即可。

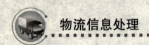

任务评价

班级			姓名		小组		
任务名称			在库制单				
考核内容		评价标准			参考分值	考核得分	
		优秀	良好	合格		自评（10%）	互评（30%）	教师评价（60%）
1	活动参与情况	积极观摩模仿，及时按任务要求做，认真分析总结	按时完成任务要求，积极观摩模仿	能够参加任务活动，认真观察思考	20			
2	技能掌握情况	熟练掌握几种在库作业单制单的操作流程，准确无误地完成各种在库作业单的填制和提交，能够完全准确的完成盘点单和移库单的填制	了解几种在库作业单制单的操作流程，基本无误地完成各种在库作业单的填制和提交，能够基本正确的完成盘点单和移库单的填制	了解几种在库作业单制单的操作流程，基本完成各种在库作业单的填制和提交，能够大部分正确的完成盘点单和移库单的填写	40			
3	总结归纳相应知识情况	积极参加总结讨论，观点鲜明、新颖、独特	能够参加讨论总结，有自己的观点	有自己的见解；但需要通过总结修正自己的观点	40			
总体评价					总分			

单选题

1. 移库作业的一般流程为（　　　）。

A. 调整储位→打印移库单→移库作业

B. 打印移库单→移库作业→调整储位

C. 打印移库单→调整储位→移库作业

D. 移库作业→打印移库单→调整储位

多选题

2. 盘点作业的主要目的包括（　　　）。

A. 核查实际库存数量

B. 提高仓储效率

C. 计算企业资产的损益

D. 发现物品管理中存在的问题

判断题

3. 何时补货取决于拣选区的物品存量，同时也取决于临时补货对整个出货时间的影响。（　　　）

A. 正确　　　　　　　　　　B. 错误

填空题

4. 补货时机一般有 _____ 、_____ 和_____ 三种方式。

5. 盘点作业的方法包括 _____ 、_____ 、_____ 、_____ 和_____ 。

1. B

2. ACD

3. A

4. 批次补货、定时补货、随机补货

5. 动态盘点法、重点盘点法、全面盘点法、循环盘点法、定期盘点法

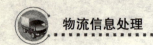

任务三　出库接单

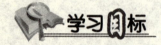

◎ 知识目标

　　了解出库单的基本内容

　　了解货物出库的形式、方式及要求

◎ 能力目标

　　掌握物流信息系统出库接单的操作流程

　　能够根据出库通知单完成出库系统作业

◎ 情感态度与价值观目标

　　培养学生严谨细致的工作态度和工作责任心

　　2012 年 9 月 12 日，北京速达物流有限公司蓝港 1 号仓库接到客户北京利德曼科技发展有限公司一批货物的出库通知，出库通知单如表 2 - 3 - 1 所示。

表 2 - 3 - 1　　　　　　　　　　　出库通知单

仓库名称：蓝港 1 号　　　　　　　　　　　　　　　　　　2012 年 9 月 12 日

批次	120912						
采购订单号	201209120006						
客户指令号	20120912006			订单来源	E - mail		
客户名称	北京利德曼科技发展有限公司			质　量	正品		
出库方式	自提			出库类型	正常		
序号	货品编号	名称	单位	包装规格（立方毫米）	申请数量	实发数量	备注
1	9787885160784	剪刀	箱	600×400×220	5		
2	9787885161057	尺子	箱	600×400×220	5		
合　　计					10		

制单人：李华　　　　　　　　提货人：刘家伟　　　　　　　　仓管员：

工作人员通过初步了解，并与客户沟通核实此项出库业务的紧急程度为一般，预计出库时间：2012 年 9 月 13 日 15：22：00。

接下来，工作人员须根据上述出库信息完成第三方物流信息管理系统的出库接单业务。

任务名称	完成出库接单
任务要求	1. 根据出库通知单录入出库订单 2. 生成作业计划 3. 完成出库预处理 4. 准备出库单据
任务成果	1. 生成出库作业计划 2. 完成出库单制作

针对本任务，操作准备工作内容如下。

项 目		准备内容
环境准备	设备/道具	计算机
	主要涉及岗位角色	信息员
	软件	订单管理系统、仓储管理系统
制订计划	步骤一	出库核单
	步骤二	新增出库订单
	步骤三	生成作业计划
	步骤四	出库预处理
	步骤五	出库反馈

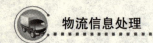
 **任务准备**

一、出库单

货物出库必须有货主的出库通知或请求驱动，不论在任何情况下，仓库都不得擅自动用、变相动用或者外借货主的库存。

货主的出库通知或出库请求的格式不尽相同，不论采用何种形式，都必须是符合财务制度要求的、有法律效力的凭证，要坚决杜绝凭信誉或无正式手续的发货。出库单是商家之间互相调货的凭证。出库单上注明货物名称、型号、价格以及客户名称等内容，是后期货物结算的依据。

出库单一式四联，分为存根、仓库留存、财务核算和提货人留存，用不同颜色区分。商家提货时，提供提货单，出库业务受理员核单后填写出库单签字执行出库作业，企业可以凭借出库单找提货方收款。

二、出库核单

出库核单是出库作业开始的重要环节，要求出库业务受理员对各种形式的出库凭证都能准确辨识关键货物信息，将出库凭证的关键货物信息与库内货物的基础信息进行粗略对比，确定出库的合理性。

仓库发货，包括过户、取样、转仓等都必须以货主单位开出的正式出库凭证为依据。审核货物出库凭证主要审核的内容有出库通知单或提货单是否是货主单位开制的，印鉴是否齐全；查对付货仓库名称有无错误；货物品名、规格、数量、等级等项目有无错开、漏开，单据填写字迹是否清楚，有无涂改痕迹，提货单据是否超过了规定的提货有效期限。如发现问题，应即刻退还业务单位进行更正。严禁白条提货。

三、货物出库

1. 出库要求

货物出库必须符合仓库管理的有关规定和要求，做到"三不、三核、五查"，"三不"是指没接单据不翻账，没审单不备货，没复核不出库；"三核"是指出货时核对实物、核对凭证、核对账卡，"五查"是指查品名、查包装、查规格、查数量、查重量。商品出库要求严格执行各项规章制度，提高服务质量，积极与用户联系，为用户提供、创造方便条件，杜绝差错事故。

货物出库的基本要求如下：

（1）做好发放准备。为使物品及时流通，合理使用，必须快速、及时、准确地发放。为此必须做好发放的各项准备工作。如"化整为零"、集装单元化、备好包装、复印资料、组织搬运人力、准备好出库的各种设施设备及工具等。

（2）凭单证出库。出库业务必须依据正式的出库凭证办理，任何非正式的凭证均视为无效凭证、不能作为出库的依据。

（3）严格执行出库业务程序。出库业务程序是保证出库工作顺利进行的基本保证，为防止出现工作失误，在进行出库作业时，必须严格履行规定的出库业务工作程序，使出库业务有序进行。

（4）准确无差错。仓库管理人员发货时，应按照发货凭证上列明的物品品名、产地、规格、型号、价格、数量、质量准确发货，当面点清数量和检验质量。确保出库物品数量准确、质量完好、包装牢固、标志正确、发运及时安全，避免发生运输差错和损坏物品的事故。

（5）及时办理。所谓及时是指当接到出库凭证以后，按规定的交货日期及时组织货物出库。办理出库手续应在明确经济责任的前提下，力求手续简便，提高发货效率。为此，一方面，要求作业人员具有较高的业务素质，全面掌握货物的流向动态，合理地组织出库业务；另一方面，还要加强与业务单位的联系，提前做好出库准备，以迅速及时地完成出库业务。

（6）"先出"原则。在保证库存货物的价值和使用价值不变的前提下，坚持"先进先出"的原则，即先入库的先被发出。现时还要做到有保管期限的先出；保管条件差的先出；容易变质的先出；近失效期的先出；包装简易的先出；回收复用的先出。其目的在于避免物品因库存时间过长而发生变质，避免货物的价值和使用价值受到影响。

2. 出库准备

由于出库作业非常复杂、工作量大，因此要事先对出库作业加以合理组织，安排好作业人力，保证各个环节紧密衔接。

（1）计划工作，即根据需货方提出的出库计划或要求，事先做好物资出库的安排，包括货场货位、机械搬运设备、工具和作业人员等的计划、组织，提高人、财、物的利用率。

（2）做好出库物品的包装和标志标记。出库发运外地的货物，包装要符合运输部门的规定，便于搬运装卸。出库货物大多数是原件分发的，由于经过运输，多次中转装卸、堆码及翻仓倒垛或拆件验收，部分物品包装不能再适应运输的要求，所以，仓库必须根据情况整理加固或改换包装。

（3）对于经常需要拆件发零的货物，应事先准备一定数量和不同品种的物品，发货付出后，要及时补充，避免临时再拆整取零，延缓付货。拼箱物品一般要做好挑选、分类、整理等准备工作。有的物品可以根据要求事先进行分装。

（4）对于有装箱、拼箱、改装等业务的仓库，在发货前应根据物品的性质和运输部门的要求，准备各种包装材料及相应衬垫物。还要准备刷写包装标志的用具、标签、颜料及钉箱、扩仓的工具用品等。

（5）出库货物从办理托运到出库的付运过程中，需要安排一定的仓容或站台等作为理货场所，需要调配必要的装卸机具。提前集中付运的物品，应按物品运输流向分堆，

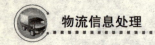

以便于运输人员提货发运，及时装载物品，加快发货速度。

3. 出库形式

货物出库的形式一般有送货、自提、过户、取样和转仓五种。

（1）送货。仓库根据货主单位预先送来的"商品调拨通知单"，通过发货作业，把应发商品交由运输部门送达收货单位，这种发货形式就是通常所说的送货制。

仓库实行送货，要划清交接责任。仓储部门与运输部门的交接手续，是在仓库现场办理完毕的；运输部门与收货单位的交接手续，是根据货主单位与收货单位签订的协议，一般在收货单位指定的到货地办理。

送货具有"预先付货、接车排货、发货等车"的特点。仓库实行送货具有多方面的好处：仓库可预先安排作业，缩短发货时间；收货单位可避免因人力、车辆等不便而发生的取货困难；在运输上，可合理使用运输工具，减少运费。

仓储部门实行送货业务，应考虑到货主单位不同的经营方式和供应地区的远近，既可向外地送货，也可向本地送货。

（2）自提。由收货人或其代理持"商品调拨通知单"直接到库提取，仓库凭单发货，这种发货形式就是仓库通常所说的提货制。它具有"提单到库，随到随发，自提自运"的特点。为划清交接责任，仓库发货人与提货人在仓库现场，对出库商品当面交接清楚并办理签收手续。

（3）过户。过户是一种就地划拨的形式，商品虽未出库，但是所有权已从原存货户转移到新存货户。仓库必须根据原存货单位开出的正式过户凭证，才予办理过户手续。

（4）取样。货主单位出于对商品质量检验、样品陈列等需要，到仓库提取货样。仓库也必须根据正式取样凭证才予发给样品，并做好账务记载。

（5）转仓。货主单位为了业务方便或改变储存条件，需要将某批库存商品自甲库转移到乙库，这就是转仓的发货形式。仓库也必须根据货主单位开出的正式转仓单，才予办理转仓手续。

4. 出库方式

货物出库的方式主要有三种：

第一种，客户自提。是客户自己派人或派车来公司的库房提货。

第二种，委托发货。自己去提货有困难的客户，他们会委托公司去找第三方物流公司提供送货服务。

第三种，是仓储企业派自己的货车给客户送货的一种出库方式。

四、单据填制案例

2012 年 5 月 14 日，石家庄华美工艺品有限公司（以下简称华美工艺）向仓储物流供应商石家庄海盛出具了一份发货通知单。同时，将本批货物相关信息一并提供给石家庄海盛客户部。

发货通知单主要内容如下：

发货通知单号：FH20120514001

收货客户：天津海盛国际货运中心

送货地址：天津市塘沽区新港四号路 20 号

邮编：300456

要求到货时间：2012 年 5 月 20 日

收货人：金海

收货人电话：（022）65306390

发货仓库：石家庄海盛物流中心

发货地址：河北省石家庄市长安区广安路 91 号

货物名称：DRIED FLOWER 0676（货品编号：560003026）

DRIED FLOWER 0680（货品编号：352400360）

发货数量及单位：0676：100 箱；0680：1000 箱

同日，石家庄海盛客户经理张丽君将这份发货通知传递于订单中心、仓储部，仓储部安排仓管员张寅负责这批货物的出库操作。

2012 年 5 月 20 日，石家庄海盛仓储部仓管员张寅根据发货通知单开始编制出库单号为 CK2012051414 的"出库单"。

公司现行使用的出库单模板如表 2 - 3 - 2 所示。

表 2 - 3 - 2　　　　　　　　　　　　　　出库单

出库单号：

货主名称				发货通知单号			
收货客户				发货日期			
收货地址				收货人		收货人电话	
货品编号	货品名称	规格	单位	计划数量	实际数量	收货人签收数量	备注
仓管员（签字）			制单人			收货人	

填制完成后的出库单如表 2 - 3 - 3 所示。

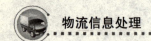
表2-3-3　　　　　　　　　　　出库单　　　　　出库单号：CK2012051414

货主名称	石家庄华美工艺品有限公司		发货通知单号		FH20120514001	
收货客户	天津海盛国际货运中心		发货日期		2012 年 5 月 14 日	
收货地址	天津市塘沽区新港四号路 20 号		收货人	金海	收货人电话	(022)65306390
货品编号	货品名称	规格（件/箱）	单位	计划数量	实际数量	收货人签收数量	备注
560003026	DRIED FLOWER 0676	2	箱	100			
352400360	DRIED FLOWER 0680	2	箱	1000			
仓管员（签字）		制单人		张寅		收货人	

张寅查询货物存放情况，该批货物存放在仓库编号为 KF005 的仓库中。仓库 KF005 的库存情况如表 2-3-4 所示。

表2-3-4　　　　　　　　　　仓库 KF005 的库存情况

库区	货位	货品编号	货品名称	规格（件/箱）	单位	库存数量	生产批次	入库日期
1 区	A11005	560003026	DRIED FLOWER 0676	2	箱	50	201201	2012 - 02 - 02
1 区	A11006	560003026	DRIED FLOWER 0676	2	箱	50	201112	2012 - 02 - 12
1 区	A11007	560003026	DRIED FLOWER 0676	2	箱	50	201201	2012 - 02 - 23
1 区	A11008	560003026	DRIED FLOWER 0676	2	箱	50	201111	2012 - 02 - 23
3 区	A02001	352400360	DRIED FLOWER 0680	2	箱	300	201111	2012 - 02 - 19
3 区	A02002	352400360	DRIED FLOWER 0680	2	箱	300	201109	2012 - 02 - 22
3 区	A02003	352400360	DRIED FLOWER 0680	2	箱	300	201111	2012 - 02 - 10
3 区	A02004	352400360	DRIED FLOWER 0680	2	箱	300	201109	2012 - 02 - 19
3 区	A02005	352400360	DRIED FLOWER 0680	2	箱	300	201108	2012 - 01 - 03
3 区	A02006	352400360	DRIED FLOWER 0680	2	箱	300	201108	2012 - 01 - 03
3 区	A02007	352400360	DRIED FLOWER 0680	2	箱	300	201109	2012 - 01 - 12
3 区	A02008	352400360	DRIED FLOWER 0680	2	箱	300	201109	2012 - 01 - 03
3 区	A03001	352400360	DRIED FLOWER 0680	2	箱	300	201112	2012 - 01 - 03
3 区	A03002	352400360	DRIED FLOWER 0680	2	箱	300	201202	2012 - 01 - 23
3 区	A03003	352400360	DRIED FLOWER 0680	2	箱	300	201112	2012 - 01 - 23

续　表

库区	货位	货品编号	货品名称	规格 （件/箱）	单位	库存数量	生产批次	入库日期
3 区	A03004	352400360	DRIED FLOWER 0680	2	箱	300	201112	2012 – 01 – 23
3 区	A03005	352400360	DRIED FLOWER 0680	2	箱	300	201111	2012 – 01 – 23
3 区	A03006	352400360	DRIED FLOWER 0680	2	箱	300	201201	2012 – 01 – 23
3 区	A03007	352400360	DRIED FLOWER 0680	2	箱	300	201202	2012 – 02 – 04
3 区	A03008	352400360	DRIED FLOWER 0680	2	箱	300	201202	2012 – 01 – 24
3 区	A04001	352400360	DRIED FLOWER 0680	2	箱	300	201202	2012 – 01 – 24
3 区	A04002	352400360	DRIED FLOWER 0680	2	箱	300	201202	2012 – 02 – 07
3 区	A04003	352400360	DRIED FLOWER 0680	2	箱	300	201202	2012 – 02 – 08

　　张寅根据 CK2012051414 的"出库单"和现有库存情况开始编制作业单号为 PK2012051423 的"拣货单"。

　　公司现行使用的拣货单模板如表 2 – 3 – 5 所示。

表 2 – 3 – 5　　　　　　　　　　　　拣货单

作业单号：

货主名称				出库单号				
仓库编号				制单日期				
序号	库区	储位	货品编号	货品名称	规格	单位	应拣数量	实拣数量	备注
制单人				拣货人（签字）				

　　填制完成后的拣货单如表 2 – 3 – 6 所示。

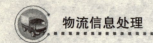
表 2 – 3 – 6　　　　　　　　　　　拣货单

作业单号：PK2012051423

货主名称	石家庄华美工艺品有限公司				出库单号		CK2012051414		
仓库编号	KF005				制单日期		2012 年 5 月 14 日		
序号	库区	储位	货品编号	货品名称	规格（件/箱）	单位	应拣数量	实拣数量	备注
1	1 区	A11008	560003026	DRIED FLOWER 0676	2	箱	50		
2	1 区	A11006	560003026	DRIED FLOWER 0676	2	箱	50		
3	3 区	A02005	352400360	DRIED FLOWER 0680	2	箱	300		
4	3 区	A02006	352400360	DRIED FLOWER 0680	2	箱	300		
5	3 区	A02007	352400360	DRIED FLOWER 0680	2	箱	100		
6	3 区	A02008	352400360	DRIED FLOWER 0680	2	箱	300		
制单人	张寅				拣货人（签字）				

作业中遵循的拣货原则是：首先按照生产批次先后顺序进行拣货，当生产批次相同时，则按照入库日期先入先出原则进行拣货。

根据出库单和拣货单，工作人员就可以进行接下来的出库作业操作了。

步骤一：出库核单

物流信息员收到出库通知单后，认真核查单据，注意问题包括以下内容：

（1）出库通知单是否超出提货期限，货物规格等详细信息是否正确。

（2）出库通知单是否有模糊不清的字迹，或者涂改、复制等违规现象。

（3）出库通知单中的货物是否已经验收入库。

步骤二：新增出库订单

根据出库通知单，物流信息员须进入订单管理系统中，并进行出库订单的录入处理，新增出库业务订单。具体的操作过程如表 2 – 3 – 7 和表 2 – 3 – 8 所示。

表2－3－7　　　　　　　　　　　　　登录出库订单列表界面

岗　　位	作业进度	具体操作
信息管理员	登录出库订单列表界面	利用账号和密码登录到综合业务平台，进入"订单管理"系统 选择左侧的工具栏中"订单录入"并点击"出库订单"，进入出库订单列表界面

表2－3－8　　　　　　　　　　　　　　录入出库订单

岗　　位	作业进度	具体操作
信息管理员	录入出库订单	点击界面底部的"新增"，新增一个出库订单。订单的具体信息，可以划分为：订单信息、订单出库信息、订单货品信息三类 根据出库通知单的信息，录入订单信息。填写订单出库信息，包括库房、出库方式、出库类型等信息 在订单货品界面，点击"添加货品"，从货品列表中选择剪刀和尺子，加入到货品列表中，并填写批次、数量等信息 上述三项信息全部填写完成后，点击"保存订单"即可

步骤三：生成作业计划

出库订单保存完毕后，须生成实际的出库作业计划，为货物出库做准备，具体的操作步骤如表2－3－9所示。

表2－3－9　　　　　　　　　　　　生成出库作业计划

岗　　位	作业进度	具体操作
信息管理员	生成出库作业计划	返回到订单列表中，勾选中刚才新增的订单，点击界面底部的"生成作业计划" 系统弹出库订单界面，核对订单无误后，点击"确认生成"

步骤四：出库预处理

出库订单处理完毕后，需要通过出库预处理操作，确定需要出库货品所在储位信息，具体操作步骤如表2－3－10所示。

表 2 - 3 - 10 出库拣货

岗 位	作业进度	具体操作
信息管理员	出库拣货	切换系统进入"仓储管理"系统，选择左侧任务栏中的"出库作业"，进入"出库预处理"作业界面 选择刚提交过来的出库订单，点击"调度"，进入到出库订单调度界面。在待拣货结果中，选择拣货出库订单，点击"库存"，查看该货品在仓库中的库存情况和储位信息 选择剪刀库存记录，系统默认从该储位出库，且"区编码"和"储位编码"信息都已自动识别出来。填写拣货数量"5"，点击"拣货"，返回到调度列表中，可以看到"剪刀"已拣货完毕，重复操作将尺子拣选出库

拣货预处理操作完毕后，物流信息员需要打印拣货单，根据拣货单拣取货物。同时，需要打印出库单，用于货物的后续出库交接，由仓管员和收货人确认签字，再存档留底，具体操作步骤如表 2 - 3 - 11 所示。

表 2 - 3 - 11 准备出库单据

岗 位	作业进度	具体操作
信息管理员	准备出库单据	在出库储位分配界面中，分别点击"打印拣货单"、"打印出库单"，打印出库单据

出库单据准备完成后，完成出库预处理操作，具体操作步骤如表 2 - 3 - 12 所示。

表 2 - 3 - 12 完成出库预处理

岗 位	作业进度	具体操作
信息管理员	完成出库预处理	点击出库订单调度界面下方的"关闭"，返回到"出库预处理"界面 选择新增的出库订单，点击"完成"，在弹出的确认调度完成的窗口中点击"确定"，完成出库预处理操作

步骤五：出库反馈

出库预处理操作完毕后，就应该对将要出库的货品进行理货操作，具体操作步骤如表 2 - 3 - 13 所示。

表2-3-13   出库反馈

岗　位	作业进度	具体操作
信息管理员	出库反馈	在"出库作业"操作界面下，选择"出库反馈"，进入到出库反馈操作界面。系统将已经调度完成的单据列出 　　点击"理货"，对需要出库的货物进行出库清点理货操作，查看实际出库数量 　　完成理货操作后，点击"完成"，系统会弹出提示信息。确认无误后，点击"确定"，至此出库的系统操作全部完毕 　　切换到"订单管理"系统，可以在"订单查询"模块看到该条出库作业信息。看到该条记录的执行状态为"完成"，证明上述出库作业全部完成

至此，出库接单业务完成。

一、流程

进行出库接单任务的基本流程为操作人员根据出库通知单审核客户的货物出库信息，然后根据分配的账号和密码登录到出库订单列表界面，按照出库通知单信息新增出库订单，生成出库作业计划，并进行出库预处理，待货物出库完成后，进行系统的出库反馈，如图2-3-1所示。

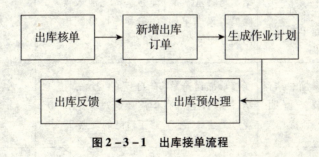

图2-3-1　出库接单流程

二、注意事项

（1）操作人员需严格按照沟通核实后的货物出库信息进行出库订单填制操作，带"＊"号的为必填项。

（2）进行出库预处理拣选货物时，原则上是进行到此步骤再选择货物的出库拣货储位，查看货物的在库储存情况后，根据实际情况选择货物的出库储位。但是案例中为了有依据进行作业流程，所以事先给出了货物的出库储位。

班级					姓名		小组		
任务名称					出库接单				
考核内容		评价标准				参考分值	考核得分		
		优秀	良好	合格			自评（10%）	互评（30%）	教师评价（60%）
1	活动参与情况	积极观摩模仿，及时按任务要求做，认真分析总结	按时完成任务要求，积极观摩模仿	能够参加任务活动，认真观察思考		20			
2	技能掌握情况	熟练掌握出库接单的操作流程，准确无误地完成新增出库订单信息，按要求进行储位分配，并准备好出库单据。能够完全准确填写入库单和储位分配单	了解出库接单的操作流程，基本完成新增出库订单信息，按要求进行储位分配，并准备好出库单据。能够基本准确填写入库单和储位分配单	了解出库接单的操作流程，能新增出库订单信息，按要求进行储位分配，并准备好出库单据。能够基本完成入库单和储位分配单的填写		40			
3	总结归纳相应知识情况	积极参加总结讨论，观点鲜明、新颖、独特	能够参加讨论总结，有自己的观点	有自己的见解；但需要通过总结修正自己的观点		40			
总体评价						总分			

练习与自测

单选题

1. 货主单位为了业务方便或改变储存条件，需要将某批库存商品自甲库转移到乙库，这种发货形式称为（　　）。

A. 过户　　　　　　　　B. 移库　　　　　　　　C. 转仓

多选题

2. 审核货物出库凭证主要的内容包括（　　）。

A. 出库通知单或提货单是否是货主单位开制的，印鉴是否齐全

B. 查对付货仓库名称有无错误

C. 货物品名、规格、数量、等级等项目有无错开、漏开

D. 提货单据是否超过了规定的提货有效期限

判断题

3. 同种物料出库时，先入库者先提取出库，以加快物料周转，避免因物料长期积压产生锈蚀、变形、变质及其他损坏造成的损失。（　　）

A. 正确　　　　　　　　B. 错误

填空题

4. 出库单一式四联，分为_____、_____、_____和_____，用不同颜色区分。

5. 按货物交接方式的不同，货物入库分为_____和_____。

问答题

6. 造成提货数与实存数不符的原因有哪些？

答案

1. B

2. ABCD

3. A

4. 存根、仓库留存、财务核算、提货人留存

5. 提货入库、送货入库

6. 若出现提货数量与商品实存数不符的情况，一般是实存数小于提货数。造成这种问题的原因主要有：

（1）货物入库时，由于验收问题，增大了实收物资的签收数量，从而使账面数大于实存数。

（2）仓库保管人员和发货人员在以前的发货过程中，因错发、串发等差错而形成物资实际库存量小于账面数。

（3）货主单位没有及时核减开出的提货数，造成库存账面数大于实际储存数，从而开出的提货单提货数量过大。

（4）仓储过程中造成的货物毁损。

任务四　运输制单

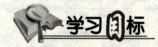

◎ 知识目标

　　了解运输接单的方式

　　了解填写运单的要求

◎ 能力目标

　　能够录入运输订单并生成运输计划

　　能够使用系统完成公路货物运单、运输计划及货物运输交接单

◎ 情感态度与价值观目标

　　培养学生严谨细致的工作态度

◉ 任务 1：站到站运输

　　2012 年 7 月 16 日上午，速达物流接到一份北京利德曼科技发展有限公司签字盖章的运输指令，该运输指令如表 2 – 4 – 1 所示。

　　接到此运输指令后，工作人员联系客户商议运费事宜，最后与客户利德曼科技达成约定：货物采用自提、自送，2012 年 7 月 17 日 13：25：00 前发车，返运单作为回单，此批货物的运费为 5500 元，杂费 1000 元，无须投保。

　　工作人员经调度安排决定采用本公司从北京到上海的干线运力来运输此批货物。

　　接下来，工作人员需要完成此项运输任务在系统中的制单作业。

表 2 - 4 - 1　　　　　　　　　　　运输指令

发货通知单

TO：北京速达物流有限公司

我公司有一批家电须从北京工厂发往上海，具体信息如下表所示：

序号	商品名称	数量	单位	重量（吨）	体积（立方米）	到货日期
1	3D 电视	50	箱	4	20	2012 - 7 - 22　17：00

收货单位	上海创维科技发展有限公司
收货地址	上海市长宁区法华镇路 63 号　邮编 201000
联系人	郑洪新
电话	13411072672、传真 021 - 12300089

急需发运！收到请回复！

FROM：北京利德曼科技发展有限公司

汝志彬　13882536503

北京市丰台区亦庄科技开发区 36 号

邮编 100024

传真 010 - 2237210

◉ 任务 2：门到门运输

假如同日下午，速达物流又接到客户利德曼科技的运输指令，要求运输同样的货物到同样的地点，但是要求此次的运输任务进行取/派操作，其他信息没有变化。

速达物流始发站工作人员接到这项运输任务后，确定取货车辆为分供方提供的车辆，具体信息如下。

车牌号：京 SD7823，预计发车时间：2012 年 7 月 16 日 14：58：00，司机：刘立新，货运员：陈金棠，取派费用：200 元。

目的站工作人员确定派送车辆为公司自有车辆，具体信息如下。

车牌号：沪 AT - 9557，预计发车时间：2012 年 7 月 21 日 15：21：00，司机：刘欢欢，取派费用：200 元。

接下来，工作人员需要完成此项运输任务在系统中的制单作业。

任务1名称	完成运输制单作业
任务要求	1. 根据任务要求进行运输订单填制，生成运输作业计划 2. 进行调度分单处理 3. 进行订单复核处理 4. 进行货物自送进站处理 5. 进行货物发运调度处理 6. 进行货物到达调度处理 7. 进行货物自提出站处理
任务成果	1. 完成运输订单填制，生成运输作业计划 2. 完成调度分单 3. 完成订单复核 4. 完成货物自送进站 5. 完成货物发运调度 6. 完成货物到达调度 7. 完成货物自提出站
任务2名称	完成配送运输制单作业
任务要求	1. 根据任务要求进行运输订单填制，生成运输作业计划 2. 进行调度分单处理 3. 进行订单复核处理 4. 进行取货调度处理 5. 进行货物取货进站处理 6. 进行货物发运调度处理 7. 进行货物到达调度处理 8. 进行送货调度处理 9. 进行货物送货出站处理 10. 进行空车返回场站处理
任务成果	1. 完成运输订单填制，生成运输作业计划 2. 完成调度分单 3. 完成订单复核 4. 完成取货调度 5. 完成货物取货进站 6. 完成货物发运调度 7. 完成货物到达调度 8. 完成送货调度 9. 完成货物送货出站 10. 完成空车返回场站处理

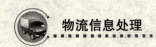

针对任务1，操作准备工作内容如下。

项 目		准备内容
环境准备	设备/道具	计算机
	主要涉及岗位角色	信息员
	软件	订单管理系统、运输管理系统、商务结算系统
制订计划	步骤一	审核运输指令
	步骤二	生成运输作业计划
	步骤三	调度分单
	步骤四	订单复核
	步骤五	货物自送进站
	步骤六	货物发运调度
	步骤七	货物到达调度
	步骤八	货物自提出站

针对任务2，操作准备工作内容如下。

项 目		准备内容
环境准备	设备/道具	计算机
	主要涉及岗位角色	信息员
	软件	订单管理系统、运输管理系统
制订计划	步骤一	审核运输指令
	步骤二	生成运输作业计划
	步骤三	调度分单
	步骤四	订单复核
	步骤五	取货调度
	步骤六	货物取货进站
	步骤七	货物发运调度
	步骤八	货物到达调度
	步骤九	送货调度
	步骤十	货物送货出站
	步骤十一	空车返回场站

一、运输接单方式

（1）登门受理。即由运输部门选派工作人员去客户单位办理承托手续。

（2）产地受理。在农产品上市时节，运输部门选派工作人员去产地联系运输事宜。

（3）现场受理。在省、市、地区等召开物资分配、订货、展销、交流会议期间，运输部门在会议现场设立临时托运或服务点，现场办理托运。

（4）驻点受理。对生产量较大、调拨集中、对口供应的单位，以及货物集散的车站、码头、港口、矿山、油田、基建工地等单位，运输部门可设点或巡回办理托运。

（5）异地受理。企业单位在外地的整车货物，运输部门根据具体情况，可向本地运输部门办理托运、要车等手续。

（6）电话、传真、信函、网上托运。经运输部门认可，本地或外地的货主单位可用电话、传真、信函、网上托运，由运输部门的业务人员受理登记，代填托运单。

（7）签订运输合同。根据承托双方签订的运输合同或协议，办理货物运输。对于长期货运合同，每一次提货同样也要办理提货手续。

（8）站台受理。货物托运单位派人直接到运输部门办理托运。

二、运输订单

填制运输订单，须向客户明确以下订单信息基本项：

（1）客户信息（客户账号）：①与公司签订合同的客户订单：合同报价；②没与公司签订合同的客户订单：对外公开的报价，或是通过销售及销售经理确定后的价格。

（2）结算方式：每票只能选择唯一结算方式，明确付款方式。

（3）保险：根据货物价值，明确保险费率，说明责任义务。

（4）货物信息：预计货量，是否属于公司承运范围内，是否已备妥货物。

（5）取货时间：提货前向客户发货人确认何时取货。

（6）提货相关证明或资料：一般视具体情况而定。

（7）取货/发运/派送信息：托运人和收货人的电话及详细地址、始发站、目的站。

（8）运输要求：时限、包装、取否/送否。

（9）单据需求：是否需要签单，对于此增值服务如何收费。

三、运输调度

运输调度作业是指物流公司接到货运任务后，须调度人员着手安排运输任务，即着手人员的指派、安排车辆前往装货。调度工作的主要内容就是根据运输任务，安排正确的车辆、正确的驾驶员和正确的路线。

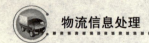

（一）车辆调度

车辆调度的目的就是安排正确的车辆，主要应考虑以下几个方面：

1. 车辆品牌

车辆品牌有东风、解放、五十铃等，在选择时应考虑这些品牌车辆的质量水平和性能，但车辆品牌的选择并不是主要的因素。

2. 车辆吨位

运输企业的车辆有限载为3吨、5吨、10吨等不同的车辆，在选择吨位时，主要考虑本次运输任务的货量大小。需要注意的是，国内的实际情况车辆都有超载现象，因此5吨车可能装8吨货，但最好要注意不要超过30%。

3. 车辆容积

车辆容积应与车辆吨位结合起来考虑。在安排车辆的时候，要通过各种途径了解货物的实际情况，许多时候，重量没问题，但体积装不下。因此车辆容积是不能不考虑的因素。

4. 车辆货箱形式

目前，车辆货箱形式主要有平板车、低栏板车、高栏板车、篷布车、箱式车（普通箱、冷藏箱）。在安排车辆的时候，这也是必须要考虑的因素。如果是高附加值的纸箱包装货物，最好安排箱式车；如果是机械设备类的货物，应该安排平板车或低栏板车；如果需要考虑防雨，则应该安排箱式车。

5. 车况

车况的好坏是车辆安排时要重点考虑的因素。运输企业的车况肯定是有差异的。车况较好的车辆应该安排在长途运输、复杂道路、重要客户、重要货物上；车况差些的车辆可以安排在短途运输以及不是很重要的运输上，即使出现问题，影响也比较小，比较好解决问题。

（二）驾驶员安排

调度的另一项内容就是驾驶员安排。对于"人车定位"的运输企业来说，车辆安排好了，驾驶员也就安排好了。所以在安排车辆的时候，就要考虑驾驶员的情况。在安排驾驶员时，主要考虑以下因素：

1. 驾驶经验与技术水平

在安排驾驶人员的时候，这是最重要考虑因素之一。由于运输企业里驾驶员的驾驶经验和驾驶的技术水平是千差万别的，所以一般情况下应该安排驾驶经验丰富、驾驶技术好的驾驶员执行道路条件复杂的运输任务。

2. 维修技术水平

有的驾驶员具有一定的维修技术，一般的车辆故障都能自行解决，可以安排这样的驾驶员驾驶车况较差的车辆或执行长途运输任务。

3. 工作态度

驾驶员往往都要直接与客户，或客户的客户接触，他们的工作态度会直接影响运输企业的形象，也影响着运输质量。对于比较复杂的运输任务，一定要安排工作态度较好的驾驶员去执行，尽量避免出现麻烦。

4. 性格特点

驾驶员的性格特点在调度方面有三点需要注意。一是性格内向的驾驶员，应该安排那些比较简单的运输，而面对那些需要回答、需要与客户沟通的运输，最好安排那些性格外向、善于沟通的驾驶员去做。二是对于那些性格比较急躁、喜欢开快车的驾驶员，应该少安排其跑高速和城市道路。三是对于同时安排两个驾驶员跑长途时，要考虑两个驾驶员的性格特点是否能够很好的配合。如果两个之间存在矛盾，就会影响行车安全。

5. 文化水平

主要是考虑到有些运输中需要用到比较高的文化知识，例如，涉及国际货运（转关运输、保税物流等）时，可能环节多、单证多（英文单证），这就需要文化高一点的驾驶员去出车。

6. 身体条件

身体状况主要考虑两方面，一方面是驾驶员本身的身体条件（身高、体重、有无病史等），另一方面就是驾驶员当前的身体状况，例如，是否生病等。由于这些涉及行车安全，所以在安排出车时一定要考虑。

7. 思想状况

思想状况是指驾驶员有无思想包袱，是否愿意执行本次运输任务等。作为调度人员，不要强迫某人出车，如果他不愿意去，要了解不愿意去的原因，做好其思想工作。如果做思想工作无效，最好更换驾驶员。

8. 家庭情况

调度人员也应该对驾驶员的家庭情况有所了解。有强烈恋家倾向的驾驶员，最好少安排他跑长途。如果知道其家里有纠纷，也最好少安排其出车。

（三）线路安排

运输路线安排需要考虑的因素如下：

1. 道路情况

道路情况应该考虑同一辆车的货物是否同向，是否顺路。还有就是道路的具体通行情况，例如，高速公路是否封闭修路等。这要求调度人员熟悉道路情况。

2. 车辆装载情况

车辆的装载不能超载太多，也不能装载太少。例如，8 吨的车执行长途运输任务至少要装载 6 吨以上。

3. 卸货点之间的距离

如果同一辆车上载多个地点的货物，且这些地点相距比较远时，要考虑前面的卸货后，车辆上还有多少货物。如果大多数的货物都在前面卸完了，后面的长距离的运输可能只有少量货物，车辆的吨位利用率很差。

4. 每个卸货点的卸货时间

卸货速度慢的卸货点，应尽量放在后面到达，否则它会影响其他卸货点的到货时间。

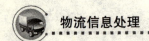

5. 具体的到货时间

有的卸货点在市中心，而市中心是禁区，白天不能通行，只有晚上才能卸货。这时，就要考虑具体的到货时间，安排到货时应尽量避开白天到达该卸货点。

6. 天气条件

例如，是否下雪、下雾、冰冷等。

7. 车辆、驾驶员、线路等情况的综合考虑

安排线路的时候，还应考虑车辆、驾驶员的情况，例如，车辆性能是否适合到北方寒冷地区等。

四、公路货物运单

公路货物运单是公路货物运输及运输代理的合同凭证，是运输经营者接受货物并在运输期间负责保管和据以交付的凭据，也是记录车辆运行和行业统计的原始凭证。

一般情况下，办理货物托运手续都要求双方填写"运单"。目前行业通行的做法是由承运人负责提供格式化的"运单"。在许多情况下，尤其是一些临时性、短期的客户是没有运输合同的，"运单"往往就是合同。

公路货物运单分为甲、乙、丙三种。其中甲种运单适用于普通货物、大件货物、危险货物等货物运输和运输代理业务；乙种运单适用于集装箱汽车运输；丙种运单适用于零担货物运输。三种运单各联次的相关内容如表2-4-2所示。

表2-4-2　　　　　　　　　　运单各联次相关内容

联次　类别	甲、乙	丙
第一联	存根，作为领购新运单和行业统计的凭据	存根，作为领购新运单和行业统计的凭证
第二联	托运人存查联，交托运人存查并作为运输合同当事人一方保存	托运人存查联，交托运人存查并作为运输合同当事人一方保存
第三联	承运人存查联，交承运人存查并作为运输合同当事人另一方保存	提货联，由托运人邮寄给收货人，凭此联提货，也可由托运人委托运输代理人通知收货人或直接送货上门，收货人在提货联收货人签章处签字盖章，收、提货后由到达站收回
第四联	随货同行联，作为载货通行和核算运杂费的凭证，货物运达、经收货人签收后，作为交付货物的依据	运输代理人存查联，交运输代理人存查并作为运输合同当事人另一方保存
第五联	—	随货同行联，作为载货通行和核算运杂费的凭证，货物运达、经货运站签收后，作为交付货物的依据

托运单一般由承运人提供，不同的物流运输企业有各自不同的托运单格式。但一般都要包括装卸货地点和时间、货物名称与规格、货物大小（体积或重量）、运输时间、运输费用、具体运输要求等相关项目。承、托运人要按道路货物运单内容逐项如实填写，不得简化、涂改。承运人或运输代理人接收货物后应签发道路货物运单，道路货物运单经承、托双方签章后有效。

五、运单填制要求

运单填写具有严格要求：

（1）内容准确完整，字迹清楚，不得涂改。如有涂改，应由托运人在涂改处盖章证明；

（2）托运人、收货人的姓名、地址应填写全称，起运地、到达地应详细说明所属行政区；

（3）货物名称、包装、件数、体积、重量应填写齐全。

六、单据填制案例

案例一

2010 年 3 月 2 日上午，华盛速达物流有限公司（银行账号：394849849567832）信息员周捷接到调度部发来的一封邮件，同时，托运人已在业务受理窗口等待受理托运。周捷迅速阅读邮件，邮件信息内容如下：

客户绿宝粮油食品有限公司（银行账号：168899383838383）有一批食用油须从北京运至上海，此批托运货品及相关详细信息如表 2-4-3 所示。

表 2-4-3　　　　　　　　托运业务详细信息

客户	绿宝粮油食品有限公司 北京市密云区宋庄 57 号 赵清云 13902837363
收货人	上海宏展连锁经销商 上海市闵行区中北路 90 号 李博鸣 13808726383
装货地点	北京市密云区宋庄 57 号
卸货地点	上海市闵行区中北路 90 号
货品信息	食用植物油、10 吨、50 箱、货值 100000 元，三等普通货物
运杂费标准	普通货物基础运价 0.2 元/（吨·公里）、装卸费 9.00 元/吨、单程空驶损失费 50% 运费、保价费 3‰
时间要求	3 月 3 日起运，7 日 18：00 前到达

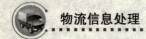

公司现行使用的空白货物运单如表2-4-4所示。

表2-4-4 公路货物运单

日期: 运单编号:

发货人		地址		电话		装货地点				
收货人		地址		电话		卸货地点				
付款人		地址		电话		约定起运时间	月/日 约定到达时间	月/日	需要车种	
货物名称及规格	包装形式	件数	体积 长×宽×高(立方米)	件重(公斤)	重量(吨)	货物价值	货物等级	计费项目		
								项目	里程(公里) 单价(元)	金额(元)
								运费		
								装卸费		
								单程空驶损失费		
								保价费		
合计					万 仟 佰 拾 元					
托运人记载事项		付款人银行账号		承运人记载事项		承运人银行账号				
注意事项	1. 货物名称应填写具体品名,如货物品名过多,不能在托运单内逐一填写,必须另附货物清单 2. 保险或保价货物,在相应价格栏中填写货物声明价格					托运人签章 年 月 日		承运人签章 年 月 日		

说明:(1)填在一张货物运单内的货物必须是属同一托运人。对拼装分卸货物,应将拼装或分卸情况在运单记事栏内注明。易腐蚀、易碎货物、易溢漏的液体、危险货物与普通货物以及性质相抵触、运输条件不同的货物,不得用同一张运单托运。托运人、承运人修改运单时须签字盖章。

(2)本托运单一式两联:第一联作受理存根,第二联作托运回执。

周捷根据托运信息填制编号为01-L10-0302的公路货物运单,采用厢式货车,经核算本次运费为3874元,填制完成的运单如表2-4-5所示。

表 2 - 4 - 5　　　　　　　　　　**公路货物运单**

日期：2010 - 3 - 2　　　　　　　　　　　　　　　　运单编号：01 - L10 - 0302

发货人	绿宝粮油食品有限公司	地址	北京市密云区宋庄57号	电话	13902837363	装货地点	北京市密云区宋庄57号			
收货人	上海宏展连锁经销商	地址	上海市闵行区中北路90号	电话	13808726383	卸货地点	上海市闵行区中北路90号			
付款人	绿宝粮油食品有限公司	地址	北京市密云区宋庄57号	电话	13902837363	约定起运时间	3月3日	约定到达时间	3月7日	需要车种	厢式货车

货物名称及规格	包装形式	件数	体积 长×宽×高（立方米）	件重（公斤）	重量（吨）	货物价值	货物等级	计费项目		
								项目	里程（公里）	单价（元）	金额（元）
食用植物油	纸箱	50		200	10	100000	三等普通货物	运费	1490	0.2元/（吨·公里）	3874
								装卸费		9.00元/吨	90
								单程空驶损失费		50%运费	1937
								保价费		3‰	300
合计						零万陆仟贰佰零壹元				

托运人记载事项		付款人银行账号	168899383838383	承运人记载事项		承运人银行账号	394849849567832

注意事项	1. 货物名称应填写具体品名，如货物品名过多，不能在托运单内逐一填写，必须另附货物清单 2. 保险或保价货物，在相应价格栏中填写货物声明价格	托运人签章 2010年　月　日	承运人 华盛速达物流有限公司 签章 2010年3月2日

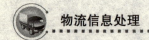

案例二

2012 年 5 月 14 日，石家庄华盛速达物流有限公司调度员周捷接到调度部发来 YD4610000004911 和 YD4610000004933 的两份运单。具体内容如表 2 - 4 - 6 和表 2 - 4 - 7 所示。

表 2 - 4 - 6　　　　　　　　　　　　　　运单一

托运单号	YD4610000004911	客户编号：PHKH5013
托运人	发货人：石家庄精致贸易有限公司 发货地址：河北省石家庄市长安区利民路 11 号 联系人：刘劲 联系电话：0311 - 75183567 邮编：050000	
包装方式	纸箱	
货物详情	货物名称：DRIED FLOWER 包装数量：500 件 总重量：530 公斤 总体积：17.466 立方米	
收货人	收货人：天津华盛速达国际货运中心 地址：天津市塘沽区和平西路 20 号 联系人：包文文 联系电话：022 - 64327890 邮编：300126	
托运要求	（1）发货人联系信息与托运人联系信息相同；送货地联系信息与收货人联系信息相同 （2）发货地址：河北省石家庄市长安区利民路 11 号 （3）2012 年 5 月 20 日 14：00 前送到天津市塘沽区和平西路 20 号 （4）客户在运单上签字作为回执	

表 2 - 4 - 7　　　　　　　　　　　　　　运单二

托运单号	YD4610000004933	客户编号：PHKH5013
托运人	发货人：石家庄精致贸易有限公司 发货地址：河北省石家庄市长安区利民路 11 号 联系人：刘劲 联系电话：0311 - 75183567 邮编：050000	
包装方式	纸箱	

续 表

货物详情	货物名称：DRIED FLOWER 包装数量：125 件 总重量：200 公斤 总体积：5.49 立方米
收货人	收货人：星星缘装饰有限公司 联系人：李小伟 联系电话：0411 – 3052376 地址：大连市汉考杨路 44 号 邮编：116000
托运要求	（1）发货人联系信息与托运人联系信息相同；送货地联系信息与收货人联系信息相同 （2）发货地址：河北省石家庄市长安区利民路 11 号 （3）2012 年 5 月 22 日 19：00 前送到大连市汉考杨路 44 号 （4）客户在运单上签字作为回执

当日，周捷根据车辆、作业等情况，按照长途运输计划，计划托运单号为 YD230004911 和 YD230004933 的两单货物同时于 2012 年 5 月 20 日 9：00 从石家庄发车，于 2012 年 5 月 20 日 15：00 到达天津，16：00 从天津出发，2012 年 5 月 21 日 19：00 到达大连。（石家庄到天津的公路里程为 333 千米，天津到大连的公路里程为 819 千米）。

第二天，周捷开始编号为 YSJH4900033 的"运输计划"，该运输计划包含托运单号为（YD230004911、YD230004933）两张单内托运货物。车辆信息安排如表 2 – 4 – 8 所示，车辆性质为：自有。

表 2 – 4 – 8　　　　　　　车辆信息

司机姓名	车牌号	联系方式	货厢尺寸（长、宽、高）	车容（立方米）	核载（吨）	货厢类型	运作路线
汝成	冀 G60761	13760728218	10 米×2.4 米×2.5 米	60	10	全厢	石家庄—天津—大连

公司使用的运输计划模板如表 2 – 4 – 9 所示。

表 2-4-9   运输计划

发运时间：   年   月   日   编号：

车牌号	核载（吨）	车容（立方米）	—	始发站	经停站	目的站
计费里程（公里）	司机	联系方式	到达时间	—		
全行程（公里）	备用金（元）	预计装载量	发车时间			—

经停站

发货人	发货地址	货物名称	包装方式	数量（件）	重量（公斤）	体积（立方米）	收货人	收货地址	收货时间	备注

目的站

发货人	发货地址	货物名称	包装方式	数量（件）	重量（公斤）	体积（立方米）	收货人	收货地址	收货时间	备注

注："运输计划"填制要求如下：

（1）发运时间：请填写车辆在始发站的计划发运时间；

（2）收货时间：请填写货物要求到货时间；

（3）计费里程、全行程：请填写始发站到终点站的公路里程，如从上海到广州经停站为株洲，则计费里程、全行程为上海到广州的公路里程；

（4）预计装载量：请填写该车辆所运货物的总重量；

（5）到达时间（始发站、经停站、目的站）：请分别填写车辆在经停站、目的站的预计到达时间，始发站的到达时间不用填；

（6）发车时间（始发站、经停站、目的站）：请分别填写车辆在始发站、经停站的预计发车时间，目的站的发车时间不用填；

（7）经停站托运订单信息：请填写车辆所载货物中，目的站为本车辆经停站的托运订单信息，其中发货人请填写托运人单位全名，货物名称、重量、体积为某条托运订单信息中的货物名称、总重量和总体积，收货人请填写收货人单位全名，收货时间为托运人要求的到货时间；

（8）目的站托运订单信息：请填写车辆所载货物中，目的站为本车辆目的站的托运订单信息，其中发货人请填写托运人单位全名，货物名称、重量、体积为某条托运订单信息中的总重量和总体积，收货人请填写收货人单位全名，收货时间为托运人要求的到货时间；

（9）备注信息：题干中未提供备注信息的，不用填写。

填制完成后的运输计划如表 2 - 4 - 10 所示。

表 2 - 4 - 10　　　　　　　　　　　　**运输计划**

发运时间：2012 年 5 月 20 日　　　　　　　　　　　　　　编号：YSJH4900033

车牌号	冀 G60761	核载（吨）	10	车容（立方米）	60	—	始发站	经停站	目的站
计费里程（公里）	1152	司机	汝成	联系方式	13760728218	到达时间	—	2012 年 5 月 20 日 15：00	2012 年 5 月 21 日 19：00
全行程（公里）	1152	备用金（元）		预计装载量	730	发车时间	2012 年 5 月 20 日 9：00	2012 年 5 月 20 日 16：00	—

经停站

发货人	发货地址	货物名称	包装方式	数量（件）	重量（公斤）	体积（立方米）	收货人	收货地址	收货时间	备注
石家庄精致贸易有限公司	河北省石家庄市长安区利民路 11 号	DRIED FLOWER	纸箱	500	530	17.466	天津华盛速达国际货运中心	天津市塘沽区和平西路 20 号	2012 年 5 月 20 日 14：00	

目的站

发货人	发货地址	货物名称	包装方式	数量（件）	重量（公斤）	体积（立方米）	收货人	收货地址	收货时间	备注
石家庄精致贸易有限公司	河北省石家庄市长安区利民路 11 号	DRIED FLOWER	纸箱	125	200	5.49	星星缘装饰有限公司	大连市汉考杨路 44 号	2012 年 5 月 21 日 19：00	

按照运输计划，该车于 2012 年 5 月 20 日 9：00 从石家庄出发，石家庄华盛速达物流有限公司将该班车及所载货物信息向天津华盛速达分公司发出到站预报。天津分公司李强根据该预报及本公司所接订单情况，编制了计划单号为 YSJH4900034 的"运输计划"，如表 2 - 4 - 11 所示。

表 2 - 4 - 11 运输计划

发运时间: 2012 年 5 月 20 日   编号: YSJH4900034

车牌号	冀 G60761	核载(吨)	10	车容(立方米)	60	—	始发站	经停站	目的站
计费里程(公里)	819	司机	汝成	联系方式	13760728218	到达时间	—	—	2012 年 5 月 21 日 19:00
全行程(公里)	819	备用金(元)		预计装载量	200	发车时间	2012 年 5 月 20 日 16:00	—	—

经停站

发货人	发货地址	货物名称	包装方式	数量(件)	重量(公斤)	体积(立方米)	收货人	收货地址	收货时间	备注
石家庄精致贸易有限公司	河北省石家庄市长安区利民路 11 号	DRIED FLOWER	纸箱	125	200	5.49	星星缘装饰有限公司	大连市汉考杨路 44 号	2012 年 5 月 21 日 19:00	

目的站

发货人	发货地址	货物名称	包装方式	数量(件)	重量(公斤)	体积(立方米)	收货人	收货地址	收货时间	备注

李强根据预报中该车所载货物信息及计划单号为 YSJH4900034 的"运输计划"开始编制编号为 YS670001 的"货物运输交接单",公司使用的货物运输交接单模板如表 2 - 4 - 12 所示。

表 2 - 4 - 12   货物运输交接单

编 号:

始发站		车牌号		核载(吨)		发车时间			
目的站		车辆性质		车容(立方米)		预达时间			
序号	运单号		客户名称		包装	货物名称	件数(件)	体积(立方米)	重量(公斤)	备注
1									

续　表

序号	运单号	客户名称	包装	货物名称	件数（件）	体积（立方米）	重量（公斤）	备注
2								
3								
4								
5								
6								
7								
8								
9								
合　计								

发站记事	施封：封锁　枚；封号：		随车设备			发站调度	发货人	司机	到站调度
到站记事	施封：封锁　枚；封号：		到达时间	年　月　日　时					
	收货及货损描述								

注："货物运输交接单"填制要求如下：

（1）始发站、目的站：请分别填写发生班车货物运输交接的当前站和下一停靠站的城市名，如广州。

（2）车牌号、核载（吨）、车容（立方米）、车辆性质：请分别填写车辆的车牌号码、核载、车容、车辆性质，车牌号填写如：皖A88888，核载和车容均不用填写单位。

（3）发车时间、预达时间：请分别填写车辆从交接站出发的时间、下一停靠站的预计到达时间。

（4）运单号、客户名称、包装、货物名称、件数（件）、体积（立方米）、重量（公斤）：按运单和货物分开填写，如同一运单有多种不同的货物，则应分别填写相应信息，其中货物名称只需填写货物中文名称，件数（件）、体积（立方米）、重量（公斤）等信息填写时均不用带单位。

（5）发站记事：填写所用封锁的数量及封号。

（6）随车设备：若没有随车设备则填写无。

工作人员根据要求填写完毕的货物运输交接单如表2－4－13所示。

表2－4－13　　　　　　货物运输交接单

编　号：YS670001

始发站	天津	车牌号	冀G60761	核载（吨）	10	发车时间	2012－5－20　16：00
目的站	大连	车辆性质	自有	车容（立方米）	60	预达时间	2012－5－21　19：00

续 表

序号	运单号	客户名称	包装	货物名称	件数（件）	体积（立方米）	重量（公斤）	备注
1	YD4610000004912	石家庄精致贸易有限公司	纸箱	DRIED FLOWER	125	5.49	200	
2								
3								
4								
5								
6								
7								
8								
9								
合 计								

发站记事	施封：封锁 枚；封号：		随车设备	无		发站调度	发货人	司机	到站调度
到站记事	施封：封锁 枚；封号：		到达时间	年 月 日 时					
	收货及货损描述								

● 任务1

步骤一：审核运输指令

始发站信息管理员收到客户发送的运输指令后，须审核客户所运输的货物是否属于公司承运范围，如若不在承运范围内应及时用电话或 E-mail 给客户以礼貌的拒绝并做合理的解释，希望下次有机会再合作。

步骤二：生成运输作业计划

根据发货通知单，物流信息员进入订单管理系统中，并进行运输订单的录入处理，新增运输订单。具体的操作过程如表 2-4-14 至表 2-4-16 所示。

表 2 – 4 – 14　　　　　　　　　　　　　　　　登录订单管理系统

岗　位	作业进度	具体操作
信息管理员	登录订单管理系统	登录到综合业务平台，利用账号和密码进入"订单管理"系统 选择左侧的工具栏中"订单录入"，并点击"运输订单"，进入运输订单列表界面

表 2 – 4 – 15　　　　　　　　　　　　　　　　录入运输订单

岗　位	作业进度	具体操作
信息管理员	录入运输订单	点击界面底部的"新增"，新增一个运输订单 根据运输计划和客户提供的信息，填写运输订单相关信息。完成客户基本信息的录入以后，点击页面下方的"增加"按钮，在出现的表格中添加运输货品信息 信息全部填写完成后，点击"保存订单"即可

表 2 – 4 – 16　　　　　　　　　　　　　　　　生成运输作业计划

岗　位	作业进度	具体操作
信息管理员	生成运输作业计划	返回到订单列表中，勾选刚才新增的订单，点击界面底部的"生成作业计划" 系统弹出运输订单界面，核对订单无误后，点击"确认生成"

步骤三：调度分单

在订单录入结束后，进行下一步调度分单作业。调度作业是在"运输管理"系统中操作实现。具体的操作过程如表 2 – 4 – 17 所示。

表 2 – 4 – 17　　　　　　　　　　　　　　　　调度分单

岗　位	作业进度	具体操作
信息管理员	调度分单	切换到"运输管理"系统，点击"调度作业"界面下的"分单"，进入始发业务列表界面 选择需要分单的业务，点击"分单"，系统弹出订单调度设定页面，设置路由信息；点击"获取运单号"系统自动生成订单编号 点击"预打印订单"，查看运单效果 点击"提交"进入货位填写页面，填写货位，点击"保存"，保存货物进站货位

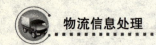

步骤四: 订单复核

分单完成后进行订单复核, 具体的操作过程如表2-4-18所示。

表2-4-18   订单复核

岗 位	作业进度	具体操作
信息管理员	订单复核	进入"运单管理"界面, 点击"补录信息", 可以看到刚添加的运输订单 勾选该订单, 在此可以进行订单的修改、费用调整, 订单确认无误后, 点击"提交复核"按钮, 等待财务人员对订单进行复核处理, 复核栏状态显示为"待复核" 切换到"商务结算"系统中, 进入"复核管理"界面, 点击"运单复核", 进入运单复核界面 点击运单内容, 进入运单复核审查界面, 确认订单信息无误后, 点击"复核确认"完成对运输订单的审核过程

步骤五: 货物自送进站

运单复核完成以后, 进行货物的自提自送作业, 即接收客户送达场站的货物, 进行进站作业, 具体操作步骤如表2-4-19所示。

表2-4-19   货物进站

岗 位	作业进度	具体操作
信息管理员	货物进站	切换到"运输管理"系统, 进入"场站作业"模块下, 选择"自提自送"进入取/派调度操作界面 选择需要处理的订单, 点击页面下方的"场站扫描", 进入货品信息查询和货品标签打印界面 点击"直接进站", 若进站信息和过程无误, 则进站操作完成

步骤六: 货物发运调度

货物进站成功以后, 下一步进行待发运作业, 具体操作步骤如表2-4-20所示。

表 2 – 4 – 20　　　　　　　　　　　待发运调度

岗　　位	作业进度	具体操作
信息管理员	待发运调度	点击"调度作业"模块下的"待发运",进入集货及发运管理操作界面 对待发运货物装箱处理,点击"装箱",装箱操作成功后,点击"发运",将单据提交至场站 点击提示窗口内的"确定",即完成系统待发运操作

前期准备工作完成,此时进行货物发运出站,具体操作步骤如表 2 – 4 – 21 所示。

表 2 – 4 – 21　　　　　　　　　　　发运出站

岗　　位	作业进度	具体操作
信息管理员	发运出站	在"场站作业"模块下,选择"发运到达",进入发运到达操作订单列表 在列表中选择待操作的订单后点击页面后方的"出站",进入进出场站扫描操作界面 点击"打印交接单",可以打印本次运输作业的货物运输交接单 点击"直接出站",完成系统发运出站操作

步骤七：货物到达调度

货物到达目的站前,需进行待到达作业操作,具体操作步骤如表 2 – 4 – 22 所示。

表 2 – 4 – 22　　　　　　　　　　　待到达调度

岗　　位	作业进度	具体操作
信息管理员	待到达调度	目的站工作人员使用指定的用户名和密码登录"运输管理"系统。点击"调度作业"模块下的"待到达",进入待到达操作订单列表 选择待到达操作订单,点击待操作运力后的"查看",可以查看本次运输作业明细 选择待到达操作订单,点击"到货",系统自动弹出提示窗口。点击提示窗口内的"确定",即完成系统的待到达操作

货物到达目的站后,进行发运到达处理,具体操作步骤如表 2 – 4 – 23 所示。

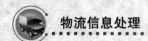

表 2 - 4 - 23 　　　　　　　　　　　　　发运到达

岗　　位	作业进度	具体操作
信息管理员	发运到达	点击"场站作业"模块下的"发运到达",进入发运到达操作订单列表 点击待操作的订单右侧的"入站"按钮,进入进出场扫描操作界面,点击"直接进站"后,货物进站操作完成

步骤八：货物自提出站

货物自提出站具体操作步骤如表 2 - 4 - 24 所示。

表 2 - 4 - 24 　　　　　　　　　　　　　货物自提出站

岗　　位	作业进度	具体操作
信息管理员	货物自提出站	点击"场站作业"模块下的"自提自送",进入自提自送扫描界面 选择需要处理的订单,点击下方的"场站扫描",进入货品信息查询和货品标签打印界面 点击"直接出站",若出站信息和过程无误,会出现提示操作成功的界面

● 任务 2

步骤一：审核运输指令

始发站信息管理员收到客户发送的运输指令后,须审核客户所运输的货物是否属于公司承运范围,如若不在承运范围内应及时用电话或 E – mail 给客户以礼貌的拒绝并做合理的解释,希望下次有机会再合作。

步骤二：生成运输作业计划

根据发货通知单,物流信息员进入订单管理系统中,并进行运输订单的录入处理,新增运输订单。具体的操作过程如表 2 - 4 - 25 至表 2 - 4 - 27 所示。

表 2 - 4 - 25 　　　　　　　　　　　　　登录订单管理系统

岗　　位	作业进度	具体操作
信息管理员	登录订单管理系统	登录到综合业务平台,利用账号和密码进入"订单管理"系统 选择左侧的工具栏中"订单录入",并点击"运输订单",进入运输订单列表界面

表 2 − 4 − 26　　　　　　　　　　　　　　录入运输订单

岗　位	作业进度	具体操作
信息管理员	录入运输订单	点击界面底部的"新增",新增一个运输订单 根据运输计划和客户提供的信息,填写运输订单相关信息。完成客户基本信息的录入以后,点击页面下方的"增加"按钮,在出现的表格中添加运输货品信息 信息全部填写完成后,点击"保存订单"即可

表 2 − 4 − 27　　　　　　　　　　　　　　生成运输作业计划

岗　位	作业进度	具体操作
信息管理员	生成运输作业计划	返回到订单列表中,勾选刚才新增的订单,点击界面底部的"生成作业计划" 系统弹出运输订单界面,核对订单无误后,点击"确认生成"

步骤三：调度分单

在订单录入结束后,进行下一步调度分单作业。调度作业是在"运输管理"系统中操作实现,具体的操作过程如表 2 − 4 − 28 所示。

表 2 − 4 − 28　　　　　　　　　　　　　　调度分单

岗　位	作业进度	具体操作
信息管理员	调度分单	切换到"运输管理"系统,点击"调度作业"界面下的"分单",进入始发业务列表界面 选择需要分单的业务,点击"分单",系统弹出订单调度设定页面,设置路由信息;点击"获取运单号"系统自动生成订单编号 点击"预打印订单",查看运单效果 点击"提交"进入货位填写界面,填写货位,点击"保存",保存货物进站货位

步骤四：订单复核

分单完成后进行订单复核,具体的操作过程如表 2 − 4 − 29 所示。

表 2 - 4 - 29 订单复核

岗 位	作业进度	具体操作
信息管理员	订单复核	进入"运单管理"界面，点击"补录信息"，可以看到刚添加的运输订单 勾选该订单，在此可以进行订单的修改、费用调整，订单确认无误后，点击"提交复核"按钮，等待财务人员对订单进行复核处理，复核栏状态显示为"待复核" 切换到"商务结算"系统中，进入"复核管理"界面，点击"运单复核"，进入运单复核界面 点击运单内容，进入运单复核审查界面，确认订单信息无误后，点击"复核确认"完成对运输订单的审核过程

步骤五：取货调度

订单复核完成后，进行待取/派的调度作业，具体取货作业操作步骤如表 2 - 4 - 30 所示。

表 2 - 4 - 30 取货调度

岗 位	作业进度	具体操作
信息管理员	取货调度	切换到"运输管理"系统后，选择"调度作业"模块下的"待取/派"，进入待取/派订单列表。勾选需要进行取/派的订单，点击"进入取/派调度"，进入取/派调度界面 点击"新增取派调度单"，然后填写"当前取/派调度单信息"下的相关信息。填写完毕后点击"保存"，则"取/派调度单列表"下新增一条取/派调度单信息 选中需要的取/派调度单，点击后面的"加入"按钮，将运单加入到该条取/派调度单中 点击"确定"，将该运单加入到新建的取/派调度单内。加入完成后，可点击"查看"按钮，查看该取派调度单的具体信息 确认无误后，点击"返回"返回取/派调度单列表，点击取/派单右侧的"提交"按钮，则弹出取/派费用录入界面，输入取/派费用 200 元 点击"提交"按钮，提交该取/派单信息

步骤六：货物取货进站

取派调度完成后，进行货物的取货进站作业，具体操作步骤如表 2 - 4 - 31 和表 2 - 4 - 32 所示。

表 2 - 4 - 31   出站取货

岗　位	作业进度	具体操作
信息管理员	出站取货	选择"场站作业"模块下的"取/派操作",进入取/派操作订单列表 选择待操作的取/派订单后点击"出站",进入出站界面。确认出站信息无误后,点击"直接出站"即完成空车出站取货操作

取货完成后,车辆载货进站,系统操作步骤如表 2 - 4 - 32 所示。

表 2 - 4 - 32   货物进站

岗　位	作业进度	具体操作
信息管理员	货物进站	点击"场站作业"模块下的"取/派操作",进入取/派操作订单列表 点击"入站",进入入站界面。确认入站信息无误后点击"直接进站",即完成系统取货操作

步骤七: 货物发运调度

货物进站成功以后,下一步进行待发运作业,具体操作步骤如表 2 - 4 - 33 所示。

表 2 - 4 - 33   待发运调度

岗　位	作业进度	具体操作
信息管理员	待发运调度	点击"调度作业"模块下的"待发运",进入集货及发运管理操作界面 对待发运货物装箱处理,点击"装箱",装箱操作成功后,点击"发运",将单据提交至场站 点击提示窗口内的"确定",即完成系统待发运操作

前期准备工作完成,此时进行货物发运出站,具体操作步骤如表 2 - 4 - 34 所示。

表 2 - 4 - 34   发运出站

岗　位	作业进度	具体操作
信息管理员	发运出站	在"场站作业"模块下,选择"发运到达",进入发运到达操作订单列表 在列表中选择待操作的订单后点击界面后方的"出站",进入进出场站扫描操作界面 点击"打印交接单",可以打印本次运输作业的货物运输交接单 点击"直接出站",完成系统发运出站操作

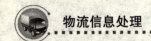

步骤八：货物到达调度

货物到达目的站前，需进行待到达作业操作，具体操作步骤如表2－4－35所示。

表2－4－35　　　　　　　　　　　　待到达调度

岗　位	作业进度	具体操作
信息管理员	待到达调度	目的站工作人员使用指定的用户名和密码登录"运输管理"系统。点击"调度作业"模块下的"待到达"，进入待到达操作订单列表 　选择待到达操作订单，点击待操作运力后的"查看"，可以查看本次运输作业明细 　选择待到达操作订单，点击"到货"，系统自动弹出提示窗口。点击提示窗口内的"确定"，即完成系统的待到达操作

货物到达目的站后，进行发运到达处理，具体操作步骤如表2－4－36所示。

表2－4－36　　　　　　　　　　　　发运到达

岗　位	作业进度	具体操作
信息管理员	发运到达	点击"场站作业"模块下的"发运到达"，进入发运到达操作订单列表 　在点击待操作的订单右侧的"入站"按钮，进入进出场扫描操作界面，点击"直接进站"后，货物重车进站操作完成

步骤九：送货调度

货物进站后，进行待取/派的调度作业，具体派送货物作业操作步骤如表2－4－37所示。

表2－4－37　　　　　　　　　　　　派送货物调度

岗　位	作业进度	具体操作
信息管理员	派送货物调度	点击"调度作业"模块下的"待取/派"，进入待取/派订单列表。勾选需要进行取/派的订单，点击"进入取/派调度"，进入取/派调度界面 　点击"新增/取派调度单"，然后填写"当前取/派调度单信息"下的相关信息。填写完毕后点击"保存"，则"取/派调度单列表"下新增一条取/派调度单信息 　点击"取/派调度单列表"右侧的"加入"，则将该运单加入该取/派调度单中，点击"提交"，进入取/派调度费用设置界面，根据案例数据，输入派送费用200元 　点击"保存"，调派送货物调度操作完毕

步骤十：货物送货出站

派送货物调度完成后，进行送货出站作业，具体操作步骤如表 2 - 4 - 38 所示。

表 2 - 4 - 38　　　　　　　　　　　货物送货出站

岗　　位	作业进度	具体操作
信息管理员	货物送货出站	选择"场站作业"模块下的"取/派操作"，进入取/派操作订单列表 选择待操作的取/派订单后，点击订单右侧的"出站"，进行出场扫描操作 点击"直接出站"，系统提示车辆出站扫描完成，车辆送货出站

步骤十一：空车返回场站

送货完成后，空车返回场站，具体操作步骤如表 2 - 4 - 39 所示。

表 2 - 4 - 39　　　　　　　　　　　空车返回场站

岗　　位	作业进度	具体操作
信息管理员	空车返回场站	选择"场站作业"模块下的"取/派操作"，进入取/派操作订单列表 选择待操作的取/派订单后，点击右侧的"入站"，进入取/派入站扫描操作界面 点击上图的"直接进站"，空车进站完成

一、流程

进行站到站运输的运输制单任务的基本流程为操作人员根据运输指令审核客户的货物托运信息，然后根据分配的账号和密码登录到运输订单列表界面，按照运输指令新增运输订单，生成运输作业计划，并进行货物的后续运输作业，如图 2 - 4 - 1 所示。

进行门到门运输的运输制单任务的基本流程为操作人员根据运输指令审核客户的货物托运信息，然后根据分配的账号和密码登录到运输订单列表界面，按照运输指令新增运输订单，生成运输作业计划，并进行货物的后续运输作业，如图 2 - 4 - 2 所示。

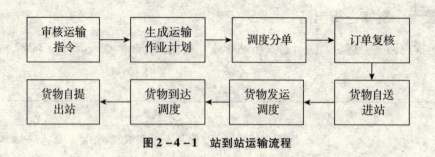

图 2 - 4 - 1　站到站运输流程

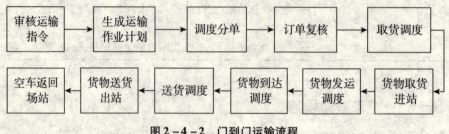

图 2 - 4 - 2　门到门运输流程

二、注意事项

（1）操作人员需严格按照沟通核实后的货物托运信息进行运输订单填制操作，带"＊"号的为必填项。

（2）填写托运人及收货人信息时，只能选择客户码，将客户信息自动导入到订单中。

（3）填写目的站上海时，注意选择与登录账号对应的目的站点。例如，教师分配给学生账号 wl001，那么填选目的站时就应选择 SH_ wl001 的站点，这样货物到站后，学生就可以使用账号 SH_ wl001 登录系统查看货物的到站信息。

（4）进行调度分单是为此次运输作业安排干线运输运力，可在此处选择干线运输时是采用本公司运力还是供应商运力。若选择本公司运力则运输订单填写的运费即为本次运输费用；若选择供应商运力则须在货物发运调度时维护公司与供应商商议的运费。

（5）进行取/送货调度时，原则上是进行到此步骤再选择取派运力执行取/送货操作，查看空闲的可用车辆和人员，根据实际情况选择取派运力。但是案例中为了有依据进行作业流程，所以事先给出了本次货物运输的取派运力。

任务评价

班级		姓名		小组			
任务名称			运输制单				
考核内容		评价标准			参考分值	考核得分	
		优秀	良好	合格		自评（10%）	互评（30%）	教师评价（60%）
1	活动参与情况	积极观摩模仿，及时按任务要求做，认真分析总结	按时完成任务要求，积极观摩模仿	能够参加任务活动，认真观察思考	20			
2	技能掌握情况	熟练掌握运输制单和配送运输制单的操作流程，准确无误地完成新增运输订单信息，按要求进行调度分单、订单复核、取/派货调度等系统操作。能够完全准确地完成公路运单及运输计划的填写	了解运输制单和配送运输制单的操作流程，基本正确地完成新增运输订单信息，按要求进行调度分单、订单复核、取/派货调度等系统操作。能够基本正确地完成公路运单及运输计划的填写	了解运输制单和配送运输制单的操作流程，能够顺利地完成新增运输订单信息，按要求进行调度分单、订单复核、取/派货调度等系统操作。能够基本完成公路运单及运输计划的填写	40			
3	总结归纳相应知识情况	积极参加总结讨论，观点鲜明、新颖、独特	能够参加讨论总结，有自己的观点	有自己的见解；但需要通过总结修正自己的观点	40			
总体评价					总分			

练习与自测

单选题

1. 由运输部门选派工作人员去客户单位办理承托手续的运输接单方式是（　　）。

A. 登门受理　　　　B. 产地受理　　　　C. 异地受理　　　　D. 站台受理

多选题

2. 填制运输订单，须向客户明确的订单信息基本项包括（　　）。

A. 提货相关证明或资料　　　　　　B. 取货/发运/派送信息

C. 运输时限要求　　　　　　　　　D. 客户账号

判断题

3. 关于运单的填写，托运人、收货人的姓名、地址应填写全称，起运地、到达地应详细说明所属行政区。（　　）

A. 正确　　　　　　　　　　　　　B. 错误

填空题

4. 公路货物运单是＿＿＿＿＿＿＿及的＿＿＿＿＿＿合同凭证，是运输经营者接受货物并在运输期间负责＿＿＿＿＿＿和据以＿＿＿＿＿＿的凭据。

5. 托运单一般由＿＿＿＿＿＿提供，不同的物流运输企业有各自不同的托运单格式。但一般都要包括＿＿＿＿＿＿、＿＿＿＿＿＿、货物大小（体积或重量）、运输时间、运输费用、具体运输要求等相关项目。

问答题

6. 请简述运单填制的要求。

答案

1. A

2. ABCD

3. A

4. 公路货物运输、运输代理、保管、交付

5. 承运人、装卸货地点和时间、货物名称与规格

6. 运单的填写具有严格要求：①内容准确完整，字迹清楚，不得涂改。如有涂改，应由托运人在涂改处盖章证明；②托运人、收货人的姓名、地址应填写全称，起运地、到达地应详细说明所属行政区；③货物名称、包装、件数、体积、重量应填写齐全。

项目三　物流账务信息处理

任务一　费用管理

◎ 知识目标

　　了解仓储费用、运输费用的基本内容

　　了解费用管理的重要性

◎ 能力目标

　　掌握物流信息系统费用管理信息维护的操作流程

　　能够使用系统进行客户租用、占用、作业费用管理

　　能够使用系统进行路运报价维护、分供方费用管理

◎ 情感态度与价值观目标

　　培养学生耐心细致的工作态度

　　北京速达物流有限公司拥有自己的商务结算系统来进行费用的管理与结算，在与客户签订的合同中会详细规定所提供的仓储、运输等服务的费率、收费标准、结算方式等，以便向客户收取费用。因而签订合同后、业务开始前，应将针对该客户的费用设定输入系统，以便系统日后的统计、结算。

　　（1）速达物流与北京利德曼科技签订的仓储合同中约定，一般的仓租费用可以按照

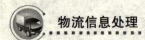

租用费、占用费这两种方式进行结算。

对于流通量小、库存变化较小的货物按照库房整体租用费来结算，租用费的具体结算信息如表 3 – 1 – 1 和表 3 – 1 – 2 所示。

表 3 – 1 – 1   **客户租用费用设置**

库房	结算标准	结账类型	结账日	费率	增量费率
蓝港 1 号	按租用面积	日结	每月 25 日	3	4

表 3 – 1 – 2   **客户租房费用设置**

库房	租用面积	租用体积	租用个数	增量值
蓝港 1 号	50	—	—	10

而对于"饮水机"这种流通大、库存变化情况较大的货物须按照占用费用来结算，占用费的具体结算信息如表 3 – 1 – 3 所示。

表 3 – 1 – 3   **客户占用费用设置**

货品类型	货品编码	计费标准	时间标准	费率
电器	饮水机	按件	按日	0.3

而对于客户利德曼科技的货物，速达物流还会按出入库作业量收取作业费用。费率即是按每个操作环节每次计收多少钱，一般用于那些出入库操作较为复杂、费工的环节。作业费用的具体结算信息如表 3 – 1 – 4 所示。

表 3 – 1 – 4   **客户作业费用设置**

作业类型	操作类型	计费标准	包装	费率
入库	上架	按件	箱	0.25
入库	理货	按件	箱	0.2
出库	拣货	按件	箱	0.3

同时，速达物流与北京利德曼科技的运输合同约定，计费方式为：两地，计费标准为：按重量。货物从北京发往其他城市的每吨运费表，如表 3 – 1 – 5 所示。

表 3 - 1 - 5　　　　　　　　运费表

目的地	里程（公里）	最低限价（元）	最高限价（元）	分级报价（元/公斤）
天津	118	150	100000	100
石家庄	285	150	100000	100
保定	147	150	100000	100
邢台	419	150	100000	100
秦皇岛	288	150	100000	100
唐山	183	150	100000	100
邯郸	474	150	100000	100
廊坊	74	150	100000	100
太原	503	150	100000	100
青岛	668	150	100000	100
济南	439	150	100000	100
淄博	448	150	100000	100
潍坊	563	150	100000	100
日照	710	150	100000	100
临沂	668	150	100000	100
烟台	855	150	100000	100
威海	943	150	100000	100
呼和浩特	578	150	100000	100
大连	873	150	100000	100
沈阳	741	150	100000	100
丹东	907	150	100000	100
营口	659	150	100000	100
长春	1065	150	100000	100
哈尔滨	1303	150	100000	100
郑州	722	150	100000	100
包头	741	150	100000	100
西安	1252	150	100000	100
上海	1325	150	100000	135

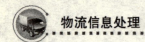

（2）速达物流与分供方北京迅捷物流签订的运输合同中约定，计费方式为：两地，计费标准为：按重量。

货物从北京发往其他城市的每吨运费表，如表3-1-6所示。

表3-1-6　　　　　　　　　运费表

目的地	里程（公里）	最低限价（元）	最高限价（元）	分级报价（元/公斤）
天津	118	150	100000	78
石家庄	285	150	100000	78
保定	147	150	100000	78
邢台	419	150	100000	78
秦皇岛	288	150	100000	78
唐山	183	150	100000	78
邯郸	474	150	100000	78
廊坊	74	150	100000	78
太原	503	150	100000	78
青岛	668	150	100000	78
济南	439	150	100000	78
淄博	448	150	100000	78
潍坊	563	150	100000	78
日照	710	150	100000	78
临沂	668	150	100000	78
烟台	855	150	100000	78
威海	943	150	100000	78
呼和浩特	578	150	100000	78
大连	873	150	100000	78
沈阳	741	150	100000	78
丹东	907	150	100000	78
营口	659	150	100000	78
长春	1065	150	100000	78
哈尔滨	1303	150	100000	78
郑州	722	150	100000	78
包头	741	150	100000	78
西安	1252	150	100000	78
上海	1325	150	100000	95

接下来，工作人员须针对各种情况进行费用的管理。

任务名称	完成费用管理
任务要求	1. 根据任务进行客户租用费用管理 2. 根据任务进行客户占用费用管理 3. 根据任务进行客户作业费用管理 4. 根据任务进行路运报价维护 5. 根据任务进行分供方费用管理
任务成果	1. 完成客户租用费用管理 2. 完成客户占用费用管理 3. 完成客户作业费用管理 4. 完成路运报价维护 5. 完成分供方费用管理

针对本任务，操作准备工作内容如下。

项　目		准备内容
环境准备	设备/道具	计算机
	主要涉及岗位角色	信息员
	软件	商务结算系统、仓储管理系统
制订计划	步骤一	客户租用费用管理
	步骤二	客户占用费用管理
	步骤三	客户作业费用管理
	步骤四	路运报价维护
	步骤五	分供方费用管理

任务准备

一、仓储费用

（一）概念

仓储费用是仓储行业业主为关联需求客户提供仓储劳务而收取的费用，也即物资供销企业在物资购入验收入库后，在保管物资过程中所支付的一切费用。

（二）构成

仓储费用包括支付给储运仓库的仓租，以及本企业附属仓库中发生的转库搬运、检验、挑选整理、修复、维修保养、包装费、库存物资损耗、工资和提取职工福利费等开支。在本案例中蓝港1号仓库向客户收取的仓储费用主要有以下几项。

1. 客户租用费用

客户租用费用是指客户从第三方物流企业中租用仓库的特定区域用来存储货品，租用的区域无论是否有货品存放，都需要缴纳租金费用。然而，如果客户在仓库中占用的区域超过了预定的库位，就产生了增量，对于增量的租用费可做另行结算。

2. 客户占用费用

客户占用费用是指客户并没有直接租用仓库中的某个特定区域，而是根据储存在仓库中货物所保存货物数量（面积等）进行租用费用的收取。

3. 客户作业费用

客户作业费用是指按出入库作业量收取作业费用。费率即是按每个操作环节每次计收多少钱，一般用于那些出入库操作较为复杂、费工的环节。

（三）分配方法

现行制度规定仓储费用的分配方法有两种：

（1）按各类物资销售收入的比例分摊，其计算公式如下：

$$仓储费用分配率 = \frac{仓储费用总额}{各类物资销售收入之和} \times 100\%$$

$$某类销售物资应摊仓储费用 = 某类物资销售收入 \times 仓储费用分配率$$

（2）按各类物资平均储存额（量）比例计算分摊，其计算公式如下：

$$仓储费用分配率 = \frac{仓储费用总额}{各类物资平均储存额（量）之和} \times 100\%$$

$$某类销售物资应摊仓储费用 = 某类物资销售收入 \times 仓储费用分配率$$

式中：某类物资平均储存额（量）＝［月初该类物质储存额（量）＋月末该类物资储存额（量）］÷2

（四）节约仓储费用的方法

节约仓储费用的途径主要有以下几个方面：

（1）提高劳动效率。要做到这一点，首先，要在仓库实行经济核算制和定额管理，坚持按劳分配的原则，充分调动广大干部职工的积极性和创造性。其次，采用先进的科学技术，大力开展技术革新和技术改造。如计算机管理、自动化立体仓库、自动报警灭火装置、吸潮机等。最后，加强人才培养，努力提高职工队伍素质。

（2）充分发挥仓库的使用效能。仓储部门必须在保证汽车配件安全的前提下，千方百计挖掘仓库潜力，认真革新技术、改进堆码方法，努力提高仓容利用率。

（3）加强货物养护工作，努力减少仓储货物的损耗。首先，要把好各种货物验收入库关、防止有问题的货物混入仓库；其次，加强在库保管工作，加强温湿度管理，防止虫蛀、鼠咬，把损耗降到最低限度；最后，要定期盘点，清仓挖潜，做到先进先出，对有问题的货品采取积极措施，及时处理，努力降低费用水平。

二、运输费用

（一）概念

商品运输费用是商业企业为实现商品运输而支付的有关费用，包括将商品从发送地送至目的地所支付的全部费用，是商品流通费用的重要组成部分，一般要占到30%左右。另外，运输费用的多少也可以作为考核商品是否合理运输的一个指标，从而为建立与健全商业储运网络，合理选择运输方式提供可靠的依据。

（二）费用构成

如果作为企业属下的运输部门来进行运输活动，那么商品运输费用需要包括实际运费、运输中的各项杂费、从事商品运输工作的人员费用、从事运输工作的物资消耗费用以及其他必要的管理费用等。这种核算方法也是实行独立核算的专业化运输企业通常使用的方法。

如果是由企业外的运输部门进行商品的运输工作，那么商品运输费用则主要由商品运费和商品运输杂费组成。

（三）运价

1. 运价定义

运价是运输价值的货币体现，表现为运输单位产品的价格。

2. 运价特点

运价具有按距离计算价格的特点，只有销售价格一种形式，且随所运货物种类及所选择的运输方式的不同而变化。

3. 运价分类

根据运输对象的不同，分为客运运价（票价）、货物运价和行李包裹运价。

根据运输方式的不同，分为铁路运价、公路运价、水运运价（包括长江运价、地方内河运价、沿海海运运价和远洋运价）、航空运价以及联运运价。

根据运价适用的地区，分为国际运价、国内运价和地方运价。

根据运价适用的范围，分为普通运价、特定运价和优待运价。

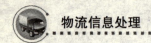

根据托运货物的数量，分为整车（批）运价、零担运价和集装箱运价。

4. 运价结构

按距离别的差别运价结构——递远递减运价。

按货种别（或客运类别）差别运价结构。由于各种货物的性质和状态不同，需要使用不同类型的车辆或货舱装载；各种货物的比重和包装状态不同，对装运工具载重力的利用程度不同；由于货物性质和所使用的载运工具类型不同，装卸作业的难易程度也不同；各种货物的产销地理分布状况决定了其运输距离是不同的，而不同运输距离的货物其运输成本是有差别的。

5. 运价制定

运价制定的原则是运输服务对货主提供满意的使用价值，且运费收入对运输企业具有利润的贡献。运价的制定具有以下三种方法：

（1）成本定向型定价方法：运价＝单位成本＋加成额。

（2）需求定向型定价方法：运价＝货物价值×承受能力系数。

（3）竞争定向型定价方法：与竞争对手的运价一致；比竞争对手的运价略高；低于竞争对手的运价。

运价的制定策略是为了达到一定的投资报酬率，稳定运价，考虑货主的负担能力的同时追求最大的利润，达到竞争的目标。

三、费用管理

费用管理是指企业对生产经营活动产生的各项费用进行收取和支付的行为，是财务管理的核心之一。

通过科学有效的管理方法规范企业费用管理，可以更好地加强企业内控管理，进行费用分析和预算控制，评估企业、产品及客户的赢利能力。因而构建一个成功的费用管理体系，对企业具有重大的意义。

（1）可以明确各种费用的收入、开支。

（2）准确的费用数据是制订价格的依据，便于企业提高市场竞争能力。

（3）费用管理水平的提高可以带动和促进整个公司管理水平的提高。

所以企业应该建立符合企业实际需求的费用管理体系，梳理各种费用管理流程；运用信息技术将拟建立的管理体系和流程进行固定化和标准化，便于在全公司范围内推广执行。

步骤一：客户租用费用管理

1. 登录费用管理界面

客户租用费用管理要在"商务结算"系统中操作实现。进入综合业务平台的"商务结算"系统的"费用管理"模块进行费用相关信息维护操作,具体操作步骤如表3-1-7所示。

表3-1-7 登录费用管理界面

岗　位	作业进度	具体操作
信息管理员	登录费用管理界面	登录到综合业务平台,利用账号和密码进入"商务结算"系统 选择左侧工具栏的"费用管理"标签,进行费用信息的维护

2. 租用费用设置

根据任务给定的租用费用信息,将租用费用录入到系统中,具体操作步骤如表3-1-8所示。

表3-1-8 录入客户租用费用

岗　位	作业进度	具体操作
信息管理员	录入客户租用费用	点击"客户租用费用设置",进入到租用费用列表界面。点击"新增",进入租用费用设置界面。选择客户,根据任务中给定的租用费用信息,填写库房名称、结算标准、结账类型、结算日、费率、增量费率信息,填写完成点击"保存"即可

3. 客户库房租用管理

客户租用费设置完成后,要对客户库房的租用情况进行管理和统计,具体操作步骤如表3-1-9所示。

表3-1-9 登录费用管理界面

岗　位	作业进度	具体操作
信息管理员	登录费用管理界面	点击"客户库房租用",进入到库房租用信息填写界面。点击"新增",进入库房租用设置界面。选择客户,根据任务中给定的租用信息,填写库房名称、租用面积、费率等信息,填写完成点击"提交"即可

4. 日结处理

无论仓储费用是以何种时间标准进行结算的都需要在每日进行一个日结作业,统计当日的仓储量、作业量。因此,若想得到租用费用的结算情况,均需进行日结作业处理。日结作业是在"仓储管理"系统中实现的,具体操作步骤如表3-1-10所示。

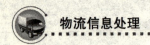

表 3 - 1 - 10 日结作业处理

岗　位	作业进度	具体操作
信息管理员	日结作业处理	切换到"仓储管理"系统。选择左侧工具栏的"日终处理"模块下的"日结"，进行日结作业处理 　选择需要进行日结作业的库房，点击"日结"按钮，再点击"仓租结算"按钮，日结操作成功系统会有提示信息

步骤二：客户占用费用管理

1. 登录费用管理界面

客户占用费用管理要在"商务结算"系统中操作实现。进入综合业务平台的"商务结算"系统的"费用管理"模块进行费用相关信息维护操作，具体操作步骤如表 3 - 1 - 11 所示。

表 3 - 1 - 11 登录费用管理界面

岗　位	作业进度	具体操作
信息管理员	登录费用 管理界面	登录到综合业务平台，利用账号和密码进入"商务结算"系统 选择左侧工具栏的"费用管理"标签，进行费用信息的维护

2. 占用费用设置

根据任务给定的占用费用信息，将占用费用录入到系统中，具体操作步骤如表 3 - 1 - 12 所示。

表 3 - 1 - 12 录入客户占用费用

岗　位	作业进度	具体操作
信息管理员	录入客户 占用费用	点击"客户占用费用设置"，进入到占用费用列表界面。点击"新增"，进入占用费用设置界面。选择客户，根据任务中给定的占用费用信息，填写货品类型、货品编码、计费标准、时间标准、费率信息，填写完成点击"提交"即可

3. 日结处理

在进行商务结算之前，要保证进行日结作业。日结作业是在"仓储管理"系统中实现的，具体操作步骤如表 3 - 1 - 13 所示。

表 3 - 1 - 13		日结作业处理
岗　位	作业进度	具体操作
信息管理员	日结作业处理	切换到"仓储管理"系统。选择左侧工具栏的"日终处理"模块下的"日结"，进行日结作业处理 　　选择需要进行日结作业的库房，点击"日结"按钮，再点击"仓租结算"按钮，日结操作成功系统会有提示信息

步骤三：客户作业费用管理

1. 登录费用管理界面

客户作业费用管理要在"商务结算"系统中操作实现。进入综合业务平台的"商务结算"系统的"费用管理"模块进行费用相关信息维护操作，具体操作步骤如表 3 - 1 - 14 所示。

表 3 - 1 - 14		登录费用管理界面
岗　位	作业进度	具体操作
信息管理员	登录费用管理界面	登录到综合业务平台，利用账号和密码进入"商务结算"系统 选择左侧工具栏的"费用管理"标签，进行费用信息的维护

2. 作业费用设置

根据任务给定的作业费用信息，将作业费用录入到系统中，具体操作步骤如表 3 - 1 - 15所示。

表 3 - 1 - 15		录入客户作业费用
岗　位	作业进度	具体操作
信息管理员	录入客户作业费用	点击"客户作业费用设置"，进入到作业费用列表界面。点击"新增"，进入作业费用设置界面。点击"新增"选择客户，根据任务中给定的作业费用信息，填写作业类型、操作类型、货品类型、计费标准、包装、费率信息，填写完成点击"提交"即可

3. 日结处理

在进行商务结算之前，要保证进行日结作业。日结作业是在"仓储管理"系统中实现的，具体操作步骤如表 3 - 1 - 16 所示。

表 3－1－16 日结作业处理

岗　位	作业进度	具体操作
信息管理员	日结作业处理	切换到"仓储管理"系统。选择左侧工具栏的"日终处理"模块下的"日结"，进行日结作业处理 　　选择需要进行日结作业的库房，点击"日结"按钮，再点击"作业结算"按钮，日结操作成功系统会有提示信息

步骤四：路运报价维护

1. 登录费用管理界面

客户路运报价管理要在"商务结算"系统中操作实现。进入综合业务平台的"商务结算"系统的"费用管理"模块进行路运报价相关信息维护操作，具体操作步骤如表 3－1－17 所示。

表 3－1－17 登录费用管理界面

岗　位	作业进度	具体操作
信息管理员	登录费用管理界面	登录到综合业务平台，利用账号和密码进入"商务结算"系统 选择左侧工具栏的"费用管理"标签，进行费用信息的维护

2. 路运报价维护

根据任务给定的路运报价信息，将路运报价信息录入到系统中，具体操作步骤如表 3－1－18 所示。

表 3－1－18 路运报价维护

岗　位	作业进度	具体操作
信息管理员	路运报价维护	点击"路运报价维护"，进入到本公司运输费用设置界面。根据任务中给定的路运报价信息，选择项目、计费方式、计费标准信息，并将运费表上传到指定位置

步骤五：分供方费用管理

1. 登录费用管理界面

客户作业费用管理要在"商务结算"系统中操作实现。进入综合业务平台的"商务结算"系统的"费用管理"模块进行费用相关信息维护操作，具体操作步骤如表 3－1－19

所示。

表 3 – 1 – 19　　　　　　　　　　　　　登录费用管理界面

岗　位	作业进度	具体操作
信息管理员	登录费用 管理界面	登录到综合业务平台，利用账号和密码进入"商务结算"系统 选择左侧工具栏的"费用管理"标签，进行费用信息的维护

2. 分供方费用设置

根据任务给定的分供方费用信息，将分供方费用录入到系统中，具体操作步骤如表
3 – 1 – 20 所示。

表 3 – 1 – 20　　　　　　　　　　　　　录入分供方费用

岗　位	作业进度	具体操作
信息管理员	录入分供方费用	点击"分供方费用设置"，进入到分供方运输费用设置界面。根据 任务中给定的分供方费用信息，选择项目、计费方式、计费标准信息， 并将运费表上传到指定位置

一、流程

进行费用管理的基本流程为操作人员根据分配的账号和密码登录到费用管理界面，
按照合同等信息进行客户租用费用、客户占用费用、客户作业费用、路运报价和分供方
费用的维护操作，如图 3 – 1 – 1 所示。

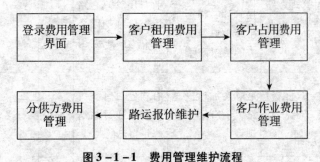

图 3 – 1 – 1　费用管理维护流程

二、注意事项

（1）严格按照合同约定的信息进行费用管理维护操作，带"＊"号的为必填项。

（2）进行路运报价和分供方费用维护操作时需要上传运费表，可以点击下载模板文件，如图3-1-2所示。

请注意：　　选择要导入的Excel文件[模板文件请点击右键下载]

图3-1-2　模板文件下载处

班级			姓名		小组		
任务名称			费用管理				
考核内容		评价标准			参考分值	考核得分		
		优秀	良好	合格		自评（10%）	互评（30%）	教师评价（60%）
1	活动参与情况	积极观摩模仿，及时按任务要求做，认真分析总结	按时完成任务要求，积极观摩模仿	能够参加任务活动，认真观察思考	20			
2	技能掌握情况	熟练掌握费用管理的操作流程，准确无误地完成客户租用费用管理、客户占用费用管理、客户作业费用管理、路运报价维护以及分供方的费用管理	了解费用管理的操作流程，基本正确地完成客户租用费用管理、客户占用费用管理、客户作业费用管理、路运报价维护以及分供方的费用管理	了解费用管理的操作流程，大部分正确地完成客户租用费用管理、客户占用费用管理、客户作业费用管理、路运报价维护以及分供方的费用管理	40			
3	总结归纳相应知识情况	积极参加总结讨论，观点鲜明、新颖、独特	能够参加讨论总结，有自己的观点	有自己的见解；但需要通过总结修正自己的观点	40			
总体评价					总分			

单选题

1. 商品运输费用是商业企业为实现商品运输而支付的有关费用，是商品流通费用的重要组成部分，一般要占到（　　）左右。

A. 10%　　　　　　　　　　　　　　B. 20%

C. 30%　　　　　　　　　　　　　　D. 40%

多选题

2. 节约仓储费用的途径包括（　　）。

A. 提高劳动效率　　　　　　　　　　B. 充分发挥仓库的使用效能

C. 把好货物验收入库关　　　　　　　D. 加强货物养护工作

判断题

3. 仓库要定期盘点，清仓挖潜，做到先进先出，对有问题的货品采取积极措施，及时处理，努力降低费用水平。（　　）

A. 正确　　　　　　　　　　　　　　B. 错误

填空题

4. 如果是由企业外的运输部门进行商品的运输工作，那么商品运输费用则主要由＿＿＿＿＿＿＿和＿＿＿＿＿＿＿组成。

5. 运价的制定方法包括＿＿＿＿＿＿＿、＿＿＿＿＿＿＿和＿＿＿＿＿＿＿。

问答题

6. 请简述费用管理的概念及重大意义。

答案

1. C

2. ABCD

3. A

4. 商品运费、商品运输杂费

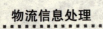

5. 成本定向型定价方法、需求定向型定价方法、竞争定向型定价方法

6. 费用管理是指企业对生产经营活动产生的各项费用进行收取和支付的行为，是财务管理的核心之一。

通过科学有效的管理方法规范企业费用管理，可以更好地加强企业内控管理，进行费用分析和预算控制，评估企业、产品及客户的赢利能力。因而构建一个成功的费用管理体系，对企业具有重大的意义。

（1）可以明确各种费用的收入、开支。

（2）准确的费用数据是制订价格的依据，便于企业提高市场竞争能力。

（3）费用管理水平的提高可以带动和促进整个公司管理水平的提高。

任务二　费用结算

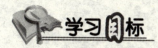

◎ 知识目标

　　了解费用结算的期限、对象、方式

　　了解应收应付账款的内容

◎ 能力目标

　　能够掌握费用结算系统的操作流程

　　能够进行仓租费用、作业费、运输费用结算

◎ 情感态度与价值观目标

　　培养学生严谨细致的工作态度和时间意识

速达物流与北京利德曼科技发展有限公司（以下简称利德曼科技）签订的第三方物流服务合同中约定，速达物流为利德曼科技提供包括仓储、运输、配送在内的全方位物流服务，是北京利德曼科技的第三方物流服务提供商。

一、仓租、作业费用结算

2012 年 5 月 25 日，速达物流根据合同规定，对客户利德曼科技 5 月的费用进行统计与结算，包括仓租费用和作业费用两项费用的核算。

接下来，速达物流的工作人员开始对 5 月利德曼科技的仓租费用进行核算，并对各项作业任务进行汇总和统计，得到 5 月的仓储作业内容包括：20 箱蒸蛋器和 8 箱饮水机的入库作业。

核算完成后，速达物流须将核算清单发送至客户利德曼科技处，作为当月物流费用结算的依据。

二、运输费用结算

2012 年 7 月 16 日，速达物流接到客户北京利德曼科技发展有限公司的两项运输指令，并为其提供了运输服务。之后，速达物流需对两次运输服务产生的运费进行结算处理。

任务名称	完成费用结算
任务要求	1. 根据任务要求进行仓租费用结算 2. 根据任务要求进行作业费用结算 3. 根据任务要求进行运输费用结算
任务成果	1. 完成仓储费用结算 2. 完成作业费用结算 3. 完成运输费用结算

针对本任务，操作准备工作内容如下。

项 目		准备内容
环境准备	设备/道具	计算机
	主要涉及岗位角色	信息员
	软件	仓储管理系统、商务结算系统
制订计划	步骤一	仓租费用结算
	步骤二	作业费用结算
	步骤三	运输费用结算

费用结算系统可以实现对各项物流业务所产生的费用进行结算，对企业所有的物流服务项目实现合同价格一条龙管理，包括多种模式的仓租费用、运输费用、装卸费用、配送费用、货代费用等费用的计算，根据规范的合同文本，货币标准，收费标准自动产生结算凭证，为客户以及物流企业（仓储配送中心，运输等企业）的自动结算提供完整的结算方案。

一、费用结算期限

费用结算期是指储运企业对货主结算仓租、作业、运输等服务费用所规定的日期。一般自商品进仓之日算起，至商品出仓之日为止的时间（出仓日不计）为费用计算期。在此期间，对计算储存单位及存量较大、存期较长的临时委托单位，一般是月终结算一次，其计算期为该月的日历日数。有的储运企业为使结算仓租当月收账。在每月的 25 日结算一次，其计算期为上月的 26 日至本月 25 日。对于存期较短的商品，应在出仓时一次结算费用，其计算期为商品自进仓之日算起，至商品出仓之日为止的时间（出仓日不计）。

在所有的物流仓储系统中，关于计费时间点，可以分为两种情况，一种是按时间点计费，另一种是按周期计费。

1. 按时间点计费

一般是只要业务发生则发生了计费。例如，装卸费、车辆入闸费、安装费、分拣费、包装费、配送费等。在信息系统中，一般在业务单据生效（或称为审核、关闭）则产生了时间点计费的账单。

2. 按周期计费

按周期计费比较复杂一些，其中周期又分为固定周期和变动周期。

固定周期其期间是一定的，其费率一般也是固定的，在一个周期内发生一次。例如，月租费，则是按月周期来收费，每个月一份账单，如客户按月租用了指定面积的仓库。

变动周期是根据具体业务的发生时间和结束时间的不同引起其业务的处理过程有长有短，例如，货品的在库天数，如果系统设置货品的仓租费是按天收费，在库每天 1 元/立方米。

二、费用结算对象

现在的第三方物流仓库进行费用结算时，主要是由仓库作业引起的收费、运输作业引起的收费和付费和其他作业衍生出的增值服务收费。这些收费和付费因为仓库服务对象和作业的不同会产生不同的收费和付费对象。

1. 仓租、作业费用结算

仓储企业按规定收取各项费用并及时结算仓储收入是加快企业资金周转，提高资金使用率和企业经济效益的重要措施，结算对象有以下几种。

（1）租赁仓库的客户即是货主，则收费对象为该客户。这种情况在现在的仓库中比较多见，例如，××空调企业，其产品有季节性，备货的情况会因季节的不同而有较大的差异，因此这类企业一般会将自己的货品放在第三方的仓库，并且会将出入库、运输以及其他服务一并包给仓库运营商，以解决因出货量的季节性造成服务人员、运输设备等浪费。

（2）租赁仓库的客户不是货主，而是货代公司、货品购买的中间商、货品的购买者，则因情况不同其收费对象可能为：

1）货主（即供应商），现在有些货代公司或者中间商，其不是货物的供应者也不是购买者，其只是起到一个连接的作用，货品在仓库或者运输发生的费用实际由货主来付，其只是向货主收去中间的管理费或者信息费，不过现在一般这样公司都有代收业务。例如，海关进出口监管和保税仓，货主的货委托货代公司出口，在货品报关时会发生报关费，则报关行可能直接向货主收费，也可能向货代收费，而货代向货主收费。

2）货代公司，虽然不是货主，但是承担货主的费用，例如，货代租赁仓库，其向货主收取装卸、运输、仓租费用，而实际发送的费用由其向仓库运营商结算。

3）购买商，最为典型为快递业务中的对方付费，则为购买商（或者是收货人）为付费对象。

2. 运费结算

（1）公司为客户提供运输服务而签订合同（协议），应向客户收取运费和运杂费。

（2）公司为获得供应商（分供方）提供的运输服务支持而签订合同（协议），应向供应商支付运费和运杂费。

三、费用结算方式

1. 托运人/收货人现结

（1）送货人员在为客户送完货调试结束后，应要求客户方收货人员签回"送货单"。

（2）货款额低于5000元者，应尽量要求客户现金或支票支付。

（3）对于第一次购买的客户要求其预付货款的30%才可以送货，多次购买且信用差的客户要求其预付货款的70%才可以送货；多次购买且信用好的客户可根据客户财务规定进行月结付款，客户财务信用由会计审核评定。

（4）送货人员在收取客户现金货款后，必须在回到公司后第一时间上缴到财务部，并填写"现金缴款单"，与公司出纳进行交接，不得以任何形式私自坐支公款。

（5）出纳应在收款后第一时间知会会计，便于应收账务处理。

（6）会计应定期统计整理欠款客户名单、欠款金额、欠款时间、预处理方式等。

2. 托运人/收货人月结

（1）对于月结付款客户或者欠款客户，由会计建立应收账款管理台账，列出明细，按客户财务月结时间之前一周由前台向客户发出"请款单"传真，由会计向对方相应人员催欠；

（2）在对方明确表示货款清结时间后确定收款方式，为客户寄送货款发票，如需要进行现款回收时公司派出收款人员收款，以下为公司委托员工向客户收取货款的规定：

有关人员进行收款业务时，须先到前台文员处办理客户回签白单的领出登记以及有关委托手续。对于未收到款项的白单在回到公司后及时返还给前台文员，并作出还单登记；对于已收到的款项，收款人要凭有出纳盖章确认的"现金缴款单"到前台文员处进行销单手续。

有关人员收到的货款，必须在回到公司后第一时间上缴到财务部，不得私自坐支公款。

如所收款项属打折收取的，必须经得总经理签名认可，否则财务部将按单据的实际金额向收款人收缴。

（3）在公司发出"请款单"且对方无法明确货款清结时间时，会计将此项货款催欠工作移交给该项业务联系的业务员，进入欠款处理流程。

四、应收应付账款

1. 概述

应收应付账款是企业在经济业务活动中发生的应收、应付、预收、预付款，是企业资产、流动负债的一个组成部分。随着经济的发展，市场竞争的加剧，企业为了扩大市场占有率，越来越多地运用商业信用进行促销。然而，市场的信用危机又使得企业间相互拖欠现象越来越严重，造成企业的应收应付账款增加，即形成所谓的"三角债"。由于企业财务及经营管理上的原因，许多不属于应收应付账款的其他经济内容，也体现在应收应付账款中，有些企业的应收应付账款包罗万象，无形中也造成应收应付款的增加。尤其是在商业企业，应收应付账款所占比重越来越大，不仅造成企业资金周转困难，而且也使企业的会计信息失真。

2. 分类

企业应收应付账款主要包括应收账款、其他应收款、预付账款、应付账款、其他应付款、预收账款、长期应付款等，按其基本性质可分为两大类，即应收款类和应付款类。

（1）应收款。应收款是第三方物流服务商与客户之间的资金往来。关于应收款管理主要包括以下内容：①制定合理的信用政策；②及时核算已经发生的应收账款；③跟踪应收账款的回收情况；④对拖欠款项及时催收，建立坏账准备金制度。

（2）应付款。应付款是第三方物流服务商与供应商（分供方）之间的资金往来。关于应付款管理的内容主要包括以下内容：①准确了解供应商的信用政策；②及时核算已经发生的应付账款；③跟踪应付账款的支付情况；④对拖欠款项及时组织资金还款。

3. 管理问题

（1）对账不及时。有些企业由于疏于对应收应付账款的管理，不能做到定期与债权、债务单位核对账目，往往对债权人的对账要求持抵触态度，长此以往必然造成应收应付账款账目混乱，为今后的催款、清理埋下隐患。

（2）应收应付账款不及时清理。有些名存实亡的应收应付账款长期挂账。如坏账不及时报损、处理；不需付债务不及时报批做营业外收入等，均造成应收应付账款账目混乱。

（3）对已销账的应收应付款处理不当。如已作坏账的应收款和不需支付的款项，收回及支付时设立"小金库"，进行账外处理，造成"体外循环"。

（4）利用应收应付账款随意调节利润。有的企业为了逃避缴税，有意识地虚挂应收应付款，造成会计信息失真。

（5）出租出借账户或为他人套取现金。企业应收应付账中经常出现一进一出的款项，无明确经济内容，实际上是出借账户为他人转款，违反财务管理规定；再如有些业务员，利用职务之便，多次以备用金名义领取现金，然后通过银行转账还款，实际是为他人套取现金，违反了现金管理规定，为他人"洗钱"提供方便。

（6）应收应付款不按企业会计准则规定进行账务处理，应收应付科目之间不按业务内容记账。如有些与正常经营业务无关的款项计入应收账款或应付账款；有些与正常经营业务有关的款项却计入其他应收款或其他应付款。这样不便于企业根据不同应收应付账款的性质进行有针对性的管理。

（7）应收应付款多头挂账。同一单位既在应收账款、预付账款、其他应收款中挂账，同时又在应付账款、预收账款、其他应付款中挂账。容易造成企业资金流失。

五、应收应付管理

应收应付账款涉及企业日常经营及管理活动的各个方面，应收应付账中的问题可以反映出企业经营管理中存在的弱点和缺陷。要解决应收应付管理中存在的问题，除了加强整个社会的制约机制外，加强企业自身的内部控制显得尤为重要。下面从建立和完善内部控制制度的角度来讨论如何加强应收应付账款的管理、加速资金周转、提高经济效益、防止资产流失。

（一）企业内部控制环境

从目前企业现状来看：

（1）有些企业从领导到员工都没有充分重视应收应付账款的管理。有些领导财务知识缺乏，无法将应收款项与企业实实在在的资产联系起来，因此也就无法将应收应付款的管理作为重要工作来抓。

（2）有些企业应收应付账款的形成与领导个人行为有关；还有些领导只管任期内业绩、不重视现金流量；甚至有些企业的领导为在任期内出"成绩"，反而指使财会人员弄虚作假。这样的企业难免出现应收应付账款混乱。

（3）企业中普遍存在"新官不理旧账、后任比我们更聪明"的推诿现象，也会造成应收应付账款管理的混乱。要扭转这种局面，必须使内部控制成为管理者、经营者真正的需求，这就要进行产权制度改革，建立现代企业管理制度。在这个基础上选用业务素质好、能力强且有责任心的财务人员，在有效的激励机制下，充分调动他们的积极性，创造一个良好的控制环境。

（二）进行应收应付账款管理的风险评估

目前企业中普遍存在对应收应付账款的风险估计不足的现象，因此也就忽视对应收应付账款的风险进行评估，以便采取有效措施对应收应付账款进行管理。事实上，应收应付账款账目不清，内容混乱，不仅影响会计信息的准确性、真实性，而且由于管理上存在漏洞，会使少数人有可乘之机，因而造成企业资产的流失。企业从业务人员到管理人员，都应熟悉到应收应付账款中存在的问题会给企业带来不良后果。要按不同性质的问题进行风险评估，建立、分析与管理相关的风险机制。

（三）企业内部控制活动

应收应付账款中出现问题最主要的原因还在于企业缺乏相应的内部控制政策及内部控制程序，或有了这些政策和程序却没有执行。这些政策与程序主要指岗位分离、授权批准、文件记录、预算控制、实物保全等。

1. 关于企业"应收账款、预收账款"的内部控制

（1）企业应制定信用政策，确定信用标准、信用条件（含信用期限，信用额度，折扣率）及收款政策，对客户的赊销均应被授权批准，客户信用期限、额度的调整必须经过相应权限审批人员审核批准。

（2）销售部门应对赊销客户信用进行调查，对其尚可使用的信用额度等进行审查并按客户设置应收款台账，及时登记每一客户应收账款增减变动情况和信用额度使用情况；企业会计人员应及时清理应收账款，定期编制应收账款账龄分析表提供给财务负责人和企业负责人、销售部门，对于逾期的应收账款应督促销售人员催收。

（3）企业应分部门、分人员下达销售货款回笼率，按月考核，并将考核结果与奖惩挂钩。对于逾期未还款应组织人员催收，并要求客户提供担保、抵押等条件。假如可能，采取法律途径解决。

2. 关于企业"其他应收款"的内部控制

（1）建立明确的职责分工制度。货币资金的收支与记账分离，货币资金的经办人员与资金收支的审核人员分离，这样可以防止恶意串通。

（2）建立备用金领用和报销制度。为加强管理应尽量实行定额备用金制。备用金应实行专人保管，并在规定期限内报销；备用金的领用和报销，应根据金额不同建立授权和批准制度，报销时应按领取时用途报销；年终应全部收回，次年再借。对无正当理由不按期报销的职工应予以一定处罚。

（3）存出保证金应有相关的凭证，并应有授权审批手续。

（4）所有其他应收款应定期清理，制定催款制度，防止出现坏账。

3. 关于企业"预付账款"的内部控制

（1）进行适当的岗位分离：付款审批人员不能办理寻求供给商和索价业务；审核付款人员、付款人员、记录应付账款人员应进行岗位分离，以防止舞弊发生。

（2）对预付货款的商品及客户进行市场及信用调查，预付货款应经过严格的审批程序，并应严格按照合同的规定执行；防止企业多付或有不必要的预付款发生。

（3）建立催收货款制度，建立坏账审批制度。

（4）采购人员应在可能的范围内定期轮换，以防止采购人员与供货商联手舞弊。

4. 关于企业"应付账款"的内部控制

（1）采购审批人员、采购人员、验收人员、储存人员、财会记录应实行岗位分离，以防止串通舞弊。

（2）定期分析应付账款，规定付款顺序，财务人员与业务人员配合，在企业资金许可的情况下，尽可能先付有折扣的货款。

（3）制订应付账款清理计划，对长期无人追索的款项应进行调查，确属不需付的账款，应报有关领导批示，及时转入收入账内。

（4）建立双方定期对账制度，以防止双方业务人员串通舞弊。

5. 关于企业"其他应付款"的内部控制

（1）实行岗位分离，房屋、设备、场地等的租赁人员、审批人员、记账人员实行岗位分离；废旧物资、材料、包装物的管理人员、销售人员、审批人员、记账人员等实行岗位分离。

（2）定期对其他应付款进行清理，有不需付的款项应及时做账务处理。

（四）信息交流与沟通

应收应付账款中问题较多的企业往往在信息沟通方面做得不够。

（1）财务人员没有定期向相关业务人员报送与其业务有关的应收、应付余额、账龄、风险分析等资料，并且由于企业没有相关的收款、报销等时间的规定，财务人员也不便于与相关人员进行应收应付账款清理进度及计划方面的交流。

（2）财务人员也不能做到定期向主管领导汇报应收应付账款中存在的问题并提供风险分析报告及解决方案，因此主管领导也心中没数。

（3）企业间由于缺乏定期进行账目核对工作也会造成企业应收应付账的不准确。所有这些都影响应收应付账款管理。为加强信息交流与沟通，企业管理当局、财务部门、相关业务部门及管理部门应定期进行交流，相互配合，上传下达，共同做好应收应付账款的管理工作。

（五）意　义

企业进行应收应付管理具有重大的现实意义。

（1）通过应收款政策能促进企业增加销售，显著提高企业市场占有率和利润水平。

（2）通过应收款政策能够促成产成品存货减少，降低存货仓储、保险等管理费用，缩短产成品的库存时间，加速资金周转。

（3）通过制定合理的应收款信用政策，能够有效地降低坏账比例，减少应收款的坏账成本。

（4）通过合理的应收应付管理，及时支付各项欠款，能够提升企业的信用形象。

（5）通过应收应付款的统筹管理，能够及时清理各种往来款项，清理债权债务关系，减少经济纠纷和坏账发生的可能性。

步骤一：仓租费用结算

仓租费用结算前，必须保证进行日结处理，然后再进行后续的应收应付管理工作。因为是客户租用本公司库房，所以应该生成应收账单，具体操作步骤如表3－2－1至表3－2－4所示。

表3－2－1　　　　　　　　　　　　日结作业处理

岗　位	作业进度	具体操作
信息管理员	日结作业处理	登录到"仓储管理"系统。选择左侧工具栏的"日终处理"模块下的"日结"，进行日结作业处理 选择需要进行日结作业的库房，点击"日结"按钮，再点击"仓租结算"按钮，日结操作成功系统会有提示信息

表3－2－2　　　　　　　　　　　　生成应收账单

岗　位	作业进度	具体操作
信息管理员	生成应收账单	切换到"商务结算"系统，选择左侧工具栏的"应收应付管理"模块下的"应收账单生成"，进入账单生成界面 填选结算客户、截止时间和应收类型，点击"查询"系统会将应收款的单据列在应收款列表中 点击"生成应收账单"，生成仓租应收账单

表3－2－3　　　　　　　　　　　　处理应收账单

岗　位	作业进度	具体操作
信息管理员	处理应收账单	点击"应收应付管理"模块下的"应收账单处理"，进入应收账单处理界面 填选客户及类型，点击"查询"，系统会将账单信息列明 点击"账单编辑"填写本期实收数量，注意应收数量与实收数量应该相等，填写完毕后，点击"保存"，保存账单的信息 点击"明细"，可以查看账单详情。确认后，点击"完成"就可以完成应收账单的处理操作

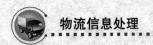

表 3 - 2 - 4		查询应收账单
岗 位	作业进度	具体操作
信息管理员	查询应收账单	点击"应收应付管理"模块下的"应收账单查询",进入应收账单处理界面。填选客户及类型,点击"确定",系统会将账单信息列明 点击"账单查看"和"明细"按钮,可以查看账单详细信息

步骤二:作业费用结算

作业费用结算前,必须保证进行日结处理,然后再进行后续的应收应付管理工作。因为是客户租用本公司库房,所以应该生成应收账单,具体操作步骤如表 3 - 2 - 5 至表 3 - 2 - 8 所示。

表 3 - 2 - 5		日结作业处理
岗 位	作业进度	具体操作
信息管理员	日结作业处理	登录到"仓储管理"系统。选择左侧工具栏的"日终处理"模块下的"日结",进行日结作业处理 选择需要进行日结作业的库房,点击"日结"按钮,日结操作成功系统会有提示信息,再点击"作业结算"按钮

表 3 - 2 - 6		生成应收账单
岗 位	作业进度	具体操作
信息管理员	生成应收账单	切换到"商务结算"系统,选择左侧工具栏的"应收应付管理"模块下的"应收账单生成",进入账单生成界面 填选结算客户、截止时间和应收类型,点击"查询"系统会将应收款的单据列在应收款列表中 点击"生成应收账单",生成作业应收账单

表 3 - 2 - 7		处理应收账单
岗 位	作业进度	具体操作
信息管理员	处理应收账单	点击"应收应付管理"模块下的"应收账单处理",进入应收账单处理界面 填选客户及类型,点击"查询",系统会将账单信息列明 点击"账单编辑"填写本期实收数量,注意应收数量与实收数量应该相等,填写完毕后,点击"保存",保存账单的信息 点击"明细",可以查看账单详情。确认后,点击"完成"就可以完成应收账单的处理操作

表 3 - 2 - 8		查询应收账单
岗 位	作业进度	具体操作
信息管理员	查询应收账单	点击"应收应付管理"模块下的"应收账单查询",进入应收账单处理界面。填选客户及类型,点击"确定",系统会将账单信息列明 点击"账单查看"和"明细"按钮,可以查看账单详细信息

步骤三：运输费用结算

当托运人选择支付方式为托运人月结/收货人月结时,信息系统中对于运输费用的结算按照应收应付进行管理;当托运人选择支付方式为托运人现结/收货人现结时,信息系统中对于运输费用的结算按照现结现付进行管理。

1. 应收应付管理

工作人员接受运输任务后,录入订单时选择支付方式为托运人月结/收货人月结时,如图 3 - 2 - 1 所示。

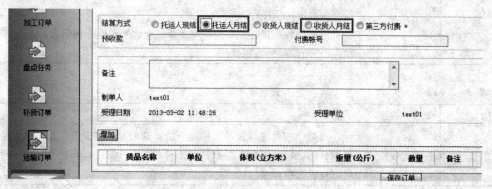

图 3 - 2 - 1 结算方式选择

运单签收返单完成后,到合同约定的结算时间时,应进行运输费用的结算。

(1) 应收款结算。应收款是应向客户收取的运输费用,具体结算操作步骤如表 3 - 2 - 9 至表 3 - 2 - 12 所示。

表 3 - 2 - 9		运力费用复核
岗 位	作业进度	具体操作
信息管理员	运力费用复核	登录到"商务结算"系统,点击"复核管理"模块下的"运力费用复核",进入运力费用复核界面 选择复核确认的运单,点击页面下方复核确认,完成该单运费的复核确认作业。复核后,系统将自动生成此笔运输的账单

表 3 – 2 – 10 生成应收账单

岗　位	作业进度	具体操作
信息管理员	生成应收账单	点击"应收应付管理"模块下的"应收账单生成",进入生成应收账单界面 　　设置需要生成账单的基本信息,点击"查询",系统将会显示所有应收账单信息,选择需要处理的应收账单,点击"生成应收账单"按钮,系统将会为此笔应收运费生成相关账单

表 3 – 2 – 11 处理应收账单

岗　位	作业进度	具体操作
信息管理员	处理应收账单	点击"应收应付管理"模块下的"应收账单处理",进入应收账单处理界面 　　填选客户及类型,点击"查询",系统会将账单信息列明 　　点击"费用确认",进行应收账单费用确认。若实际收款与账单不符,可在表格内填入实收账款、发票号、收款人等信息。点击"运单客户账单明细表",可显示此笔账单的明细账目。账单核对无误后,点击提交,系统提示操作完成 　　返回应收账单处理界面,勾选经过确认无误的账单信息,点击"核销",进行账单的核销操作

表 3 – 2 – 12 查询应收账单

岗　位	作业进度	具体操作
信息管理员	查询应收账单	点击"应收应付管理"模块下的"应收账单查询",进入应收账单查询界面。填选客户及类型,点击"确定",系统会将账单信息列明,可以查看账单详细信息

　　(2)应付款结算。应付款是应向分供方支付的运输费用,与应收款结算一样,首先须进行运力费用复核。在进行应收账单处理时,已经进行过费用复核,此处不进行再次复核。其具体的结算操作步骤如表 3 – 2 – 13 至表 3 – 2 – 15 所示。

表 3 – 2 – 13 生成应付账单

岗　位	作业进度	具体操作
信息管理员	生成应付账单	点击"应收应付管理"模块下的"应付账单生成",进入生成应付账单界面 　　设置需要生成账单的基本信息,点击"查询",系统将会显示所有应付账单信息 　　选择需要处理的应付账单,点击"生成应付账单"按钮,系统将会为此笔应收运费生成相关账单

表3－2－14   处理应付账单

岗 位	作业进度	具体操作
信息管理员	处理应付账单	点击"应收应付管理"模块下的"应付账单处理"，进入应付账单处理界面 填选客户及类型，点击"查询"，系统会将账单信息列明 点击"费用确认"，进行应付账单费用确认。若实际付款与账单不符，可在表格内填入实付账款、发票号、收款人等信息。点击"运单客户账单明细表"，可显示此笔账单的明细账目。账单核对无误后，点击提交，系统提示操作完成 返回应付账单处理界面，勾选经过确认无误的账单信息，点击"核销"，进行账单的核销操作

表3－2－15   查询应收账单

岗 位	作业进度	具体操作
信息管理员	查询应收账单	点击"应收应付管理"模块下的"应付账单查询"，进入应付账单查询界面。填选客户及类型，点击"确定"，系统会将账单信息列明 点击"账单查看"和"明细"按钮，可以查看账单详细信息

2. 现结现付管理

工作人员接受运输任务后，录入订单时选择支付方式为托运人现结/收货人现结时，如图3－2－2所示。

图3－2－2 结算方式选择

运单签收返单完成后，应进行现结账单的核销处理作业，具体操作步骤如表3－2－16所示。

表 3 - 2 - 16　　　　　　　　　现结账单处理

岗　位	作业进度	具体操作
信息管理员	现结账单处理	登录到"商务结算"系统，点击"复核管理"模块下的"现结账单"，进入现结账单处理界面 工作人员在确认此笔货款已到账后，点击页面下方的"核销"，则此次作业的运费核销完成

分析总结

一、流程

进行仓租、作业费用结算的基本流程为操作人员根据分配的账号和密码登录到信息系统，进行日结作业处理后，生成应收账单对其进行处理，并可以对账单进行查询，如图 3 - 2 - 3 所示。

图 3 - 2 - 3　仓租、作业费用结算流程

托运人选择支付方式为托运人月结/收货人月结时，进行运输费用结算的基本流程为操作人员根据分配的账号和密码登录到信息系统，进行运力费用复核后，生成应收应付账单对其进行处理，并可以对账单进行查询，如图 3 - 2 - 4 所示。

图 3 - 2 - 4　运输费用结算流程

托运人选择支付方式为托运人现结/收货人现结时，进行运输费用结算的基本流程为操作人员根据分配的账号和密码登录到信息系统，进入现结账单处理界面，在确认此笔货款已到账后，点击页面下方的核销，则此次作业的运费结算完成。

二、注意事项

（1）进行仓租费用结算生成应收账单时，只能选择进行仓租结算的当天作为截止时间。例如教师在 2013 年 4 月 3 日进行仓租结算，那么截止时间就应该填选 2013 年 4 月 3 日，这是由于系统中的日结作业限制所造成的。

（2）进行作业费用结算时，必须首先进行仓储作业的操作作业，才能在授课当天结算作业及运输费用。例如，教师要结算 20 箱蒸蛋器和 8 箱饮水机的入库作业费用，那么需要在系统中进行 20 箱蒸蛋器和 8 箱饮水机的入库接单操作，并对其进行理货和上架后，才能在进行日结作业处理后结算出作业费用。

班级			姓名			小组		
任务名称			费用结算					
考核内容		评价标准			参考分值	考核得分		
		优秀	良好	合格		自评（10%）	互评（30%）	教师评价（60%）
1	活动参与情况	积极观摩模仿，及时按任务要求做，认真分析总结	按时完成任务要求，积极观摩模仿	能够参加任务活动，认真观察思考	20			
2	技能掌握情况	熟练掌握费用结算的操作流程，迅速并准确无误地完成仓租费用结算、作业费用结算和运输费用结算	了解费用结算的操作流程，较快地完成仓租费用结算、作业费用结算和运输费用结算	了解费用结算的操作流程，完成仓租费用结算、作业费用结算和运输费用结算	40			
3	总结归纳相应知识情况	积极参加总结讨论，观点鲜明、新颖、独特	能够参加讨论总结，有自己的观点	有自己的见解；但需要通过总结修正自己的观点	40			
总体评价					总分			

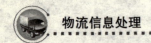

单选题

1. 费用结算期是自（　　　）之日算起，至商品出仓之日为止的时间（出仓日不计）。

A. 合同签订　　　　　　　B. 仓库租用　　　　　　　C. 商品进仓

多选题

2. 应收应付管理过程中存在的问题有（　　　）。

A. 对账不及时　　　　　　　　　B. 利用应收应付账款随意调节利润

C. 应收应付款多头挂账　　　　　D. 应收应付账款不及时清理

判断题

3. 海关进出口监管和保税仓，货主的货委托货代公司出口，在货品报关时发生的报关费，报关行只能直接向货主收费。（　　　）

A. 正确　　　　　　　　　　　B. 错误

填空题

4. 在物流仓储系统中，关于计费时间点，可以分为＿＿＿＿＿和＿＿＿＿＿两种情况的计费。

5. 费用结算方式包括＿＿＿＿＿和＿＿＿＿＿。

6. 关于应付款管理的内容主要包括准确了解供应商的信用政策、＿＿＿＿＿、＿＿＿＿＿和＿＿＿＿＿。

问答题

7. 请简述企业进行应收应付管理的意义。

 答　案

1. C

2. ABCD

3. B

4. 按时间点计费、按周期计费

5. 托运人/收货人现结、托运人/收货人月结

6. 及时核算已经发生的应付账款、跟踪应付账款的支付情况、对拖欠款项及时组织资金还款

7. 企业进行应收应付管理具有重大的现实意义。

（1）通过应收款政策能促进企业增加销售，显著提高企业市场占有率和利润水平。

（2）通过应收款政策能够促成产成品存货减少，降低存货仓储、保险等管理费用，缩短产成品的库存时间，加速资金周转。

（3）通过制定合理的应收款信用政策，能够有效地降低坏账比例，减少应收款的坏账成本。

（4）通过合理的应收应付管理，及时支付各项欠款，能够提升企业的信用形象。

（5）通过应收应付款的统筹管理，能够及时清理各种往来款项，清理债权债务关系，减少经济纠纷和坏账发生的可能性。

项目四　客户返单处理

任务一　运单补录复核与返单处理

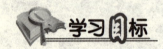

学习目标

◎ 知识目标

能描述签单返还的基本流程

能描述运单补录、复核的基本流程和内容

◎ 能力目标

能够进行签单返还操作

能够根据相关信息进行运单补录、复核操作

◎ 情感态度与价值观目标

培养学生严谨的工作态度和服务意识

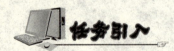

● 任务1：运单补录

2013 年 2 月 8 日，北京速达物流有限公司客服人员张子若接到客户电话，要求托运一批货物到成都。张子若根据客户描述内容，在第三方物流信息系统内录入运输订单，录入结果如图 4-1-1 所示，并安排货运员上门取货。

下午 2 点，货运员取货回来后将客户签字的货运单据和具体托运信息交给客服张子

订单管理系统 Logis MS

| 隐藏导航 | 我的工作 | 修改密码 | 切换系统 | 在线帮助 |

订单管理

订单录入

当前位置：运输订单　　　　　　　　　　　　　　　　　　　　　　　　[帮助]

| 订单号 | OR-0000000013743 | | 业务类型 | A | |

始发站	text01		目的站	上海站	*
起始地			目的地		
取货时间	2013-02-08 14:00:00		到货时间	2013-02-14 14:00:00	*
是否取送	☑取货 ☑送货		签单返回	☑运单 ☑客户单据	

托运人姓名	张君雅	*	托运人电话	010-64351003	*
托运人单位	北京嘉途地毯有限公司				
托运人地址					
客户码	GO15122	*	托运人邮编		
客户经理	张君雅				
取货联系人	张君雅		取货联系人电话	010-64351003	
取货地址	北京市丰台区丰台北路23号				

[提取托运人信息存为取货信息]

项目名称	北京嘉途地毯有限公司		
收货人姓名	钱俊	收货人电话	024-32315618
收货人单位	北京嘉途地毯上海办事处		
收货人地址	上海市和平区文艺路1号		
收货人帐号	CG030096	收货人邮编	

[保存收货人]

运费	5000	杂费	0	费用小计	5000
投保声明	否 ▼	投保金额		保险费	
运杂费合计	5000				

[按合同计算费用]

结算方式　○托运人现结　●托运人月结　○收货人现结　○收货人月结　○第三方付费 *

| 预收款 | | 付费帐号 | |

备注	无
制单人	text01
受理日期	2013-02-27 15:52:16	受理单位	text01

[增加]

货品名称	单位	体积(立方米)	重量(公斤)	数量	备注	
地毯	条 ▼	3	500	10 *		✕

图 4-1-1　运输订单

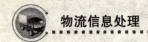

若。张子若查看运单后发现取来的货物与系统已录入的运单信息不一致，因此，需要根据实际取货信息对系统内的运单进行补录操作。客户实际托运信息如表4-1-1所示。

表4-1-1　　　　　　　　　　客户实际托运信息

托运单号	YD4610000004911	托运人编号：GO15122
托运人	北京嘉途地毯有限公司（联系人：张君雅（经理）；联系电话：010-64351003，地址：北京市丰台区丰台北路23号；邮编：100000	
包装方式	纸箱	
货物详情	货物名称：地毯；数量：40件；总重量：2100公斤；总体积：11立方米	
收货人	北京嘉途地毯上海办事处（联系人：钱俊；联系电话：024-32315618，地址：上海市和平区文艺路1号；邮编：110000）	
托运要求	（1）要求上门取货和送货，取货地联系信息与托运人联系信息相同，送货地联系信息与收货人联系信息相同 （2）要求2013年2月14日14时之前送到目的地 （3）凭客户签字的运单作为回执	
结算	（1）结算方式：现结 （2）此批货物为轻泡货，运费计算公式为：立方米公里运价×运距×总体积 （3）不收取取货和送货费用，无其他杂费	
投保	货物需要投保，投保金额为100000元，保险费率为货值的1%	

说明：（1）从北京到上海的轻泡货物的运价为0.6元/立方米公里，重货运价为0.75元/吨公里。

（2）全国（部分）主要城市间公路里程参照。

北京	北京				
上海	1490	上海			
锦州	483	470	锦州		
广州	717	704	234	广州	
长春	1032	1019	549	315	长春
哈尔滨	1392	1726	909	675	360	哈尔滨

图4-1-2　全国（部分）主要城市间公路里程参照

请以客服身份在信息系统内对运单信息进行补录和提交审核。

◉ 任务2：运单复核

北京速达物流有限公司客服人员张子若根据客户托运要求，制作相关货运单提交给财务部门进行审核。客户的托运要求如表 4 - 1 - 2 所示，张子若所编制的公路货物运单如表 4 - 1 - 4 所示。请以财务结算的身份复核运单信息和运费。

表 4 - 1 - 2　　　　　　　　　　托运要求

托运单号	YD4610000004912		托运人编号：GO15123
托运人	北京昌通商贸有限公司（联系人：刘俊德；联系电话：010 - 75625733，地址：北京市通州区通马路 21 号；邮编：101100		
包装方式	纸箱		
货物详情	货物名称：保暖内衣；数量：250 件；总重量：3700 公斤；总体积：18 立方米		
收货人	北京昌通商贸有限公司哈尔滨办事处（联系人：蔡军；联系电话：0451 - 24672145，地址：哈尔滨市松北区世贸大道 17 号；邮编：150000）		
托运要求	（1）要求上门取货和送货，取货地联系信息与托运人联系信息相同，送货地联系信息与收货人联系信息相同 （2）要求 2013 年 1 月 16 日 17 时之前送到目的地 （3）凭客户签字的运单作为回执		
结算	（1）结算方式：托运人月结 （2）此批货物为轻泡货，运费计算公式为：立方米公里运价 × 运距 × 总体积 （3）取货和送货费用为 200 元，无其他杂费		
投保	此批货物不投保		

说明：（1）北京到哈尔滨的轻泡货物的运价为 0.7 元/立方米公里，重货运价为 0.95 元/吨公里。
（2）公司现有运力资源如表 4 - 1 - 3 所示。
（3）全国（部分）主要城市间公路里程参照。

表 4 - 1 - 3　　　　　　　　　　公司现有运力资源

姓名	车牌号	联系方式	货厢尺寸	车容（立方米）	核载（吨）	类型	运作线路
张起麟	京 G93939	13000099999	4.2 × 1.8 × 1.9	12	3	全厢	市内取货
刘俊峰	京 A90591	13288801762	4.2 × 1.8 × 1.9	12	3	全厢	北京—上海
郑和天	京 A61021	13539974852	5.2 × 2.15 × 2.3	22	6.5	全厢	北京—广州
赵迁	京 G60761	13760728218	7.2 × 2.3 × 2.5	35	10	全厢	北京—哈尔滨

北京	北京				
天津	118	天津			
锦州	483	470	锦州		
广州	717	704	234	广州	
长春	1032	1019	549	315	长春
哈尔滨	1392	1726	909	675	360	哈尔滨

图 4 - 1 - 3 全国（部分）主要城市间公路里程参照

表 4 - 1 - 4　　　　　　　　　　　公路货物运单

订单号	OR - 0000000013742		运单号	YD46100000049	
业务类型	A		项目名称	北京昌通商贸有限公司	
始发站	北京		目的站	哈尔滨	
取货时间	2012 - 01 - 12 17：00：00		到货时间	2012 - 01 - 16 17：00：00	
是否取送	☑ 取货　☑ 送货		签单返回	☑ 运单　☑ 客户单据	
托运人姓名	刘俊德		托运人电话	010 - 75625733	
托运人单位	北京昌通商贸有限公司				
托运人地址	北京市通州区通马路 21 号				
客户码	GO15123		托运人邮编	101100	
取货联系人	刘俊德				
取货单位	北京昌通商贸有限公司				
取货地址	北京市通州区通马路 21 号				
取货联系人电话	010 - 75625733		取货邮编	101100	
收货人姓名	蔡军		收货人电话	0451 - 24672145	
收货人单位	北京昌通商贸有限公司哈尔滨办事处				
收货人地址	哈尔滨市松北区世贸大道 17 号				
收货人账号	BJCTSM023		收货人邮编	150000	
运费	17539	杂费	200	费用小计	17739
投保声明	否	投保金额	0	保险费	0
运杂费合计					
结算方式	☐ 托运人月结　　○托运人现结　○托运人月结　○收货人现结　○收货人月结 ○第三方付费				

货品名称	包装方式	件数	重量(公斤)	长(米)	宽(米)	高(米)	体积(立方米)	备注
保暖内衣	纸箱	250	3700				18	

◉ 任务3：运单签收与返单处理

北京嘉途地毯有限公司委托速达物流运输的一批货物到达上海后，北京嘉途地毯上海办事处收货人对货物进行了正常签收。根据客户要求，需要将运单和客户单据返还给北京嘉途地毯有限公司，予以作为费用结算凭证。托运信息如表4-1-5所示。

表4-1-5 托运信息

托运单号	YD000000000680		托运人编号：GO15122
托运人	北京嘉途地毯有限公司（联系人：张君雅（经理）；联系电话：010-64351003，地址：北京市丰台区丰台北路23号；邮编：100000		
包装方式	纸箱		
货物详情	货物名称：地毯；数量：15件；总重量：700公斤；总体积：4立方米		
收货人	北京嘉途地毯上海办事处（联系人：钱俊；联系电话：024-32315618，地址：上海市和平区文艺路1号；邮编：110000)		
托运要求	（1）要求上门取货和送货，取货地联系信息与托运人联系信息相同，送货地联系信息与收货人联系信息相同 （2）要求2013年2月20日14时之前送到目的地 （3）凭客户签字的运单作为回执		
结算	（1）结算方式：现结 （2）此批货物为轻泡货，运费计算公式为：立方米公里运价×运距×总体积 （3）不收取取货和送货费用，无其他杂费		
投保	货物需要投保，投保金额为100000元，保险费率为货值的1%		

请完成该运单的签收与返单处理。

任务单

任务名称	运单补录复核与返单处理
任务要求	掌握运单补录的基本流程和方法 掌握运单复核的基本内容 掌握客户签单操作的主要内容和注意事项 掌握签单返还操作的基本流程

续 表

任务名称	运单补录复核与返单处理
任务成果	能够根据相关信息进行运单补录 能够完成运单的复核操作 能够协助客户进行签单操作 能够进行签单返还操作

针对本任务，分析相关内容如下。

项　目		准备内容
环境准备	设备/道具	计算机
	主要涉及岗位角色	客服、结算
	软件	第三方物流信息管理系统
	涉及单据	"货物托运单" "公路货物运单" "残损记录表"
制订计划	步骤一	运单补录
	步骤二	运单复核
	步骤三	签收与返单

一、运单补录

1. 运单补录流程

由于运输订单的录入时还没有集货到场站，所以期间经常发生取来的货或托运人自送的货物与运单信息不一致的情况，因而在货物发运前的任何时间，客服都可以在信息系统内修改运单信息，完成运单补录操作。

运单信息补录的具体操作过程是客服人员根据"取货通知单"上的订单号调出取货前录入信息系统的订单信息，核对系统信息是否与"运单"承运人联一致，如不一致，则将信息更正，并补入运单号和"运单"其他信息项，提交后，系统最终生成信息完整的"运单"。客服人员将结算联在规定时间（一般为第二个工作日内）整理完毕后，提交给始发站结算，由结算根据运单结算联的信息记录和客户协议报价审核客服系统录入是否正确。

如果进行运单信息补录时发现托运人未在"运单"对应栏签字确认，或其他必填项未填写，或某些项目填写错误的，则需在第二日 10：00 点前退回调度，由调度重新与客户签字确认。

2. 运单简介

运单包括公路货物运单、铁路货物运单、航空货物运单和水路货物运单几种。速达物流的公路货物运单如表 4 – 1 – 6 所示。

表 4 – 1 – 6　　　　　　　　　　北京速达物流有限公司货物运单

订单号			运单号		
业务类型			项目名称		
始发站			目的站		
取货时间			到货时间		
是否取送	□ 取货　□ 送货		签单返回	□ 运单　□ 客户单据	
托运人姓名			托运人电话		
托运人单位					
托运人地址					
客户码			托运人邮编		
取货联系人					
取货单位					
取货地址					
取货联系人电话			取货邮编		
收货人姓名			收货人电话		
收货人单位					
收货人地址					
收货人账号			收货人邮编		
运费		杂费		费用小计	
投保声明		投保金额		保险费	
运杂费合计					
结算方式	托运人月结　○托运人现结　○托运人月结　○收货人现结　○收货人月结　○第三方付费				

货品名称	包装方式	件数	重量(公斤)	长(米)	宽(米)	高(米)	体积(立方米)	备注

目前行业的通用做法是由承运人负责提供格式化的运单。一般而言，办理货物托运手续都需要双方填写。另外，在许多情况下，尤其是一些临时性、短期性的客户，是没有运输合同的，运单往往就是运输合同。

另外，危险货物的托运单还需增加下述七项内容：

（1）货物名称必须用正确的化学学名或技术名称，不能使用人们不熟悉的商品俗名。例如，"漂白粉或漂粉精"不能用 BLEACHING POWDER，而应使用"三氧化二砷"。

（2）必须注明危险货物 DANGEROUS CARGO 字样，以引起船方和船代理的重视。

（3）必须注明危险货物的性质和类别。例如，氧化剂（OXIDIZING AGENT）和第5.1类（CLASS 5.1）字样，或易燃液体（INFLAMMABLE LIQUID）和第3.2类（CLASS 3.2）。

（4）必须注明联合国危险编号，例如，磷酸为 U N NO. 1805。

（5）必须注明《国际海运危规》页码，例如，硝酸钾为 IMDG CODE PAGE 5171。

（6）易燃液体必须注明闪点，例如，FLASH PIONT 20 摄氏度。

（7）需在积载时有特殊要求的，也必须在托运单上注明，供船舶配载时参考。例如，必须装舱面的货物，需注明 DECK SHIPMENT ONLY 等。

二、运单复核

客服录入完成的运单需要由结算进行复核操作，主要检查运单的填写是否符合规范，托运人是否正常签字等。运单内容复核无误后，还需要对运单中注明的运费金额和使用分供方的运费都进行复核，经过复核后的运单才能进行发运操作。

运单复核一般是由结算进行的，一般也称为计费审核。结算人员根据客户发货人签字确认的运单结算联审核信息系统内录入的信息是否正确。如果正确，则通过审核，至此系统运单信息项将锁定，不能作任何修改；如果不正确，则退回到未审核界面，立即通知客服更正，直到正确为止，则再次进行审核，通过后系统运单信息项将被锁定，不能做任何修改；如果必须做出修改，则需要申报上级主管审批。

在进行运单复核时，还需要审核运单的填制是否符合相关的运单填写规范。一般来说，运单的填写有着严格的要求：

（1）内容准确完整，字迹清楚，不得涂改。如有涂改，应由托运人在涂改处盖章证明；

（2）托运人、收货人的姓名、地址应填写全称，起运地、到达地应详细说明所属行政区；

（3）货物名称、包装、件数、体积、重量应填写齐全；

（4）填在一张货物运单内的货物必须属于同一托运人；

（5）对拼装分卸货物，应将拼装或分卸情况在运单记事栏内注明；

（6）易腐蚀货物、易碎货物、易遗漏的液体、危险货物与普通货物以及性质相互抵触、运输条件不同的货物，不得用同一张运单托运。

（7）托运人、承运人修改运单时须签字盖章。

三、签单返还

1. 客户签单

货物送达客户手中时，货运员需要协助客户进行签单处理。货运员需要按照要求与客户核对、清点货物，确认无误后，请收货人在"运单"上签字，收货人联留给客户；如果在客户验收货物过程中发现货损货差，应立即填写"残损记录表"请司机当场签字确认，一联由司机带回，并及时与执行调度联系；造成客户拒收的，应请收货人出具拒收证明。

货物验收无误客户正常签收后，货运员需要在"货物运输交接单"上签注到站记事并签字确认，请司机在到站栏签字确认，将第二联交分供方司机作为结算凭证，其他单据和"运单"回执带回场站，对"运单"作进出站扫描；填写了"残损记录表"的，应在"货物运输交接单"到站记事栏里简单描述货损货差情况，并注明"残损记录表"编号，到达货物发生的货损货差信息，应在扫描同时录入系统。

接下来，货运员需要到执行调度处签到，将"货物运输交接单"第三联、"取/派通知单"和"运单"回执交执行调度记账存档；将交接单第四联交站务员补充登记"到达台账"并存档。如果客户要求进行签单返还，那么需要按照签单返还的流程进行相关操作。

2. 签单返还流程

签单返还是指在一票货物派送成功并签收后，将带有收件人或指定代收人签字的运单签收联和客户指定的其他单据返还给发件人。常见的签单返还流程如表4-1-7所示。

表4-1-7　　　　　　　　　　　　　签单返还流程

操作环节	操作人员	操作内容——始发站
取货	货运员/司机	货运员随同司机（或司机本人）准时到达取货地点，办理取货相关手续 运单填写：在发件人填写运单后，对于需要签单返还的客户，要明确说明收费标准和返还类型。在运单上填写完备的信息，签单返回栏中必须勾选相应选项，签单费用填写在"签单返回费用栏"内 单据和货物核对无误后，将客户所需返的单据和运单连同运单一并装入专门的单据袋内
费用收取	货运员/司机	如果托运人的付费为现结，那么货运员（或司机）需要向托运人收取运费和签单返回费用
回站交接	货运员	货运员回站进行货物交接，并将运单、签收单据等交接给调度 货运员和调度进行单据交接，根据客服要求在运单上加盖"签单返还"字样，处理完单据后把运单"承运人"联移交给客服作运单录入，其他留作理货使用

操作环节	操作人员	操作内容——始发站
数据录入	客服	客服将运单相应信息录入信息管理系统，同时，在需要签单返回的运单备注中注明：需要"签单返回"字样 在签单追踪状态栏中修改签单返还状态
出战	签单专责人	在货物发出后由签单负责人根据信息系统导出"始发站签单返还明细表"，并且以传真和 E－mail 通知目的站签单负责人，对需要签单返回的货物进行特殊说明 场站需要对货物和单据进行核对单据和货物 调度在"货物运输交接单"中注明需要签单返回的货物并且把相应单据附带完整，并且对单据进行施封
操作环节	操作人员	操作内容——中转站
单据拆分	调度	在中转站调度需要对单据封套进行拆封，对单据进行整理归类，确保客户单据的完整 调度和场站进行相应单据的交接
货物扫描	货运员	货运员扫描单据，信息系统自动更新货物和单据在系统中的状态 场站对货物集货装车
进站	调度	货物在进站操作后，签单专责人（或兼职员）将"目的站签单返还清单"交调度，调度依据本明细表核对签单返还工作的应该派送的情况，同时可依据本清单来核实实际的派送情况
是否需要签单返回	调度货运员/司机	调度在"取/派作业单"上注明需要签单返回的货物，确保单据齐全，同时加盖"签单返还"红色印章 货运员或司机接到派送指令时，检查需要配送的每一票货物，对于需要签单返回的货物检查单据袋内是否有相应单据
带出派送	货运员/司机	跟车送货的货运员（或司机）带齐单据进行货物派送
收货人签字	货运员/司机	协助收货人签收货物运单，收货人联交给收货人保存，带回"目的站留存联"和托运人要求的单据 协助收货人填写客户需要返还的单据
回站交接	签单专责人	跟车送货的货运员或司机回到场站将所有递送单据交回站务员，站务员和调度进行单据交接，调度再与专责人交接需要返回的签收单据，把"目的站留存联"和客户单据进行返回 签单专责人根据信息系统清单核对签收单据，更新签单状态为"签单回收××站，时间×月×日"，把签收单据复印备份留存

操作环节	操作人员	操作内容——中转站
单据整理	签单专责人	将需返还的签收单按始发站点分类整理，分别存放 按始发站分类，保证始发站和目的站唯一确定一个返回文件袋，根据信息系统签单管理模块导出一周的清单明细，即可形成每个返还站点的签单返还的清单明细，即"清单返还明细表" 专责人把相应文件袋转交给本地调度，由调度转交给车辆司机，由司机把文件袋带回路由上一级站点
中转文件袋分拣	调度	司机把文件袋交给调度，调度对文件袋进行分拣交给相应路线的司机进行转运
操作环节	操作人员	操作内容——目的站
交接文件袋	司机	车辆司机进行正常单据交接后，把相应的签单返还文件袋直接转交给专责人，专责人在运单上签字
核对单据	签单专责人	根据"始发站签单返还明细表"和签收单据进行核对，项目客户转交当地项目组，非项目客户另外分类
按客户打印返回清单	签单专责人	在每周一，以每个客户为单位进行分类汇总，整理需要返回的单据和返回单据清单 将清单和需要返还的单据装入文件袋作为一票正常的文件派送业务进行派送，填写相关运单，整理完成后交给调度
派送	站务员	调度把需要派送的签单返还文件袋转交给站务员，同时填写"取/派通知"通知司机和货运员准备货物和签收单据的派送
客户签收	货运员/司机	协助客户按照返回清单清点返回单据 要求客户在"'签收单返还单据'客户确认表"上签收
回站交接	签单专责人	货运员（或司机）进行正常的单据交接后，将"'签收单返还单据'客户确认表"相应转交给始发站专责人 专责人更新信息系统签单管理模块状态，同时把单据妥善保管在文件柜内。通知结算系统，签单已经返还

步骤一：运单补录

登录到物流综合业务平台，以给定的账号进入第三方物流信息管理系统中的"运输管理"系统，在"运单管理"模块下的"补录信息"界面进行运单补录操作。

选择需要进行修改的运单点击"修改"，对照实际货运信息和系统内的运单，发现该运单需要进行修改补录的部分包括货品信息、费用信息和结算方式。根据实际货运信息对信息系统内的运单逐一进行修改。

首先根据实际取货信息更改货品情况，系统内现有数据如图4-1-4所示。

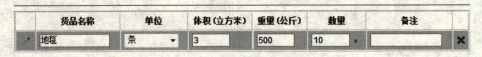

图4-1-4 运单货品信息

取货员所取的货物详情为：地毯；数量：40件；总重量：2100千克；总体积：11立方米；根据实际所取货物详情更改货物信息，如图4-1-5所示。

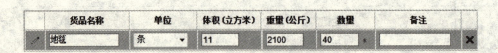

图4-1-5 货品信息补录

接下来，更改运费信息，系统内的运费信息如图4-1-6所示。

运费	5000	杂费	0	费用小计	5000
投保声明	否 ▼	投保金额		保险费	
运杂费合计	5000

图4-1-6 运单运费信息

该运费数据与实际数据不符，因此需要重新计算运费数据。由于此批货物为轻泡货，从北京到上海的轻泡货物的运价为0.6元/立方米公里，通过查看主要城市间公路里程参照表可知，北京到上海的里程为1490公里。根据运费计算公式计算货物运费为：

运费 = 立方米公里运价 × 运距 × 总体积 = 0.6 × 1490 × 11 = 9834 元

另外，不收取取货和送货费用，无其他杂费；货物需要投保，投保金额为 100000 元，保险费率为货值的 1%，保险公司为中华保险公司。

根据运费信息在系统内进行运单补录，如图 4 - 1 - 7 所示。

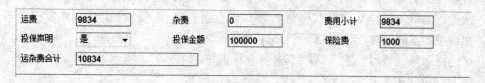

图 4 - 1 - 7　运费信息补录

最后，根据客户要求将结算方式更改为：托运人现结，如图 4 - 1 - 8 所示。

图 4 - 1 - 8　结算方式补录

更改完成后检查一遍是否还存在问题，检查完毕后点击页面左下角"提交"按钮，即完成运单的补录操作，如图 4 - 1 - 9 所示。

图 4 - 1 - 9　运单补录

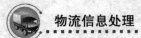

运单补录完成后，选择需要进行复核的运单，点击页面下方的"提交复核"，即可向财务部门提交运单，由财务部门来进行复核操作。

步骤二：运单复核

运单复核主要目的是复核运单信息是否正确，是否符合相关规定，以及对运费的核算。在进行运单复核时要严格按照运单填写规范进行审核，针对运费复核要按照不同种类货物运费的不同计算方法进行仔细计算核对。

在进行运单复核时，主要从以下内容进行审核。

1. 订单基本信息审核

表 4 - 1 - 8   订单基本信息

订单号	OR - 0000000013742	运单号	YD46100000049
业务类型	A	项目名称	北京昌通商贸有限公司
始发站	北京	目的站	哈尔滨
取货时间	2012 - 01 - 12 17：00：00	到货时间	2012 - 01 - 16 17：00：00
是否取送	☑取货　☑送货	签单返回	☑运单　☑客户单据

此部分审核的主要内容包括：

（1）审核订单号、运单号是否符合公司的规范；该订单的订单号和运单号符合速达物流的相关规范。

（2）始发站到目的站是否属于公司的服务范围，即审核公司是否具备从始发站到目的站的运力；通过查询可知，速达物流具备从北京到哈尔滨的运输运力。

（3）取货时间、到货时间是否具体，一般来说，取货时间、到货时间都必须具体到小时。

（4）明确是否需要取货、送货服务，明确客户是否需要运单和客户单据的签单返回。

2. 托运人基本信息审核

表 4 - 1 - 9   托运人基本信息

托运人姓名	刘俊德	托运人电话	010 - 75625733
托运人单位	北京昌通商贸有限公司		
托运人地址	北京市通州区通马路 21 号		
客户码	OL0101363	托运人邮编	101100
取货联系人	刘俊德		
取货单位	北京昌通商贸有限公司		
取货地址	北京市通州区通马路 21 号		
取货联系人电话	010 - 75625733	取货邮编	101100

托运人基本信息审核主要是查看托运人、取货联系人的姓名、地址是否填写全称，联系电话是否清楚。

3. 收货人基本信息审核

表 4 - 1 - 10　　　　　　　　　　　　收货人基本信息

收货人姓名	蔡军		收货人电话	0451 - 24672145
收货人单位	北京昌通商贸有限公司哈尔滨办事处			
收货人地址	哈尔滨市松北区世贸大道 17 号			
收货人账号	BJCTSM023		收货人邮编	150000

收货人基本信息审核与取货人基本信息审核一致，主要是查看收货人的姓名、地址是否填写全称，联系电话是否清楚。

4. 费用审核

表 4 - 1 - 11　　　　　　　　　　　　费用信息

运费	17539	杂费	200	费用小计	17739
投保声明	否	投保金额	0	保险费	0
运杂费合计	17739				
结算方式	托运人月结　○托运人现结　○托运人月结　○收货人现结　○收货人月结　○第三方付费				

费用审核是运单审核的重要部分，主要审核其运费是否计算正确，投标费用是否填写准确，以及结算方式是否填写正常。

5. 货物审核

表 4 - 1 - 12　　　　　　　　　　　　货物信息

货品名称	包装方式	件数	重量(公斤)	长(米)	宽(米)	高(米)	体积(立方米)	备注
3D 电视	纸箱	250	3700				18	

货物审核主要包括以下几个方面：

（1）货物名称、包装、件数、体积、重量是否填写齐全；

（2）填在一张货物运单内的货物是否属于同一托运人；

（3）是否存在易腐蚀货物、易碎货物、易遗漏的液体、危险货物与普通货物以及性质相互抵触、运输条件不同的货物共同托运的情况。

6. 应用物流信息系统进行运单审核

在物流综合业务平台内，结算人员主要针对运费进行复核。登录到物流综合业务平台，以给定的账号进入第三方物流信息管理系统中的"商务结算"系统，在"复核管理"模块下的"运单复核"界面进行运单复核操作，如图 4 – 1 – 10 所示。

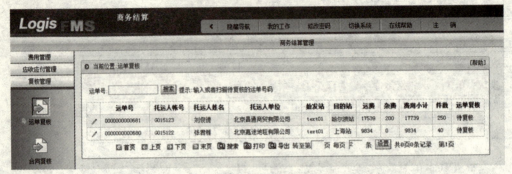

图 4 – 1 – 10　运单复核首页

选择要进行复核的运单，点击进入运费复核界面，如图 4 – 1 – 10 所示。

保暖内衣属于轻泡货物，采用轻泡货物运输费用计算方式进行计算复核。北京到哈尔滨的轻泡货物的运价为 0.7 元/立方米公里。

通过查看主要城市间公路里程参照表可知，北京到哈尔滨的里程为 1392 公里。根据运费计算公式计算货物运费为：

运费 = 立方米公里运价 × 运距 × 总体积 = 0.7 × 1392 × 18 = 17539.2 元

将运费四舍五入取 17539 元，另外，取货和送货费用为 200 元，无其他杂费；此批货物不投保。

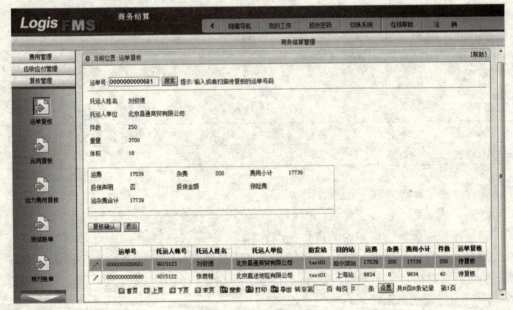

图 4 – 1 – 11　运单复核

通过计算可知，该运单货物运费计算正常，因此可以通过复核。点击"复核确认"按钮后在弹出的选择框内选择确定复核，则完成了运单的复核操作。

步骤三：签收与返单

货运员在进行货物配送时，协助收货人签收货物运单，并将收货人联交给收货人保存，带回"目的站留存联"和托运人所要求返回的单据。货运员回到场站后将所有递送单据交回站务员，站务员和调度进行单据交接，调度再与签单专责人交接需要返回的签收单据，把"目的站留存联"和客户单据进行返回。

签单专责人登录第三方物流信息管理系统，进入"运输管理"系统，在"运单管理"模块下的"签收录入"内进行运单签收录入操作。签单专责人根据客户签收的运单信息，将客户的签收信息录入系统，如图4－1－12所示。客户签收信息录入完成后，点击"操作"下的图标完成签收录入操作。

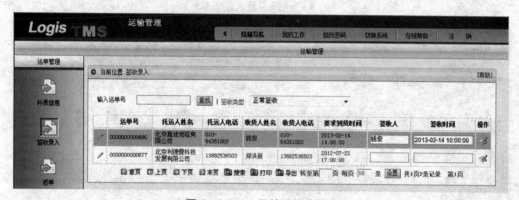

图4－1－12　目的站签收录入

签收信息录入完成后，目的站签单负责人需要向起始站返回签收信息，在"运单管理"模块下的"返单"内进行返单操作。选择需要进行返单操作的订单，输入返单人和返单时间，如图4－1－13所示。返单信息输入完成后，点击"操作"下的图标，即完成目的站的返单操作。

在第三方物流信息管理系统内返单完成后，签单专责人需要将签收单据复印备份留存。然后，将需要返回的单据交由跟车送货的货运员或司机返回始发站，始发站签单专责人收到所返回单据后，将需返还的签收单按客户分类整理，安排取派司机将客户所要求的返单派送给客户，并在第三方物流信息管理系统内更新签单返还状态。

始发站签单专责人登录第三方物流信息管理系统，进入"运输管理"系统，在"运单管理"模块下的"返单"内进行运单返回签收操作。查看该页需要进行处理的运单，审核其运单是否已按照客户要求返回至客户手中，如果该运单已完成运单返回，点击"操作"下的图标，即完成始发站的运单返回签收操作。

运单返回签收完成后，返单状态更改为始发站已收到，如图4－1－14所示。

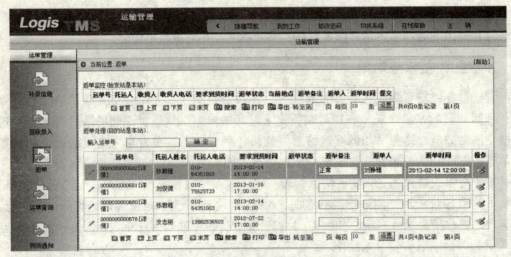

图4-1-13　目的站返单

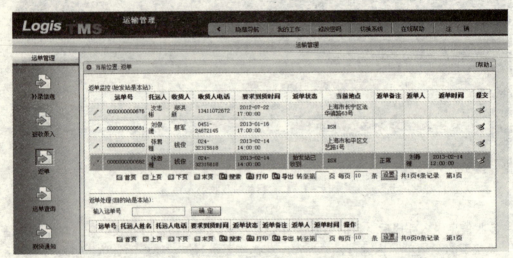

图4-1-14　始发站运单返回签收

分析总结

运单补录复核及返单处理在整个运输过程中所处环节如图4-1-15所示。

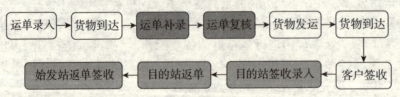

图4-1-15　运输整体流程

进行运单补录的主要目的是更改系统内已录入的运单信息，在实际操作中，经常发生取来的货或托运人自送的货物与接单时所录入的运单信息不一致的情况，因此需要根据货物的实际信息进行补录。

　　运单补录时比较重要的信息包括托运人和收货人的基本信息、货物的基本信息以及运费信息等，需要根据实际情况仔细核对更新。

　　运单复核一般由财务部门相关人员操作，复核的重点是运费。需要根据货物的不同类型，如是轻泡货物还是重货选择不同的运价核算运费；同时，还需要根据货物是否投保计算保费；以及客户的其他要求，比如要求返单、要求加急送达等计算其他费用。

　　运单签收时应根据运单上客户的签收信息在系统内进行签收信息录入。进行目的站返单时，若无异常状态，返单备注填写正常，返单时间选择操作当天。

任务评价

班级		姓名		小组			
任务名称		运单补录复核与返单处理					
考核内容		评价标准			参考分值	考核得分	
		优秀	良好	合格		自评（10%）	互评（30%）	教师评价（60%）
1	活动参与情况	积极观摩模仿，及时按任务要求做，认真分析总结	按时完成任务要求，积极观摩模仿	能够参加任务活动，认真观察思考	20			
2	技能掌握情况	熟练掌握运单补录和复核以及返单处理的方法，能够完全准确地完成运单补录和复核工作，同时能够完全准确地完成返单操作	了解运单补录和复核以及返单处理的方法，能够基本正确地完成运单补录和复核以及返单工作	了解运单补录和复核以及返单处理的方法，能够在指导下基本完成运单补录和复核以及返单工作	40			
3	总结归纳相应知识情况	积极参加总结讨论，观点鲜明、新颖、独特	能够参加讨论总结，有自己的观点	有自己的见解；但需要通过总结修正自己的观点	40			
总体评价					总分			

练习与自测

单选题

1. 下列在公路运输中不会用到的单据是（　　　）。

A. 货物运输交接单　　　　　　　　B. 取/派通知单

C. 货品清单　　　　　　　　　　　D. 提单

多选题

2. 关于运单填写注意事项，下面说法正确的有（　　　）。

A. 填在一张货物运单内的货物必须属于同一托运人

B. 对拼装分卸货物，应将拼装或分卸情况在运单记事栏内注明

C. 易腐蚀货物、易碎货物、易遗漏的液体、危险货物与普通货物以及性质相互抵触、运输条件不同的货物，不得用同一张运单托运

D. 托运人、承运人修改运单时须签字盖章

3. 以下说法正确的是（　　　）。

A. 运单中必须包含取货联系人的姓名、地址、联系电话信息

B. 运单中必须包含托运人的姓名、地址、联系电话信息

C. 运单中必须包含收货人的姓名、地址、联系电话信息

D. 运单中起运地、到达地应详细说明所属行政区

填空题

4. 公路运单中货物名称、包装、_____、_____、_____应填写齐全。

5. _____是指在一票货物派送成功并签收后，将带有收件人或指定代收人签字的运单签收联和客户指定的其他单据返还给发件人。

简答题

6. 简述运单补录的基本流程。

1. D

2. ABCD

3. BCD

4. 件数、体积、重量

5. 签单返还

6. 运单信息补录的具体操作过程是客服人员根据"取货通知单"上的订单号调出取货前录入信息系统的订单信息，核对系统信息是否与"运单"承运人联一致，如不一致，则将信息更正，并补入运单号和"运单"其他信息项，提交后，系统最终生成信息完整的"运单"。客服人员将结算联在规定时间（一般为第二个工作日内）整理完毕后，提交给始发站结算，由结算员根据运单结算联的信息记录和客户协议报价审核客服系统录入是否正确。

如果进行运单信息补录时发现托运人未在"运单"对应栏签字确认，或其他必填项未填写，或某些项目填写错误的，则需在第二日10：00点前退回调度，由调度重新与客户签字确认。

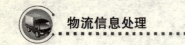

任务二 运输残损记录表制作

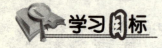学习目标

◎ 知识目标

能够识读残损记录表

能描述残损记录表的填制方法

◎ 能力目标

能够根据要求进行残损记录表的填制

能够完成残损记录表的流转

◎ 情感态度与价值观目标

培养学生严谨的工作态度和服务意识

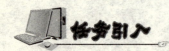任务引入

2013 年 2 月 5 日 8：00，北京速达物流有限公司北京站客服李晓云收到北京利德曼科技发展有限公司（运单号 YD201302050123）的一单发货通知：有一批纸箱包装家电从北京工厂发往广州分公司，地址：广州市白云区临江大道 30 号。

美的 JR1093T 饮水机，单件包装尺寸 396 毫米×300 毫米×400 毫米，单件重量 3.95 公斤，数量 20 箱，总体积约 2 立方米；美的 MYK718S－X 饮水机，单件包装尺寸 296 毫米×320 毫米×841 毫米，单件重量 8.58 公斤，数量 10 箱，总体积约 1.5 立方米；格力 GY－WRT5 饮水机，单件包装尺寸 373 毫米×333 毫米×420 毫米，单件重量 2.1 公斤，数量 30 箱，总体积约 2.5 立方米；格力 GY－WRS12X 饮水机，单件包装尺寸 415 毫米× 375 毫米×1010 毫米，单件重量 7.5 公斤，数量 20 箱，总体积约 4 立方米。

调度张启阳还收到其他客服发来的三单作业指令：北京瑞华有限公司（运单号 YD201302050101）从北京分公司发纸箱包装 40 箱宣传产品到石家庄办事处，地址：石家庄市永安路 18 号，单件尺寸 30 厘米×25 厘米×15 厘米，单件重量 16 公斤，总体积约 0.5 立方米；北京齐泰科技有限公司（运单号 YD201302050003）从北京分公司发纸箱包装电脑配件 20 箱到武汉分公司，地址：武汉市寿光市临园路东段 23 号，单件尺寸 35 厘米×22 厘米×14 厘米，单件重量 12 公斤，总体积约 1.3 立方米。北京贵龙模具有限公司（运单号 YD201302050325）从北京分公司发纸箱包装 150 箱模具 AK4700 到长沙分公司，地址：长沙市槐荫区工业街 20 号，单件尺寸 80 厘米×66 厘米×32 厘米，单件重量 6 公斤，总体积约 25 立方米。

速达物流北京到广州线的运输路线为：北京—石家庄—北京—武汉—长沙—广州，自有班车信息：班车编号 BC0052，车牌号京 AK8723，车容 39 立方米，载重 10 吨。随车司机是王梁，联系方式 18678923841。

场站调度张启阳安排场站货运员王俊杰接收取回的货物，场站调度张启阳根据实际集货情况编制编号为 YSJHD001 货物运输交接单。

2013 年 2 月 5 日 14：30 装车，由场站货运员王俊杰负责装运发货，此班车共一枚封锁，封号为 FH01。于 15：00 发运出站后，货运员王俊杰回到公司，并告知调度张启阳完成集货作业，无异常情况。

班车 BC0052 于 2013 年 2 月 5 日 15：00 从北京速达物流有限公司北京站准时发车，并于预计时间 2013 年 2 月 6 日 23：00 时到达北京速达物流有限公司广州站，并由北京速达物流有限公司广州站装卸员刘广伦进行卸车作业。

2013 年 2 月 7 日 8：00，利德曼科技发展有限公司广州分公司的收货人李秀娜在对货物进行验收时，发现有 20 箱货物包装被挤压破损，并拍照取证，北京速达物流有限公司广州站货运员王亮通知公司领导到现场了解情况。

2013 年 2 月 7 日 9：00，北京速达物流有限公司广州站主管刘承俊赶到验收现场，与利德曼科技发展有限公司广州分公司负责人沟通后，决定立即对该批货物进行施封检查鉴定。

鉴定结果如下：

（1）发生残损货物运单号：YD201302050123

（2）残损货物名称：格力 GY－WRT5 饮水机

（3）实际残损件数：20 箱

（4）残损状况：货物损坏，不能正常销售

（5）残损货物预估价值：6000 元

（6）残损货物投保情况：已投保

（7）责任人：刘广伦

（8）操作环节：卸车作业

（9）残损原因：装卸员刘广伦进行卸车作业时存在野蛮操作，致货物损坏

2013 年 2 月 7 日 14：00，刘承俊将结果报告给北京速达物流有限公司广州站客服部李晓云。李晓云根据鉴定结果，作出对应解决措施后，报告并负责处理结果，同时填制编号为 CSJL20130207925 的"残损记录表"。解决措施为对利德曼科技发展有限公司广州分公司赔偿实际损失，处理结果为报保险公司索赔，由广州站主管刘承俊负责

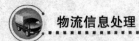

实施。

请以客服部李晓云的身份填制编号为 CSJL20130207925 的"残损记录表"。

备注：单据填制过程中，各字段的内容须完全以题干中所提供的信息为准。

任务单

任务名称	残损记录表制作
任务要求	了解残损记录表的主要内容 了解残损记录表的填制方法 了解残损记录表填制的注意事项
任务成果	能够识读残损记录表 能够根据要求进行残损记录表的填制 能够完成残损记录表的流转

针对本任务，分析相关内容如下。

项 目	准备内容	
环境准备	设备/道具	计算机
	主要涉及岗位角色	客服人员
	软件	Excel
	涉及单据	残损记录表
制订计划	步骤一	认识残损记录表
	步骤二	填制残损记录表
	步骤三	残损记录表流转

货损事故是指在承运的货物由于保管不善、堆垛不良、装卸搬运不当或在装卸、运输过程中发生的货物数量上的损失和质量上的损坏，常与"货差"并称。

一、货物验收

收货员在接收货物时，首先要依据自己掌握的商品验收知识对商品的数量与质量进行验收，从而为货物的储存保管打下良好的基础。凡商品进入仓库储存，必须经过检查验收，只有验收后的商品，方可入库保管。

（一）验收准备

仓库接到到货通知后，应根据商品的性质和批量提前做好验收前的准备工作，大致包括以下内容：

（1）人员准备。安排好负责质量验收的技术人员或用料单位的专业技术人员以及配合数量验收的装卸搬运人员。

（2）资料准备。收集并熟悉待验商品的有关文件，例如，技术标准、订货合同等。

（3）器具准备。准备好验收用的检验工具，例如，衡器、量具等，并校验准确。

（4）货位准备。确定验收入库时存放货位，计算和准备堆码苦垫材料。

（5）设备准备。大批量商品的数量验收，必须要有装卸搬运机械的配合，应做好设备的申请调用。

此外，对于有些特殊商品的验收，例如，毒害品、腐蚀品、放射品等，还要准备相应的防护用品。

（二）核对单证

在核对凭证时，要先对入库通知单、订货合同副本、装箱单、磅码单、发货明细表、运单、残损记录表等证件记录内容进行核实，这是仓库接受商品的凭证。然后再根据这些证件上所示的内容对货物进行逐项核对，做到证证核对、物证核对。

入库通知单、订货合同要与供货单位提供的所有凭证逐一核对，相符后，才可进行下一步实物检验。

（三）检验货物

所谓检验货物，就是根据入库单和有关技术资料对货物进行数量和质量检验。

1. 数量检验

数量检验是保证物资数量准确不可缺少的重要步骤，一般在质量验收之前，由仓库保管职能机构组织进行。按商品性质和包装情况，数量检验分为三种形式，即计件、检斤、检尺求积。

（1）计件是按件数供货或以件数为计量单位的商品，做数量验收时的件数清点。一般情况下，计件商品应全部逐一点清，固定包装物的小件商品，如果包装完好，打开包装对保管不利。国内货物只检查外包装，不拆包检查。进口商品按合同或惯例办理。

（2）检斤是按重量供货或以重量为计量单位的商品，做数量验收时的称重。金属材料、某些化工产品多半是检斤验收。按理论换算重量供应的商品，先要通过检尺，例如，金属材料中的板材、型材等，然后，按规定的换算方法换算成重量验收。对于进口商品，原则上应全部检斤，但如果订货合同规定按理论换算重量交货，则按合同规定办理。所有检斤的商品，都应填写磅码单。

（3）检尺求积是对以体积为计量单位的商品，例如，木材、竹材、沙石等，先检尺，后求体积所做的数量验收。凡是经过数量检验的商品，都应该填写磅码单。

在做数量验收之前，还应根据商品来源，包装好坏或有关部门规定，确定对到库商品是采取抽验还是全验方式。

在一般情况下数量检验应全验，即按件数全部进行点数，按重量供货的全部检斤，按理论重量供货的全部检尺，后换算为重量，以实际检验结果的数量为实收数。

有关全验和抽验，如果商品管理机构有统一规定时，则可按规定办理。

2. 质量检验

质量检验包括外观检验、尺寸检验、机械物理性能检验和化学成分检验四种形式。仓库一般只作外观检验和尺寸精度检验，后两种检验如果有必要，则由仓库技术管理职能机构取样，委托专门检验机构检验。

（1）商品的外观检验。在仓库中，质量验收主要指商品外观检验，由仓库保管职能机构组织进行。外观检验是指通过"看、闻、听、摇、拍、摸"等感官检验方法，检验商品的包装外形或装饰有无缺陷；检查商品包装的牢固程度；检查商品有无损伤，例如，撞击、变形、破碎等；检查商品是否被雨、雪、油污等污染；有无潮湿、霉腐、生虫等。外观有缺陷的商品，有时可能影响其质量，所以，对外观有严重缺陷的商品，要单独存放，防止混杂，等待处理。凡经过外观检验的商品，都应该填写"检验记录单"。商品的外观检验，大大简化了仓库的质量验收工作，避免了各个部门反复进行复杂的质量检验，从而节省大量的人力、物力和时间。

（2）商品的尺寸检验。由仓库的技术管理职能机构组织进行。进行尺寸精度检验的商品，主要是金属材料中的型材、部分机电产品和少数建筑材料。不同型材的尺寸检验各有特点，例如椭圆材主要检验直径和圆度；管材主要检验壁厚和内径；板材主要检验厚度及其均匀度等。对部分机电产品的检验，一般请用料单位派员进行。尺寸精度检验是一项技术性强，很费时间的工作，全部检验的工作量大，并且有些产品质量的特征只有通过破坏性的检验才能测到。所以，一般采用抽验的方式进行。

（3）理化检验。是对商品内在质量和物理化学性质所进行的检验，一般主要是对口商品进行理化检验。对商品内在质量的检验要求一定的技术知识和检验手段，目前仓库多不具备这些条件，所以一般由专门的技术检验部门进行。

以上质量检验是商品交货时或入库前的验收。在某些特殊情况下，尚有完工时期的验收和制造时期的验收。就是在供货单位完工和正在制造过程中，由需方派员到供货单位检验。应当指出，即使在供货单位检验过的商品，或者因为运输条件不良，或者因为质量不稳定，也会在进库时发生质量问题，所以交货时入库前的检验，在任何情况下都是必要的。

此外，在现代仓库管理中，由于对商品通过条码实行信息化管理，因而，在商品验收中应对该商品的条码与商品数据库内已登录资料的相符性进行核对。

二、运输服务事故

货损是指货物在运输过程中发生的损坏，货损属于典型的货运事故。货运事故是指托运人向承运人托运的货物，从双方办妥承、托手续时起，一直到货物运抵到达地由承运人交付给收货人为止，在整个运输过程中发生的灭失、短缺、湿损、破损、变质、污染、锈蚀、变形、有票无货、有货无票等事故。

（一）货运事故分类

服务事故可以根据不同的依据进行分类，一般来说有以下几种分类方式。

1. 按事故的性质分

晚点：委托货物迟于工作单约定的到达时间交货。

破损：委托货物在承运期间发生的外包装变形且内物损坏的现象。

丢失：委托货物在承运期间发生丢失。

2. 按保险与否分

保险理赔事故：货物托运人已声明价值、缴纳相应的保费并委托承运人担保，具备进入保险理赔程序的服务事故。

非保险理赔事故：货物托运人自行投保，或未委托承运人投保并未声明货物价值且未缴纳保费的服务事故。

3. 按损失的金额分

一般事故：货损、丢失 0.5 万元（含）以下；晚点责任 0.1 万元（含）以下。

重大事故：货损、丢失 0.5 万～2 万元（含）以下；晚点责任 0.1 万～0.6 万元（含）以下。

特大事故：货损、丢失 2 万元以上；晚点责任 0.6 万元以上。

4. 按事故责任分

第三方原因：委托航空、铁路、零担公司和其他承运商承运货物造成的服务事故。

公司内部的原因：受理不当、货物滞留、晚发、派送不及时、不合理包装和装卸、盗窃、丢失及网络公司取货、送货不及时、服务态度恶劣等造成的服务事故。

（二）货运事故处理流程

在货物运输过程中所发生的"错发、破损、丢失"都属于货损范畴。在货物检验过程中发现货损情况，通常情况下按以下流程进行处理。

1. 站内货差事故处理

站内货差事故处理流程如表 4 - 2 - 1 所示。

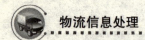

表 4 – 2 – 1　　　　　　　　　　　　站内货差事故处理流程

作业环节	执行人	动　　作
发现货差	货运员	货物进站装卸时发现货物有错发及数量差错
		暂停本票的装卸操作（其他货物操作正常进行），在信息系统内录入货物异常信息
		半小时内将货损信息通知本站货运主管、监察员、调度、客服
	货运员、司机	填写残损记录表中货物残损状况内容，并对施封检查结果要求司机签字确认（电子版与手写版共同执行），将电子版发送本站督察员、客服
货差处理	督察员	在接收到货损信息后第一时间内进行调查跟进
	货运主管	发现站货运主管到达异常事故现场，根据其他货物标签、运单。初步判断是何环节造成货差的发生，同时通知其站货运主管
	调度	将判断结果告知本站调度，本站调度通知货物发站调度配合进行货/票的查找
	货运主管、调度	发现站及货物发站的货运主管，调度共同负责对货/票的查找工作，查找到后通知客服、督察员，并由调度安排货物的配载发运
	客服	将货票的查找及发运信息反馈给客户，负责与客户协调，若货未找到时按相关应诉理赔流程执行
	货运员	发现站货运员对本站实施的处理措施填写在残损记录表中（电子版与手写版共同执行），将电子版第一时间内发送给货物调查相关站点货运主管
	发现站货运员、调度、场站负责人	与本站调度、场站负责人共同签字确认（电子版与手写版共同执行）
	货运员	并将编制联传送与本站督察员，调查联传送与相关调查站督察员，相关调查站处理结果报告人及负责人的签字确认（电子版与手写版共同执行），第一时间内回复电子版内容
责任判定	督察员	发现站督察员填报缺失记录表
		对残损记录表（手写版）存档保管
		根据货运员反馈残损信息及跟进调查情况做出货损责任判定

2. 站内货损事故处理

站内货损事故处理流程如表 4 – 2 – 2 所示。

表 4 - 2 - 2 站内货损事故处理流程

作业环节	执行人	动作
发现货损	货运员	货物进站装卸时发现货物出现外包装破损
		暂停本票的装卸操作（其他货物操作正常进行），对货物的异常状态按照方位照—局部照—特写照的顺序进行拍照，在信息系统内录入货物异常信息
		半小时内将货损信息通知本站货运主管、监察员、调度、客服
	货运员、司机	填写残损记录表中货物残损状况内容，并对施封检查结果要求司机签字确认（电子版与手写版共同执行），将电子版发送本站督察员、客服
货损处理	督察员	在接收到货损信息后第一时间内进行跟进调查
	货运主管、调度	发现站货运主管到达货损现场，查看货物的货损情况，并初步分析判断是何环节造成货损的发生，本站调度配合进行货损的判断调查
	货运主管、客服	货物的外包装为物流公司自有包装时，根据货损实际情况做出处理方式的安排，并告知造成货损发生的人员；若货物包装非物流公司自有包装则按照客服人员的要求进行操作
	客服	将了解货损信息结合客户要求做出货损处理的安排指令，并告知站点货运人员，若站内操作不能满足客户要求时按相关应诉理赔流程执行
	货运员	按照货运主管、客服的安排进行货损处理，并将处理结果反馈给货运主管、调度及客服
	货运员、调度、场站负责人	发现站货运员对本站实施的处理措施、处理结果填写在残损记录表中，与本站调度、场站负责人共同签字确认（电子版与手写版共同执行）
	货运员	发现站货运员将编制联传送与本站督察员，调查联传送与相关调查站督察员（电子版与手写版共同执行），第一时间内回复电子版
责任判定	督察员	发现站督察员填报缺失记录表
		对残损记录表（手写版）存档保管
		根据货运员反馈残损信息及跟进调查情况做出货损责任判定

3. 取/派货差事故处理

取/派货差事故处理流程如表 4 - 2 - 3 所示。

表 4 − 2 − 3　　　　　　　　　　取/派货差事故处理流程

作业环节	执行人	动作
验收货物	货运员/司机	在客户处首先查看货物外包装，发现外包装完好，若为取货环节发现有数量不符请客户对进行运行更改并签字确认，若为送货环节发现有外包装完好而内物数量不符时向客户说明由托运人承担责任，收货方正常签收
		查看货物外包装发现外包装破损且内物丢失，确定丢失件数，将货差情况告知本站调度
货差处理	调度	调度了解路途状况并通知货运主管、督察员
	货运员/司机	与客户进行初步沟通做好货物的查找工作，请客户在运单签注实收货物件数，请其做好运单的保管，必要时请客服进一步说明
	货运主管	在货物发站查找是否有漏装的本票货物，若有遗漏货物则通知调度、督察员；站内无遗漏货物根据运单、货物交接单信息追踪查找货物
	督察员	在接收到货损信息后第一时间内进行调查跟进，并在信息系统内核查货物出站情况
	货运员、司机	发现站货运员回站填写残损记录表中货物残损内容，并写明出站及路途施封锁、货物状况，并与司机签字确认（电子版与手写版共同执行），将电子版第一时间内发送与货物调查相关站点货运主管
	货运员、调度、场站负责人	货物调查相关站点货运主管对本站实施的处理措施填写在残损记录表中，与本站调度、场站负责人共同签字确认（电子版与手写版共同执行），第一时间内回复电子版内容
	货运员	发现站货运员并将编制联传送与本站督察员，调查联传送与相关调查站督察员，相关调查站处理结果报告人填报处理结果并与其负责人签字确认（电子版与手写版共同执行），第一时间内回复电子版内容
责任判定	督察员	发现站督察员填报缺失记录表
		对残损记录表（手写版）存档保管
		根据货运员反馈残损信息及跟进调查情况做出货损责任判定

4. 取/派货损事故处理

取/派货损事故处理流程如表 4 − 2 − 4 所示。

表4-2-4　　　　　　　　　取/派货损事故处理流程

作业环节	执行人	动作
验收货物	货运员/司机	在客户处首先查看货物外包装，发现外包装有破损，若为取货环节则向客户说明并请其重新包装，通知本站调度
		若为送货环节发现有外包装破损且包装为托运人自行包装，货损责任由托运人承担，第一时间通知本站调度
		若为送货环节发生有外包装破损且包装为物流企业的自有包装，则货损由物流企业承担，第一时间通知本站调度
货损处理	调度	调度了解路途状况并通知货运主管、督察员
	货运员/司机	视破损情况与客户进行初步沟通促使其正常签收，必要时请客服进一步协调
	客服	在接到货运员电话后，与客户积极协调尽可能促使其正常签收
	督察员	在接收到货损信息后第一时间内进行调查跟进，并在信息系统内核查货物出站情况
	客服	与客户沟通未果时按相关应诉理赔流程执行，并请客户出具拒收证明，告知调度
	调度	本站调度通知司机将货物带回发站
	货运员	按照货运主管、客服的安排进行货损处理，并将处理结果反馈给货运主管、调度及客服
	货运员、调度、场站负责人	发现站货运员对本站实施的处理措施、处理结果填写在残损记录表中，与本站调度、场站负责人共同签字确认（电子版与手写版共同执行），第一时间发送电子版内容
	货运员	发现站货运员将编制联传送与本站督察员，调查联传送与相关调查站督察员（电子版与手写版共同执行），第一时间内回复电子版内容
责任判定	督察员	发现站督察员填报缺失记录表
		对残损记录表（手写版）存档保管
		根据货运员反馈残损信息及跟进调查情况做出货损责任判定

（三）货运事故赔偿

当货运事故发生时，应当按照货运事故的不同采取相应的处理措施，表4-2-5所示是常见货运事故及处理措施。

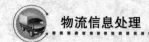

表 4 - 2 - 5　　　　　　　　　　　　　常见货运事故及处理措施

事故内容	处理措施
数量不准	数量短缺在磅差允许范围内的，可按原数入账；凡超过规定磅差范围的，应查对核实，验收记录和磅码单交主管部门会同货主向供货单位办理交涉。凡实际数量多于原发料量的，可由主管部门向供货单位退回多发数，或补发货款
质量不符合要求	对于不符合质量要求的，一定要求退换，绝不能入库，做到入库的商品无任何质量问题
证件不齐全	该类到库商品应作为待检商品处理，堆放在待验区，待证件到齐后再进行验收。证件未到之前，不能验收，不能入库，更不能发料
单证不符	供货单位提供的质量证明书与进库单、合同不符时，商品留待处理，不得动用
商品未按时到库	有关证件已到库，但在规定的时间商品尚未到库，应及时向货主查询
价格不符	应按合同规定价格承付，对多收部分应予拒付。如果是总额计算错误，应通知货主及时更改
商品在入库前已有残损短缺	有商务记录或普通记录等证件的，可按照实际情况查对证件记录是否准确，在记录范围内的，按实际验收情况填写验收记录；在记录范围以外或无运输部门记录时，应查明责任。其残损情况可以从外观上发现，但在接运时尚未发现而造成无法追赔损失时，应由仓库接运部门负责；外观良好，内部残缺时，应做出验收记录，与供货方交涉处理
发错货	如发现无进货合同、无任何进货依据，但运输单据上却标明本库为收货人的商品，仓库收货后应及时查找该货的产权部门，并主动与发货人联系，询问该货的来龙去脉，并作为待处理商品，不得动用。依其现状做好记载，待查清后作出处理
对外索赔	对需要对外索赔的商品，应由商检局检验出证，对经检验提出退货、换货出证的商品应妥善保管，并保留好商品原包装，供商检局复验

　　当货运事故对客户造成一定的经济损失时，应当为客户提供一定的赔偿，赔偿范围是指从受理委托至按约定送达客户签收时止，由于运输、仓储、装卸搬运等原因造成的服务事故。表 4 - 2 - 6 所示是某公司的货运事故赔偿标准，定义了物流企业在发生货运事故时应当如何处理、赔偿。

表 4 – 2 – 6　　　　　　　　　　　货运事故赔偿标准

事故类型	合同约定类型	赔偿标准
延迟送达	结算客户	与客户有特别约定的，按约定条款执行，否则按退本次运费10%、最高不超过本次运费的标准执行
	普通客户	按天地华宇运单背书条款执行（按运费的3‰赔偿）
	DD类客户按定日达服务失败规定	因非不可抗力的事由，造成未在承诺天数内到达到货二级公司（到达到货二级公司：以货物应到达到货二级公司17：30前通知客户时间为准），全额退还本次运费（指本运费纯运费，不包含其他服务费用）
货物丢失	结算客户	（1）合同中有明确规定的，按合同中所约定的条款执行 （2）合同中无明确规定的，按以下标准执行
	未保价的	货物未声明保价的，赔偿责任限额最高不超过货物灭失部分运费的二倍赔偿
	平均保价的	保价运输的赔偿责任限额最高不超过保价金额，赔偿时按保价总金额平均计算出每件货物的保价金额，其中每件货物内装有小件的，按单件货物保价金额和内装数量平均计算出每小件货物的保价金额
	分别保价的	同一批货物单件之间价值不同，按分别保价金额赔偿，其中单件货物内装有小件的，按单件货物保价金额和内装数量平均计算出每小件货物的保价金额赔偿
	未按货物实际价值保价的	货物实际损失高于保价金额的，按声明保价金额赔偿，货物实际价值低于声明保价的，按货物实际价值赔偿
	不足额保价的	按货物实际损失比例（保价金额/实际价值）进行赔偿，最高不超过声明的保价金额
货物损坏、污染	结算客户	（1）合同中有明确规定的，按合同中所约定的条款执行 （2）合同中无明确规定的，按以下标准执行
	未保价的	货物损坏必须以维修为主，赔偿最高不超过本次运费二倍
	平均保价的	货物损坏必须以维修为主；如损坏严重维修费用接近货物实际价值或客户不同意维修的，按保价运输的赔偿责任限额最高不超过保价金额，赔偿时按保价总金额平均计算出每件货物的保价金额，其中每件货物内装有小件的，按单件货物保价金额和内装数量平均计算出每小件货物的保价金额
	分别保价的	货物损坏必须以维修为主；如损坏严重维修费用接近货物实际价值或客户不同意维修的，按保价运输的赔偿责任限额最高不超过保价金额，单件货物保价金额和内装数量平均计算出每小件货物的数量平均计算赔偿费

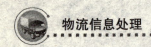

事故类型	合同约定类型	赔偿标准
货物损坏、污染	未按货物实际价值保价的	货物损坏按维修费用赔偿；如损坏严重维修费用接近货物实际价值或客户不同意维修的，货物实际损失高于保价金额的，按声明保价金额赔偿，货物实际价值低于声明保价的，按货物实际价值赔偿
	不足额保价的	货物损坏必须以维修为主，赔偿维修费用最高不超过保价金额；按货物实际损失比例（保价金额/实际价值）进行赔偿，最高不超过声明的保价金额
法院判决或调解的（含延迟送达、丢失、破损、污染等类型）		按照人民法院判决或调解结果执行赔偿
其他		按运单背书条款执行
无法按以上赔偿标准达成赔偿处理共识的（包含丢失、损坏、污染等）		报集团客服部理赔中心特殊处理

三、残损记录表

1. "残损记录表"简介

"残损记录表"是物流企业内部表格文件，是货物运输过程中记录货损货差现场情形的文字依据。场站操作处于运输过程的中间环节，作业过程发现的货损货差，都应由操作人员使用带编号的"残损记录表"记录，如实记录发现的时间、地点、货物名称、货物损坏程度，以便日后供相关方面共同调查分析、判明责任、汲取教训、改进工作。

2. "残损记录表"编制说明

"残损记录表"由货运员进行编制，货运员不仅是现场作业人员，也是残损记录表的编制、填写人；货运主管是当值的负责人，也是对残损货物妥善处置的指挥人员；司机或押运员是执行运输、保证货物在运输过程中安全的责任人。"残损记录表"编制时以上相关人员都应该参加并签字确认，以保证"残损记录表"内容的准确性和真实性，如在卸车时发现货损货差，要求司机也在"残损记录表"上签字确认。

"残损记录表"填写时必须注意其时效性。编制单位应在发现货损货差的第一时间，进行现场（货物原位）拍照，作业结束后4小时以内编写"残损记录表"完毕，并记载下记录编制时间。编制完整后交站督察员留存备查。

3. "残损记录表"编写要求

（1）编制的内容必须真实，如实描述事故货物的状态和相关现状，不得夸大或缩小，不得使用结论性词句（如货物毁损，包装不良所致；货物损坏，装车作业造成）；

（2）现场描述必须翔实，详细描述事故货物所在位置、损失如影响了邻近货物应一并描述，不得使用揣测、含糊性语句（如估计、可能等）；

（3）施封无效的车辆，应对施封脱落、损坏、印文不清、印文与"货物运输交接单"记载不符等情形进行记录；

（4）车顶、车身、车底有破洞，要详细描述破洞位置、破洞形状、大小尺寸，以及对应位置货物包装状态、包装水湿或破损状态、湿损部位或包装破口朝向、对应车体破洞距离。

4. 残损记录表填写说明

残损记录表填写说明如表 4 - 2 - 7 所示。

表 4 - 2 - 7　　　　　　　　　　残损记录表填写说明

编号：	
站点	
路由	
操作环节	

编号	残损记录表的编号，一般按照一定的编码原则进行顺序编号
站点	填写出发站全称，如"北京站"
路由	填写货物的行走路线，请按以下格式填写： 不需中转（不更换运输工具）的运单：始发站—目的站，如北京—广州 需中转（更换运输工具）的运单：始发站—中转站—目的站，如北京—武汉—广州
操作环节	发现货损的环节，如"卸车作业"

运单号	
发现时间	
预估价值	

运单号	发生残损的货物所在的运单号码
发现时间	发现残损货物的具体时间，时间格式为×年×月×日×时
预估价值	残损货物的预估价值

填报人：			
车号		施封检查	

填报人	填写残损情况的填报人，即残损记录表编制人
车号	装运残损货物的车辆车牌号
施封检查	到站后的施封检查人

	残损件数	
	责任人	

残损件数	残损货物的件数；如残损 20 箱，请填 20，不用填写单位
责任人	造成残损的责任人

货物残损状况							
	报告部门		报告人		接收部门		接收人	

货物残损状况	填写货物的具体残损情况及导致的结果
报告部门	残损情况的报告部门，如"上海站"
报告人	残损情况的报告人
接收部门	残损情况的接受部门，如"北京站"
接收人	残损情况的接收人

解决措施				
	实施部门		负责人		日期	

解决措施	残损事故如何解决
实施部门	残损货物赔偿事宜的实施部门
负责人	残损货物赔偿事宜的负责人
日期	具体的赔偿事宜办理日期

处理结果				
	报告人		负责人		日期	

处理结果	残损货物负责办理赔偿事宜的处理结果，如：报××单位索赔
报告人	残损赔偿事宜的报告人
负责人	负责办理赔偿事宜的实施人
日期	办理赔偿事宜的日期

续 表

操作站	站负责人		操作员		调度		承运司机	

操作站	实际进行残损处理操作的场站	
站负责人	实际进行残损处理操作的场站的负责人	
操作员	实际进行残损处理操作的操作员	不用填写
调度	实际进行残损处理操作的场站的调度人员	
承运司机	该批货物的承运司机	

步骤一：认识残损记录表

调出残损记录表如表 4-2-8 所示。

表 4-2-8 残损记录表

编号			填报人		
*站点		*运单号		车号	施封检查
路由		*发现时间		*残损件数	
操作环节		预估价值		责任人	
*货物残损状况					
	报告部门	报告人	接收部门	接收人	
*解决措施					
	实施部门	负责人		日期	
*处理结果					
	报告人	负责人		日期	
操作站	站负责人	操作员	调度	承运司机	

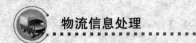

"残损记录表"填制相关说明：

（1）站点、路由：站点请填写出发站，如"北京站"；路由填写发货站到收货站，如广州—上海；

（2）发现时间：请填写发现残损货物的具体时间；

（3）运单号：请填写发生残损货物的运单号；

（4）车号：请填写装运残损货物的车辆车牌号；

（5）预估价值、残损件数：请分别填写残损货物的预估价值（举例：300元）、残损货物的件数（举例：残损10件，请填10，不用带单位）；

（6）操作环节：请填写造成残损原因的物流环节；

（7）填报人、施封检查、责任人：请分别填写残损情况的填报人、到站后的施封检查人、造成残损的责任人；

（8）货物残损状况：请填写货物的具体残损情况；

（9）报告部门、报告人、接收部门、接收人、实施部门、负责人、日期：请分别填写残损情况的报告部门（如北京站）、报告人、接收部门（如北京站）、接收人、残损货物赔偿事宜的实施部门（如北京站）、负责人、具体的编制表单日期；

（10）处理结果栏下报告人、负责人、日期：残损赔偿事宜的报告人、负责办理赔偿事宜的实施人、具体的编制表单日期；

（11）处理结果：请填写残损货物负责办理赔偿事宜的处理结果；

（12）操作站、站负责人、操作员、调度、承运司机：不用填写。

步骤二：填制残损记录表

根据任务内容和填写说明进行残损记录表的填写，填写完成后的结果如表4-2-9所示。

表4-2-9　　　　　　　　　　残损记录表

编号	CSJL20130207925				填报人		李晓云	
＊站点	广州站	＊运单号	YD201302050123	车号	京AK8723	施封检查	刘承俊	
路由	北京—广州	＊发现时间	2013年2月7日8:00	＊残损件数		20		
操作环节	卸车作业	预估价值	6000元	责任人		刘广伦		
＊货物残损状况	货物损坏，不能正常销售							
	报告部门	广州站	报告人	刘承俊	接收部门	广州站	接收人	李晓云

续　表

*解决措施	对利德曼科技发展有限公司广州分公司赔偿实际损失					
	实施部门	广州站	负责人	刘承俊	日期	2013 年 2 月 7 日
*处理结果	报保险公司索赔					
	报告人	刘承俊		负责人	刘承俊	日期	2013 年 2 月 7 日
操作站	站负责人		操作员		调度		承运司机	

步骤三：相关人员签字

客服人员编制好残损记录表后，需要由本站调度、场站负责人共同签字确认（电子版与手写版共同执行），残损事故处理完成后，对残损记录表（手写版）存档保管。

在进行"残损记录表"路由填制时，是否存在中转站取决于中途是否更改运输工具。若中途只是停靠休息，未更换运输工具，即未进行卸车、装车操作，则进行路由填写时，不填写该站点信息。如北京到广州的货物，中途在武汉进行停靠休息未进行卸车、装车操作，路由填写为：北京—广州。

填报人、施封检查、责任人分别填写残损情况的填报人（即填制"残损记录表"的人员）、到站后的施封检查人、造成残损的责任人；货物残损状况需要填写货物的具体残损情况，包括损失情况、数量、严重性程度；报告部门、报告人、接收部门、接收人、实施部门、负责人、日期分别填写残损情况的报告部门（如北京站）、报告人、接收部门（如北京站）、接收人、残损货物赔偿事宜的实施部门（如北京站）、负责人、具体的编制表单日期；处理结果栏下报告人、负责人、日期：残损赔偿事宜的报告人、负责办理赔偿事宜的实施人、具体的编制表单日期；处理结果填写残损货物办理赔偿事宜的处理结果。

任务评价

班级		姓名		小组		
任务名称		运输残损记录表制作				
考核内容		评价标准			参考分值	考核得分
		优秀	良好	合格		自评（10%）	互评（30%）	教师评价（60%）
1	活动参与情况	积极观摩模仿，及时按任务要求做，认真分析总结	按时完成任务要求，积极观摩模仿	能够参加任务活动，认真观察思考	20			
2	技能掌握情况	熟练掌握运输残损记录表的制作方法，能够完全准确地完成运输残损记录表的制作	了解运输残损记录表的制作方法，能够基本正确地完成运输残损记录表的制作	了解运输残损记录表的制作方法，能够在指导下基本完成运输残损记录表的制作	40			
3	总结归纳相应知识情况	积极参加总结讨论，观点鲜明、新颖、独特	能够参加讨论总结，有自己的观点	有自己的见解；但需要通过总结修正自己的观点	40			
总体评价					总分			

单选题

1. 货物运输过程中记录货损货差现场情形的文字依据是（　　　）。

A. 公路货物运单证
B. 运输交接单
C. 残损记录表
D. 运输计划单

多选题

2. 货物的质量检验包括（　　　）。

A. 外观检验
B. 尺寸检验
C. 数量检验
D. 理化检验

3. 货物到达目的地卸车时出现货物残损，根据实际情况编写了残损记录表，此时需要在残损记录表上签字的人员包括（　　　）。

A. 始发站负责人
B. 目的站负责人
C. 随车司机
D. 货运员

填空题

4. 验 收 前 的 准 备 工 作，大 致 包 括 _____、_____、_____、_____、_____。

5. 在进行单证核对时，需要做到 _____、_____。

简答题

6. 请简述残损记录表的编写要求。

答案

1. C
2. ABD
3. BCD
4. 人员准备、资料准备、器具准备、货位准备、设备准备
5. 证证核对、物证核对
6.（1）编制的内容必须真实，如实描述事故货物的状态和相关现状，不得夸大或缩

小，不得使用结论性词句（如：货物毁损，包装不良所致；货物损坏，装车作业造成）。

（2）现场描述必须翔实，详细描述事故货物所在位置、损失如影响了邻近货物应一并描述，不得使用揣测、含糊性语句（如：估计、可能等）。

（3）施封无效的车辆，应对施封脱落、损坏、印文不清、印文与"货物运输交接单"记载不符等情形进行记录。

（4）车顶、车身、车底有破洞，要详细描述破洞位置、破洞形状、大小尺寸，以及对应位置货物包装状态、包装水湿或破损状态、湿损部位或包装破口朝向、对应车体破洞距离。

项目五　物流信息监控

任务一　条码数据采集

◎ 知识目标

了解条码的概念、原理、分类及粘贴内容

了解条码在物流中的应用

◎ 能力目标

能够完成货物入库、出库、补货作业的条码数据信息采集

能够完成仓库盘点作业的条码数据信息采集

能够完成货物流通加工作业的条码数据信息采集

◎ 情感态度与价值观目标

培养学生严谨细致、积极的工作态度

　　北京速达物流有限公司蓝港1号仓库在公司改革前对仓库管理中的采购入库、物料移库、盘点工作，都是靠人工记录并在 Excel 表格中汇总，最后再录入到 ERP 系统中。这样一来，各项操作的数据实时性、准确性、效率都不是非常高。有些数据需要多次录入，既增加的工作量，又增加了输入出错的概率。公司改革后，蓝港1号仓库决定采用条码技术进行数据的采集，可以在入库、盘点、移库、出库等环节使用条码数据采集功能，依

靠条码摆脱手工录入，提高工作效率。

2012 年 5 月 12 日，速达物流的客户北京利德曼科技发展有限公司有货物蒸蛋器 20 箱（货品编号：980101495）须入库到蓝港 1 号仓库的托盘货架区"A00000"储位，需要运用条码技术进行数据信息采集。

2012 年 6 月 25 日上午，蓝港 1 号仓库的货物钻石袖扣 1 箱须从托盘货架区的"D00102"储位补货至电子拣选区的"A00007"储位，需要运用条码技术进行数据信息采集。

2012 年 6 月 28 日，蓝港 1 号仓库需要对托盘货架区进行一次盘点，需要运用条码技术进行数据信息采集。

2012 年 6 月 29 日，蓝港 1 号仓库需要从电子拣选区下架贝壳袖扣（储位：A00100）、钢质袖扣（储位：A00101）和珐琅质袖扣（储位：A00102）各 2 件来进行流通加工作业，组合成 2 套袖扣低端礼盒后上架到电子拣选区的"A00008"储位上，需要运用条码技术进行数据信息采集。

2012 年 9 月 12 日，速达物流的客户北京利德曼科技发展有限公司有货物剪刀 5 箱须从栈板货架区的"A00202"储位出库，需要运用条码技术进行数据信息采集。

任务单

任务名称	完成条码数据采集
任务要求	1. 进行蒸蛋器入库的数据采集 2. 进行钻石袖扣补货的数据采集 3. 进行托盘货架区盘点的数据采集 4. 进行袖扣低端礼盒流通加工的数据采集 5. 进行剪刀出库的数据采集
任务成果	1. 完成蒸蛋器入库的数据采集 2. 完成钻石袖扣补货的数据采集 3. 完成托盘货架区的盘点数据采集 4. 完成袖扣低端礼盒流通加工的数据采集 5. 完成剪刀出库的数据采集

针对本任务，操作准备工作内容如下。

项　目		准备内容
环境准备	设备/道具	手持终端
	主要涉及岗位角色	信息员
	软件	仓储管理系统
制订计划	步骤一	蒸蛋器入库数据采集
	步骤二	钻石袖扣补货数据采集
	步骤三	托盘货架区盘点数据采集
	步骤四	袖扣低端礼盒流通加工数据采集
	步骤五	剪刀出库数据采集

一、条码

（一）概述

条码是利用光电扫描阅读设备识读并实现数据输入计算机的一种特殊代码。它将宽度不等的多个黑条和空白，按照一定的编码规则排列，用以表达一组信息的图形标识符，如图 5 - 1 - 1 所示。

常见的条码是由反射率相差很大的黑条（简称条）和白条（简称空）排成的平行线图案。条码可以标出物品的生产国、制造厂家、商品名称、生产日期、图书分类号、邮件起止地点、类别、日期等许多信息，因而在商品流通、图书管理、邮政管理、银行系统等许多领域都得到了广泛的应用。

（二）特点

条码是迄今为止最经济、实用的一种自动识别技术。条码技术具有以下几个方面的优点：

（1）输入速度快：与键盘输入相比，条码输入的速度是键盘输入的 5 倍，并且能实现"即时数据输入"。

三得利饮料　　　绿茶　　　ZIMA的某种酒类

爆米花　　　青和食品腌笋干

图 5 - 1 - 1　条码示意

（2）可靠性高：键盘输入数据出错率为三百分之一，利用光学字符识别技术出错率为万分之一，而采用条码技术误码率低于百万分之一。

（3）采集信息量大：利用传统的一维条码一次可采集几十位字符的信息，二维条码更可以携带数千个字符的信息，并有一定的自动纠错能力。

（4）灵活实用：条码标识既可以作为一种识别手段单独使用，也可以和有关识别设备组成一个系统实现自动化识别，还可以和其他控制设备联接起来实现自动化管理。

另外，条码标签易于制作，对设备和材料没有特殊要求，识别设备操作容易，不需要特殊培训，且设备也相对便宜。使用条码技术具有如下好处：

（1）使用条码扫描代替人工记录，极大的提高了工作效率，并且减少了差错率、提高了数据准确率。

（2）提高管理效率，节约管理费用，降低管理成本。

（3）提高管理人员素质。通过先进管理模式、先进管理工具的使用，管理人员可以学习到先进的管理方法，掌握高科技工具的使用，为企业的发展发挥更大的作用。

（三）分类

1. 按码制分类

（1）UPC 码

1973 年，美国率先在国内的商业系统中应用于 UPC 码之后，加拿大也在商业系统中采用 UPC 码。UPC 码是一种长度固定的连续型数字式码制，其字符集为数字 0 ~ 9。它采用四种元素宽度，每个条或空是 1、2、3 或 4 倍单位元素宽度。UPC 码有两种类型，即 UPC - A 码和 UPC - E 码，如图 5 - 1 - 2 和图 5 - 1 - 3 所示。

图 5 - 1 - 2　UPC - A 商品条码的结构

图 5 - 1 - 3　UPC - E 商品条码的结构

（2）EAN 码

1977 年，欧洲经济共同体各国按照 UPC 码的标准制定了欧洲物品编码 EAN 码，与 UPC 码兼容，而且两者具有相同的符号体系。EAN 码的字符编号结构与 UPC 码相同，也是长度固定的、连续型的数字式码制，其字符集是数字 0～9。它采用四种元素宽度，每个条或空是 1、2、3 或 4 倍单位元素宽度。EAN 码有两种类型，即 EAN - 13 码和 EAN - 8 码，如图 5 - 1 - 4 和图 5 - 1 - 5 所示。

（3）交叉 25 码

交叉 25 码是一种长度可变的连续型自校验数字式码制，其字符集为数字 0～9。采用两种元素宽度，每个条和空是宽或窄元素。编码字符个数为偶数，所有奇数位置上的数据以条编码，偶数位置上的数据以空编码。如果为奇数个数据编码，则在数据前补一位 0，以使数据为偶数个数位。

（4）39 码

39 码是第一个字母数字式码制。1974 年由 Intermec 公司推出。它是长度可比的离散型自校险字母数字式码制。其字符集为数字 0～9，26 个大写字母和 7 个特殊字符（ - 、、、Space、/、%、￥、+ ），共 43 个字符。每个字符由 9 个元素组成，其中有 5 个条（2 个

图 5 -1 -4　EAN -13 商品条码的结构

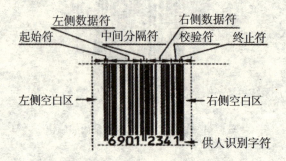

图 5 -1 -5　EAN -8 商品条码的结构

宽条，3 个窄条）和 4 个空（1 个宽空，3 个窄空），是一种离散码。

（5）库德巴码

库德巴码（Code Bar）出现于 1972 年，是一种长度可变的连续型自校验数字式码制。其字符集为数字 0 ~ 9 和 6 个特殊字符（ - 、:、/、。、 + 、¥），共 16 个字符。常用于仓库、血库和航空快递包裹中。

（6）128 码

128 码出现于 1981 年，是一种长度可变的连续型自校验数字式码制。它采用四种元素宽度，每个字符由 3 个条和 3 个空，共 11 个单元元素宽度，又称（11，3）码。它有 106 个不同条码字符，每个条码字符有三种含义不同的字符集，分别为 A、B、C。它使用这 3 个交替的字符集可将 128 个 ASCII 码编码。

（7）93 码

93 码是一种长度可变的连续型字母数字式码制。其字符集为数字 0 ~ 9，26 个大写字母和 7 个特殊字符（ - 、。、Space、/、 + 、% 、¥）以及 4 个控制字符。每个字符由 3 个条和3个空，共9个元素宽度。

（8）49码

49码是一种多行的连续型、长度可变的字母数字式码制。出现于1987年，主要用于小物品标签上的符号。采用多种元素宽度。其字符集为数字0~9，26个大写字母和7个特殊字符（－、。、Space、%、∕、＋、￥）、3个功能键（F1、F2、F3）和3个变换字符，共49个字符。

图5-1-6 条码码制汇总

2. 按维数分类

（1）一维条码

一维条码自问世以来，很快得到了普及并广泛应用。但是由于一维条码的信息容量很小，如商品上的条码仅能容13位的阿拉伯数字，更多地描述商品的信息只能依赖数据库的支持，离开了预先建立的数据库，这种条码就变成了无源之水，无本之木，因而条码的应用范围受到了一定的限制，如图5-1-7所示。

图5-1-7 一维条码

（2）二维条码

二维条码是一种由点、空组成的点阵形条码，它不需要数据库的支持就可以使用，是一种高密度、高信息量的便携式数据文件，具有信息容量大、编码范围广、纠错能力强、译码可靠性高、防伪能力强等技术特点，可广泛应用于各个领域，如图5－1－8所示。

图5－1－8　二维条码

（3）多维条码

进入20世纪80年代以来，人们围绕如何提高条码符号的信息密度，进行了研究工作。多维条码和集装箱条码成为研究与应用的方向，如图5－1－9所示。

图5－1－9　多维条码（Code 16K 码式样）

（四）条码的粘贴

选择适当的位置印刷或粘贴条码符号，对于迅速、可靠地识读商品包装上的条码符号，提高商品管理和销售扫描结算效率非常重要。

1. 粘贴位置原则

条码粘贴的基本原则是以符号位置相对统一、符号不易变形、便于扫描操作和识读为准则。

位置原则：条码粘贴的首选位置是在商品包装背面的右侧下半区域内，商品包装背面不适宜放置条码符号时，可选择商品包装另一个适合的面的右侧下半区域放置条码符号，且条码符号与商品包装邻近边缘的间距不应小于8毫米或大于102毫米。

方向原则：商品包装上条码符号宜横向放置，在印刷方向不能保证印刷质量和商品包装表面曲率及面积不允许的情况下，可以将条码符号纵向放置。

2. 避免粘贴位置

一般情况下应尽量避免将条码粘贴到以下位置：

把条码符号放置在有穿孔、冲切口、装订钉、拉条、接缝、折叠、波纹、隆起、褶皱的地方。

把条码符号放置在转角处或表面曲率过大的地方。

把条码符号放置在包装的折边或悬垂物下边。

3. 粘贴指南

（1）箱形包装的商品，如图 5 - 1 - 10 所示。

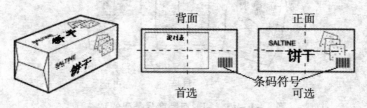

图 5 - 1 - 10　箱型包装商品条码的粘贴

（2）瓶形和壶形包装的商品

条码符号宜印在包装背面或正面右侧下半区域。不应把条码符号放置在瓶颈、壶颈处，如图 5 - 1 - 11 所示。

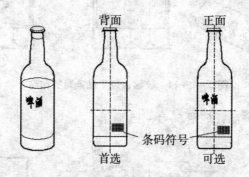

图 5 - 1 - 11　瓶/壶形包装商品条码的粘贴

（3）罐形和筒形包装的商品

条码符号宜放置在包装背面或正面的右侧下半区域。不应把条码符号放置在有轧波纹、接缝和隆起线的地方。

（4）桶形和盆形包装的商品，如图 5 - 1 - 12 所示。

图 5 − 1 − 12　桶/盆形包装商品条码的粘贴

（5）袋形包装的商品，如图 5 − 1 − 13 所示。

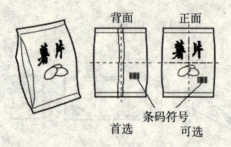

图 5 − 1 − 13　袋形包装商品条码的粘贴

（6）收缩包装的商品，如图 5 − 1 − 14 所示。

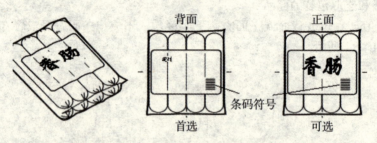

图 5 − 1 − 14　收缩包装商品条码的粘贴

（7）泡沫罩包装的商品，如图 5 − 1 − 15 所示。

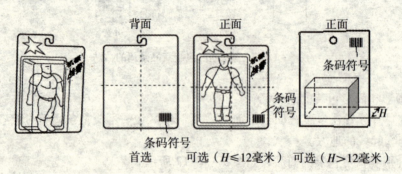

图 5 − 1 − 15　泡沫罩包装商品条码的粘贴

注：H——泡沫罩突出部分的高

（8）卡片式包装的商品，如图 5 - 1 - 16 所示。

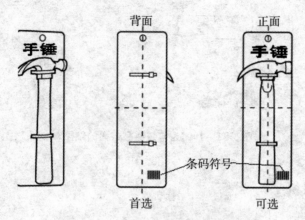

图 5 - 1 - 16 卡片式包装商品条码的粘贴

（9）托盘式包装的商品，如图 5 - 1 - 17 所示。

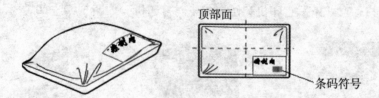

图 5 - 1 - 17 托盘式包装商品条码的粘贴

（10）蛋盒式包装，如图 5 - 1 - 18 所示。

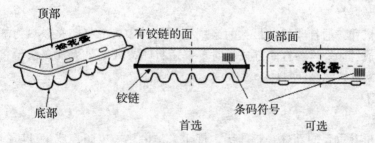

图 5 - 1 - 18 蛋盒式包装商品条码的粘贴

此外，对一些无包装的商品，商品条码符号可以印在挂签上。如果商品有较平整的表面且允许粘贴或缝上标签，条码符号可以印在标签上，如图 5 - 1 - 19 所示。

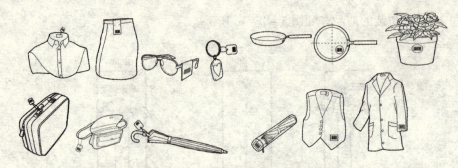

图 5 - 1 - 19　无包装商品条码的粘贴

二、条码打印机

(一) 概述

条码打印机是一种专用的打印机，它所打印的内容一般为企业的品牌标识、序列号标识、包装标识、条码标识、信封标签、服装吊牌等。作为条码应用的重要设备之一被广泛的使用在制造业、物流业等需要印制标签的行业中。条码打印机基本包括三种类别：工业条码打印机、台式条码打印机和便携式条码打印机，如图 5 - 1 - 20 所示。

工业条码打印机　　　　台式条码打印机　　　　便携式条码打印机

图 5 - 1 - 20　条码打印机的分类

条码打印机和普通打印机的最大的区别是条码打印机的打印是以热为基础，以碳带为打印介质完成打印。这种打印方式相对于普通打印方式的最大优点在于它可以在无人看管的情况下实现连续高速打印。

(二) 构造

1. 打印头

条码打印机最重要的部件是打印头，打印头是由热敏电阻构成，打印的过程是热敏电阻发热将碳带上的碳粉转移到纸上的过程。

目前国内市场上常见的打印机由于品牌的差异，存在两种不同的打印头，一种是平压式打印头，整个打印头压在碳带上，这种打印头可以适应各种碳带，具有广泛的用户群，广泛应用于各种品牌的条码打印机；另一种是悬浮式打印头，这是一种新型的打印头模式，打印头只是尖端压在碳带上，这种打印头虽然对碳带的要求比较高，但它具有节省碳带的功能，所以它被一些技术力量雄厚的大公司广泛采用。

2. 碳带

碳带是打印时非常重要的材料，一般来说，碳带的好坏，除了决定打印头的寿命还关系到打印的效果。良好的碳带，能够保护打印头，产生的效果可以准确的附着在纸张上面，不容易扩散，也不容易脱落。

碳带的基本构成包括：

（1）薄而强的涤沦或其他高密度材料带基；

（2）带基正面的底涂层以保证墨色均匀及打印时墨色的完整转移；

（3）蜡或树脂基的墨色层；

（4）墨色层上的外涂层以保护墨色及增强打印时与被印材质的附着性；

（5）带基的背涂层以防静电、匀热及减少磨擦，以保护打印头。

碳带就其材料分类，可以简单的分为以下三种。

（1）蜡基碳带。即以蜡和碳黑（假设为黑色碳带）为主要材料，作为涂层材料的产品。蜡基碳带是最经济便宜的碳带，主要用于一般纸张的打印，使用蜡基碳带必须注意的是与纸张的配合，蜡基碳带试用于表面手感上略有凹凸的材质，比较不适用于表面光滑如镜的材料，例如，PET材质的产品。蜡基碳带约占有市场的70%份额，是一般打印唛头等大型纸张标签常用的产品。

（2）树脂基碳带。如果打印的资料必须要求能够抗溶剂抗高温等，用于化学产品包装，或者必须耐高温，用于电器发热部位的，或者必须打印在特殊的PET等化学成品上的，建议使用树脂碳带，因为树脂的成分材能够达到以上的要求，不过这种碳带通常价格比较高昂，不过打印效果还是必须和纸张/打印介质搭配才能达到最好的打印水平。

（3）混合基碳带。即以蜡和树脂混合为主要材料，作为涂层材料的产品。混合的比例则随着需要而改变，主要用于表面比较光滑的材料，一般对于表面要求比较严格的产品适合使用，例如，普通消耗性产品的标示，其表现就是结合上列两种碳带的优点而制成。

（三）条码打印机的优点

（1）不受打印量的限制，可以24小时打印；

（2）不受打印材料限制，可以打印PET、铜板纸、热敏纸不干胶标签以及聚酯、PVC等合成材料和水洗标布料等；

（3）采用热转印方式打印的文字与图形具有防刮效果，采用特殊碳带打印可以使打印产品具有防水、防污、防腐蚀、耐高温等特点；

（4）打印速度极快，最快可以达到10英寸（24厘米）每秒；

（5）可以打印连续的序列号，连接数据库成批打印；

（6）标签纸一般都有几百米长，可以达到数千到数万个小标签；标签打印机采取连续打印方式，更易于保存和整理；

（7）不受工作环境的限制；

（8）单张标签最长可以达到120多厘米。

（四）日常维护

为了保证条码打印机的质量和长久良好的性能，需要定期对其进行清洁，条码打印机使用越频繁，越应该经常清洁。日常维护的基本内容包括：

1. 打印头的清洁

经常定时的清洁打印头，清洁工具可以用棉签和酒精。关掉条码打印机的电源，擦拭时保持同一方向（避免来回擦拭时脏物残留），将打印头翻起，移去色带、标签纸，用浸有打印头清洗液的棉签（或棉布），轻擦打印头直至干净。之后用干净的棉签轻轻擦干打印头。保持打印头洁净一来可以得到好的打印效果，最重要的是延长打印头寿命。

2. 胶棍的清洁保养

经常定时清洁条码打印机胶棍，清洁工具可以用棉签和酒精，保持胶棍洁净，也是为了得到好的打印效果以及延长打印头寿命。在打印过程中标签纸会在胶棍上留下很多粉末，如果不及时清洁，就会伤及打印头。胶棍用久了，如果有磨损或一些凹凸不平的话也会影响打印及损坏打印头。

3. 滚筒的清洁

清洗打印头后，用浸有75%酒精的棉签（或棉布）清洗滚筒。方法是一边用手转动滚筒，一边擦洗，待干净后擦干。上述两个步骤的清洗间隔一般是3天一次，如果条码打印机使用频繁，最好一天一次。

4. 传动系统的清洁和机箱内的清洁

因为一般标签纸为不干胶，其胶容易黏在传动的轴和通道上，再加上有灰尘，直接影响到打印效果，故需经常清洁。一般一周一次，方法是用浸有酒精的棉签（或棉布）擦洗传动的各个轴、通道的表面以及机箱内的灰尘，干净后擦干。

5. 传感器的清洁

要保持传感器清洁，才不会发生测纸错误或碳带错误。传感器包括色带传感器和标签传感器，一般3~6个月清洗一次，方法是用浸有酒精的棉签擦洗传感器头，干净后擦干。

6. 进纸导槽清洁

导槽一般不会出现大问题，但有时人为的或标签质量问题而导致标签黏在导槽里边，也要及时清洁。

7. 其他

条码打印机温度一般保持在10℃~24℃，不能太高，否则容易降低打印头使用寿命，碳带和标签的搭配，一般是铜版纸配腊基碳带，合成纸配半树脂或全树脂碳带。另外，标签纸注意保持平坦，切勿使其高低不平，否则打印头容易磨损。

三、条码识读器

（一）定义

条码识别设备由条码扫描和译码两部分组成。现在绝大部分条码识读器都将扫描器和译码器集成为一体。常见的条码识读器如图 5 - 1 - 21 所示。

图 5 - 1 - 21　条码识读器

（二）分类

1. 按扫描方式分类

条码识读设备从扫描方式上可分为接触和非接触两种条码扫描器：接触式识读设备包括光笔与卡槽式条码扫描器；非接触式识读设备包括 CCD 扫描器、激光扫描器。

2. 按操作方式分类

条码识读设备按操作方式上可分为手持式条码扫描器和固定式条码扫描器：手持式条码扫描器适用于条码尺寸多样、识读场合复杂、条码形状不规整的应用场合；固定式条码扫描器适用于省力、人手劳动强度大（如超市的扫描结算台、配送中心分拣线）或无人操作的自动识别应用场合。

3. 按识读码制能力分类

条码扫描设备从原理上可分为光笔、卡槽、激光和图像四类条码扫描器：光笔与卡槽式条码扫描器只能识读一维条码；激光条码扫描器只能识读行排式二维码（如 PDF417码）和一维码；图像式条码识读器可以识读常用的一维条码，还能识读行排式和矩阵式的二维条码。

4. 按扫描方向分类

条码扫描设备从扫描方向上可分为单向和全向条码扫描器，如图 5 - 1 - 22 所示。其中全向条码扫描器又分为平台式和悬挂式。

5. 按传输形式分类

条码扫描设备从传输形式上可分有线和无线条码扫描器。

（三）参数

下面，我们简单了解一下 Symbol LS2208 激光条码扫描器的参数，如图 5 - 1 - 23所示。

（四）工作原理

条码识读的基本工作原理为：由光源发出的光线经过光学系统照射到条码符号上面，被反射回来的光经过光学系统成像在光电转换器上，使之产生电信号，信号经过电路放

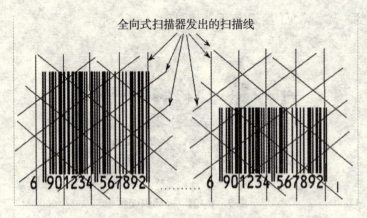

图 5 - 1 - 22　全向式扫描

物理参数:

尺寸: 152mm x 63mm x 84mm

重量: 146 k

电压和电流: 5 volts +/- 10%;标准 130 mA, 最大 175 mA

电源: 主机电源或外置电源

颜色: 类似收银机的白色或微黑色

性能参数:

扫描器类型: 双向

光源(激光): 650nm 可见激光二极管

扫描频率: 每秒扫描100次

标准工作距离: 对于 100% U.P.C./EAN 码型从直接接触到 17 in./43 cm 的扫描距离都可正常扫描

旋转视角: +/- 30°

倾斜视角: +/- 65°

偏移视角: +/- 60°

解码能力: UPC.EAN,UPC.EAN with supplementals, UCC.EAN128,Code 39, Code 39 Full ASCII, Code 39 Trioptic, Code 128,

 Code 128 Full ASCII, Codabar, Interleaved 2 of 5, Discrete 2 of 5,Code 93,MSI, Code 11, IATA, R55variants,Chimese 2 of 5

支持的接口: RS232、键盘插口、Wand、IBM 468X/9X、USB、Synapse 和 Undecoded

最小打印对比度: 最低 20% 反射差异

图 5 - 1 - 23　Symbol LS2208 激光条码扫描器参数

大后产生模拟电压，它与照射到条码符号上被反射回来的光成正比，再经过滤波、整形，形成与模拟信号对应的方波信号，经译码器解释为计算机可以直接接收的数字信号。

（五）养护

1. 防摔

条码扫描仪内部结构部件都是比较精密的组件，应该尽量避免从高处摔下，一旦摔坏，就会使灰尘进入到条码扫描器里。

2. 防用力拉

条码扫描仪经常用力拉线，容易使连接处松动，在扫描的时候出现接触不良等现象。

3. 经常清洁玻璃挡片

四、条码数据采集器

(一) 定义

简单来讲，条码数据采集器可以理解为带电脑的条码扫描器。它也可以称为盘点机、手持设备或掌上电脑，具有一体性、机动性、体积小、重量轻、高性能，并适于手持等特点。常见的条码数据采集器如图 5 - 1 - 24 所示。

图 5 - 1 - 24　条码数据采集器

(二) 分类

按处理方式分为两类：在线式数据采集器和批处理式数据采集器。按产品性能分为：手持终端、无线型手持终端、无线掌上电脑、无线网络设备。

(三) 功能

条码数据采集器应具有数据采集、数据传送、数据删除和系统管理等功能。

1. 数据删除

条码数据采集器中的数据在完成了向计算机系统的传送后，需要将数据删除，否则会导致再次数据读入的迭加，造成数据错误。有些情况下，数据可能会向计算机传送多次，待数据确认无效后，方可实行删除。

2. 数据采集

是将商品的条码通过扫描装置读入，对商品的数量直接进行确认或通过键盘录入的过程，在条码数据采集器的存储器中以文本数据格式存储，格式为条码（C20）、数量（N4）。

3. 系统管理

系统管理功能有检查磁盘空间和系统日期时间的调节校正。

4. 数据传送

数据传送功能有数据的下载和上传。

数据下载是将需要条码数据采集器进行确认的商品信息从计算机中传送到条码数据采集器中，通过条码数据采集器与计算机之间的通信接口，在计算机管理系统的相应功能中运行设备厂商所提供的数据传送程序，传送内容可以包括商品条码、名称和数量。数据的下载可以方便地在数据采集时，显示当前读入条码的商品名称和需确认的数量。

数据上传是将采集到的商品数据通过通信接口，将数据传送到计算机中去，再通过计算机系统的处理，将数据转换到相应的数据库中。

（四）结构

条码数据采集器，即手持终端各功能区及按键如图5-1-25所示。

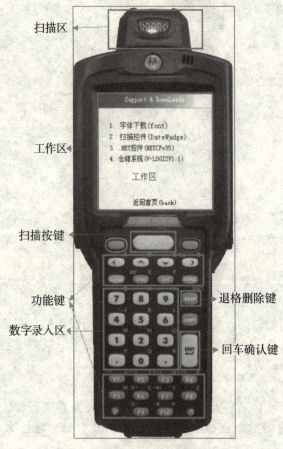

图5-1-25 手持终端介绍

（五）使用

适合低位扫描的最佳身体姿势，如图5-1-26所示。

适合高位扫描的最佳身体姿势，如图 5 – 1 – 27 所示。

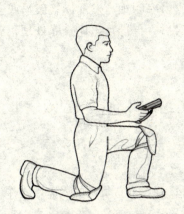

图 5 – 1 – 26　适合低位扫描的最佳身体姿势

图 5 – 1 – 27　适合高位扫描的最佳身体姿势

（六）保养

（1）避免剧烈摔碰、挤压、远离强磁场。

（2）注意防潮、防湿。

（3）通信口避免杂物进入。

（4）电池电力不足时，手持机将会提示，应及时充电。

（5）当用户程序不能正常运行，应重新设置系统程序及应用程序。

（6）不要擅自拆卸本机，若出现故障应与厂方联系。

五、条码在物流中的应用

由于条码的识别具有快速、准确、易于操作等特点，在物流环节中引入条码具有十分优越的特性，可以广泛的应用于配送中心的订货、进货、存放、盘点、拣货、出库等作业环节。

1. 进货验收作业

进货时需要核对产品品种和数量，这部分工作由数据采集器完成。首先将所有本次进货的单据、产品信息下载到数据采集器中，数据采集器将提示材料管理员输入收货单的号码，由数据采集器在应用系统中判断这个条码是否正确。如果不正确，系统会立刻向材料管理员做出警示；如果正确，材料管理员再扫描材料单上的项目号，系统随后检查购货单上的项目是否与实际相符。

2. 补货作业

商品进货验收后，移到保管区，需适时、适量的补货到拣货区。在储位卡上印上商品条码与储位码的条码，当商品移动到位后，以数据采集器读取商品条码和储位码条码，由计算机核对是否正确，这样就可以保证补货作业的正确。

3. 出库管理

采用条码识读器对出库货物包装上的条码标签进行识读，并将货物信息快递给计算机，计算机根据货物的编号、品名、规格等自动生成出库明细。发现标签破损或丢失按照上述程序人工补贴。出库货物经过核对，确认无误后，再进行出库登账处理，更新货物库存明细。

步骤一：蒸蛋器入库数据采集

系统生成货物蒸蛋器的入库作业订单后，工作人员开始进行货物的入库操作作业。

1. 标签打印

登录到物流综合业务平台，以给定的账号进入第三方物流信息管理系统中的"仓储管理"系统，选择"基础管理"模块下的"打印标签"，进行相关标签的打印。该项操作可以打印的内容包括货品编码、条码、或为标签、托盘标签以及自定义打印，具体操作步骤如表5－1－1至表5－1－3所示。

表5－1－1　　　　　　　　　货品编码打印

岗　　位	作业进度	具体操作
信息管理员	货品编码打印	按货品归属客户查询并打印。通过单选框，选择客户名称。点击客户筛选列表中的"确定" 再点击"打印标签"页面中的"查询"按钮，就可以查看该客户的产品信息。勾选需要打印的产品，选择打印机的类型，点击"打印" 货物查询方式还可以通过"货品编码"、"条码"进行查询，操作过程与按客户名称查询一致

表5－1－2　　　　　　　　　条码打印

岗　　位	作业进度	具体操作
信息管理员	条码打印	按货品归属客户查询并打印。通过单选框，选择客户名称 点击客户筛选列表中的"确定"。再点击"打印标签"页面中的"查询"按钮，就可以查看该客户的产品信息。勾选需要打印的产品，选择打印机的类型，点击"打印" 货物查询方式还可以通过"货品编码"、"条码"进行查询，操作过程与按客户名称查询一致

将打印完成后的货品编码及条码贴放在货品表面，易于扫描的位置。接下来需打印蒸蛋器存放的货位标签。

表 5-1-3　　　　　　　　　　　　　货位标签打印

岗　位	作业进度	具体操作
信息管理员	货位标签打印	在货位标签打印界页面下，选择"库房编码"，在"区编码"列表中，通过单选框选择需要打印的区位 确定好需要打印的存储区位后，点击"确定"，勾选需要打印的区位，点击"打印"即可

待货位编码打印好后，贴在相应的货架上，贴放标签时注意，贴放的位置要易于手持终端扫描。

2. 配置管理

在系统中，对货物进行入库上架操作的时候，手持终端会根据货品的信息自动生成储位信息。这个功能主要就是依靠"仓储管理"系统的"配置管理"模块下的"储位存放规格"设置来完成。具体操作过程如表 5-1-4 所示。

表 5-1-4　　　　　　　　　　　　　配置储位信息

岗　位	作业进度	具体操作
信息管理员	配置储位信息	点击左侧任务栏的"配置管理"，选择"储位存放规格"进入存放规格设置的界面，根据货品填写相应的储位规格信息，点击"提交"设定好货物蒸蛋器的储位规格

3. 入库操作

基本信息配置完毕后，就可以实行货物的入库工作，具体操作步骤如表 5-1-5 至表5-1-8 所示。

表 5-1-5　　　　　　　　　　　　　入库理货

岗　位	作业进度	具体操作
信息管理员	入库理货	使用给定的用户名和密码登录手持终端系统，并选择指定的库房，登录手持终端系统后，进入其应用操作主功能界面，在手持终端主功能界面点击"入库作业"，进入入库作业界面 点击"入库理货"，进入入库理货界面 点击"理货"，利用手持终端采集货品条码信息和托盘标签信息，信息采集成功后，按手持终端上的回车键以确定该信息，确定后手持终端系统会提示所去往的存储区域 确认实收数量后，然后点击"保存结果"

表5－1－6　　　　　　　　　　　　　　　入库搬运

岗　位	作业进度	具体操作
信息管理员	入库搬运	在手持终端主功能界面找到"入库搬运"，点击"入库搬运" 利用手持终端采集托盘标签，信息采集成功后，手持终端系统自动提示需搬运的货品名称、货品数量及目标地点等信息，点击"确认搬运"

表5－1－7　　　　　　　　　　　　　　　入库上架

岗　位	作业进度	具体操作
信息管理员	入库上架	在手持终端主功能界面找到"入库上架"，点击"入库上架" 利用手持终端采集托盘标签信息，信息采集成功后，手持终端系统自动提示货品及目标储位等信息 根据界面提示的储位信息，扫描储位标签后，进行上架作业，上架操作完成后点击"确认上架"即可完成上架操作

表5－1－8　　　　　　　　　　　　　　完成入库理货

岗　位	作业进度	具体操作
信息管理员	完成入库理货	在手持终端主功能界面找到"入库理货"，点击"入库理货"，进入理货界面，点击"完成"就可以完手持终端系统的理货、上架处理操作

步骤二：钻石袖扣补货数据采集

系统生成货物钻石袖扣的补货作业订单后，工作人员利用手持终端进行补货作业，应进行补货下架、搬运、补货上架操作，具体操作步骤如表5－1－9至表5－1－11所示。

表5－1－9　　　　　　　　　　　　　　　补货下架

岗　位	作业进度	具体操作
信息管理员	补货下架	使用给定的用户名和密码登录手持终端系统，并选择库房名称。登录手持终端系统后，进入应用操作主功能界面 点击"出库作业"，进入出库作业界面 点击"下架作业"。从设备暂存区取出叉车，行驶至托盘货架区。登录手持终端，进入"补货下架"页面。根据手持终端提示采集托盘标签信息 信息采集成功后，手持终端系统自动显示默认拣货数量和储位信息 根据手持终端提示的储位标签，采集储位信息，核对补货下架数量无误后，点击"确认下架"。手持终端中的待下架列表为空，证明货物已经下架完毕

根据手持终端的提示信息，利用叉车将补货下架的货物从正确储存位下架，并等待搬运。

表 5 – 1 – 10　　　　　　　　　　　　　　搬运

岗　　位	作业进度	具体操作
信息管理员	搬运	登录手持终端出库作业界面，点击"搬运作业"，进入搬运作业界面 根据手持终端提示，采集托盘标签信息。信息采集成功后，手持终端系统自动显示货品名称、货品数量和到达地点等信息 点击"确认搬运"，完成补货搬运操作

从设备暂存区取出电动搬运车，行驶至托盘货架交接区。根据手持终端提示信息，将托盘货架交接区的货物搬运至补货暂存区。

表 5 – 1 – 11　　　　　　　　　　　　　　补货上架

岗　　位	作业进度	具体操作
信息管理员	补货上架	登录手持终端出库作业界面，点击"补货上架"，进入补货上架界面 利用手持终端扫描货品条码，获取补货详细信息。根据手持终端提示信息，从补货暂存区的整托货物中取一箱货物，将须补货的货物摆放到电子拣选区"A00007"储位上。摆放时须正确、规范操作 进入手持终端补货上架界面，扫描已补货的储位标签，获取补货详细信息 确认补货信息后，点击"确认补货"，补货上架完成

步骤三：托盘货架区盘点数据采集

系统生成托盘货架区的盘点作业订单后，工作人员进行盘点作业时，可利用手持终端将盘点结果反馈至信息系统，具体操作步骤如表 5 – 1 – 12 所示。

表 5 – 1 – 12   盘点

岗　　位	作业进度	具体操作
信息管理员	盘点	用指定的用户名和密码登录手持终端，点击"盘点作业"进入盘点作业任务表界面 点击待操作任务对应的"盘点"按钮，利用手持终端扫描储位标签，再扫描储位上的货品条码信息。系统会自动显示出该货品的名称、规格等信息 清点货品数量，将库存数量填写到"实际数量"中，该货品盘点完毕后点击"保存"。在作业界面中，会显示该盘点作业的任务量，每当完成一个储位的货品盘点后，盘点作业量也会相应减少一个 返回到盘点作业界面，重复上述盘点操作，进行其他货位的盘点。如果在某一个货位上没有任何货品，则扫描该储位标签后，直接点击"无货品"即可 待该盘点任务全部盘点完成后，手持终端系统会提示无待盘点的货品 待盘点差异调整处理后，登录到手持终端，进入到盘点作业列表中，点击"完成"

步骤四：袖扣低端礼盒流通加工数据采集

系统生成货物袖扣低端礼盒的流通加工作业订单后，工作人员进行流通加工作业时，应利用手持终端进行加工下架、组合、加工上架操作，具体的数据信息采集步骤如表 5 – 1 – 13 至 5 – 1 – 15 所示。

表 5 – 1 – 13   加工下架

岗　　位	作业进度	具体操作
信息管理员	加工下架	登录手持终端系统，点击"加工作业"按钮，进入加工作业管理页面 点击"加工管理"按钮，进入待加工列表页面，此列表中的信息，就是由信息员下达给现场作业人员的指令 在列表中，选择一条待作业信息，点击"启动"按钮启动加工 返回到手持终端加工作业功能页面，点击"加工下架"按钮，进入加工下架页面 根据界面下方待下架加工列表，利用手持终端扫描储位标签和货品条码，系统会自动将该货品信息和下架数量显示出来。核对下架数量，确认无误后点击"确认下架"按钮，货品加工下架操作完毕。在待下架列表中该货品信息将消失。重复上述下架操作，直至将所需组装的材料全部如数下架完毕为止

加工下架操作完成后，就要进行货品加工作业处理。

表 5 – 1 – 14　　　　　　　　　　　　　加工作业

岗　位	作业进度	具体操作
信息管理员	加工作业	返回手持终端主菜单，点击"加工作业"按钮，进入现场加工作业页面 　　在此页面中，最下面的是需要加工的产品列表，利用手持终端扫描货品条码，此时系统会自动的取出货品的名称、需要加工的数量、包装单位及需要加工这种货品所需要的原材料信息 　　核对加工信息无误后，点击"加工确认"按钮，完成加工作业

加工完成后的货品还需要上架到电子拣选区。

表 5 – 1 – 15　　　　　　　　　　　　　加工上架

岗　位	作业进度	具体操作
信息管理员	加工上架	返回加工作业主菜单，点击"加工上架"按钮，进入上架操作 　　利用手持终端扫描待上架货品的货品条码，系统会自动显示出该货品的名称、上架区域、个数等信息。仓管员，根据目标储位信息，将货品放置到相应的储位，扫描储位标签 　　点击"确认上架"按钮，完成上架操作 　　返回加工作业主菜单，点击"加工管理"，可以看到加工订单的状态情况，点击"完成"按钮，加工作业完毕

步骤五：剪刀出库数据采集

系统生成货物剪刀的出库作业单后，工作人员开始利用手持终端进行出库理货清点作业，具体操作步骤如表 5 – 1 – 16 和表 5 – 1 – 17 所示。

表 5 – 1 – 16　　　　　　　　　　　　　出库理货

岗　位	作业进度	具体操作
信息管理员	出库理货	使用给定的用户名和密码登录手持终端系统，进入其应用操作主功能界面。点击"补货/出库作业"，进入出库作业界面 　　点击"出库理货"，进入理货界面。点击"开始"后，手持终端会向立体仓库发出下架的操作指令

表 5 – 1 – 17 出库下架

岗 位	作业进度	具体操作
信息管理员	出库下架	将需要下架的货品下架出库。待货物已经下架，放置在立体仓库出货口后，利用手持终端采集托盘信息 进入到手持终端的"下架作业"界面，手持终端采集到托盘信息后，会自动显示出要下架货品的基本信息，核对下架数量，确认后点击"确认下架" 返回到出库作业功能界面，点击"搬运作业"，采集托盘信息，点击"确认搬运"利用电动搬运车将货物搬运至出库理货区 返回到手持操作终端的"出库理货"界面，点击"理"，核对理货出库的货品、数量信息，确认无误后，点击"保存结果" 当出库理货界面中的提示信息变为"本出库单已理货1托盘"，证明出库理货操作完毕。返回出库理货界面，点击"完成"

分析总结

一、流程

运用条码技术进行入库数据采集的基本流程为操作人员根据分配的账号和密码登录到管理系统，使用条码打印机进行标签的打印，并粘贴到相应的位置，然后应用手持终端进行货物的入库理货、入库搬运、入库上架操作后完成货物的入库数据采集，如图5 – 1 – 28所示。

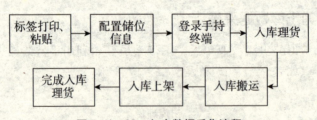

图 5 – 1 – 28 入库数据采集流程

运用条码技术进行补货数据采集的基本流程为操作人员应用手持终端进行货物的下架作业、搬运作业、补货上架后完成货物的补货数据采集，如图 5 – 1 – 29 所示。

运用条码技术进行盘点数据采集的基本流程为操作人员应用手持终端进行货物的盘点，清点货品数量，直至完成全部货物的盘点数据采集，如图 5 – 1 – 30 所示。

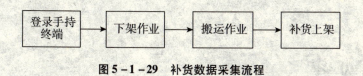

图 5 – 1 – 29　补货数据采集流程

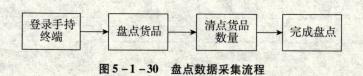

图 5 – 1 – 30　盘点数据采集流程

　　运用条码技术进行流通加工数据采集的基本流程为操作人员应用手持终端进行货物的加工下架、加工作业和加工上架后完成货物的流通加工数据采集，如图 5 – 1 – 31 所示。

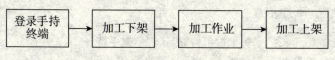

图 5 – 1 – 31　流通加工数据采集流程

　　运用条码技术进行出库数据采集的基本流程为操作人员应用手持终端进行货物的出库理货、出库搬运后完成货物的出库数据采集，如图 5 – 1 – 32 所示。

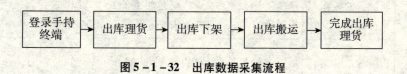

图 5 – 1 – 32　出库数据采集流程

二、注意事项

　　（1）条码的粘贴以符号位置相对统一、符号不易变形、便于扫描操作和识读为准则。

　　（2）应用手持终端进行条码数据采集时，必须保证信息系统中生成了相应的作业单并下达到了手持终端。

任务评价

班级			姓名		小组		
任务名称			条码数据采集				
考核内容		评价标准			参考分值	考核得分	
		优秀	良好	合格		自评（10%）	互评（30%）	教师评价（60%）
1	活动参与情况	积极观摩模仿，及时按任务要求做，认真分析总结	按时完成任务要求，积极观摩模仿	能够参加任务活动，认真观察思考	20			
2	技能掌握情况	熟练掌握手持终端的操作流程，能够准确无误地复述条码数据采集器关于入库、补货、盘点、流通加工的数据采集过程	了解掌握手持终端的操作流程，能够基本正确地复述条码数据采集器关于入库、补货、盘点、流通加工的数据采集过程	了解掌握手持终端的操作流程，能够大部分完整地复述条码数据采集器关于入库、补货、盘点、流通加工的数据采集过程	40			
3	总结归纳相应知识情况	积极参加总结讨论，观点鲜明、新颖、独特	能够参加讨论总结，有自己的观点	有自己的见解；但需要通过总结修正自己的观点	40			
总体评价					总分			

单选题

1. 请指出下列条码中哪个是 UPC 编码（　　　）。

A.

B.

C.

D.

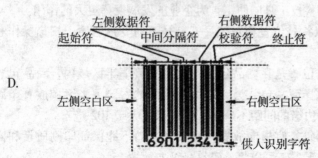

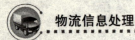
多选题

2. 条码技术的特点包括（　　）。

A. 输入速度快　　　　　　　B. 可靠性低

C. 采集信息量大　　　　　　D. 灵活实用

判断题

3. 条码数据采集器可以理解为带电脑的条码扫描器。（　　）

A. 正确　　　　　　　　　　B. 错误

填空题

4. 条码数据采集器应具有 _____、_____、_____ 和_____ 等功能。

5. 条码（即条码）是利用_____识读并实现数据输入计算机的一种特殊代码。

问答题

6. 请简述使用条码技术的好处。

7. 请简述条码粘贴的原则。

 答 案

1. B

2. ACD

3. A

4. 数据采集、数据传送、数据删除、系统管理

5. 光电扫描阅读设备

6. 使用条码技术具有如下好处：

（1）使用条码扫描代替人工记录，极大的提高了工作效率，并且减少了差错率、提高了数据准确率。

（2）提高管理效率，节约管理费用，降低管理成本。

（3）提高管理人员素质。通过先进管理模式、先进管理工具的使用，管理人员可以学习到先进的管理方法，掌握高科技工具的使用，为企业的发展发挥更大的作用。

7. 条码粘贴的基本原则是以符号位置相对统一、符号不易变形、便于扫描操作和识读为准则。

位置原则：条码粘贴的首选位置是在商品包装背面的右侧下半区域内，商品包装背面不适宜放置条码符号时，可选择商品包装另一个适合的面的右侧下半区域放置条码符号，且条码符号与商品包装邻近边缘的间距不应小于 8 毫米或大于 102 毫米。

方向原则：商品包装上条码符号宜横向放置，在印刷方向不能保证印刷质量和商品包装表面曲率及面积不允许的情况下，可以将条码符号纵向放置。

任务二　RFID 数据采集

◎ 知识目标

　　了解 RFID 的概念、组成、工作原理及特点

　　了解 RFID 的工作流程

　　了解 RFID 在物流中的应用

◎ 能力目标

　　能够掌握 RFID 数据采集的方法

◎ 情感态度与价值观目标

　　培养学生掌握前沿物流技术的兴趣和创新意识

　　北京速达物流有限公司蓝港 1 号仓库现有的仓储管理系统采用的是条码技术进行货物入库、出库数据的采集和统计，但是使用条码技术进行管理具有一些弊端：条码标签容易复制、不防污、不防潮而且只能近距离读取。

　　为了解决这些问题，蓝港 1 号仓库引进 RFID 技术对仓储各环节实施全过程控制管理，对入库、出库、盘点等各个环节进行规范化作业，有效地对仓库流程和空间进行管理，实现批次管理、快速出入库和动态盘点；帮助仓库管理人员对库存物品的入库、出库、移动、盘点、配料等操作进行全面的控制和管理，有效的利用仓库存储空间，提高仓库的仓储能力。

　　2012 年 5 月 12 日，速达物流的客户北京利德曼科技发展有限公司有货物蒸蛋器 20 箱（货品编号：980101495）须入库到蓝港 1 号仓库的托盘货架区"A00000"储位，需要运用 RFID 技术进行数据信息采集。

　　2012 年 9 月 12 日，速达物流的客户北京利德曼科技发展有限公司有货物剪刀 5 箱须从栈板货架区的"A00202"储位出库，需要运用 RFID 技术进行数据信息采集。

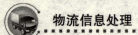

任务单

任务名称	完成 RFID 数据采集
任务要求	1. 进行蒸蛋器入库上架的数据采集 2. 进行剪刀拣货出库的数据采集
任务成果	1. 完成蒸蛋器入库上架的数据采集 2. 完成剪刀拣货出库的数据采集

分析总结

针对本任务，操作准备工作内容如下。

项　目		准备内容	
环境准备	设备/道具	计算机	
	主要涉及岗位角色	仓库工作人员	
制订计划	步骤一	蒸蛋器入库上架数据采集	RFID 标签制作
			准进货区验货
			RFID 入库理货
			货物搬运上架
			系统反馈
	步骤二	剪刀拣货出库数据采集	货物下架
			RFID 出库理货
			系统反馈
			准出货区验货
			RFID 标签回收

一、RFID 概述

（一）定义

RFID（Radio Frequency Identification）即射频识别，又称电子标签、无线射频识别，是一种非接触式的自动识别技术，可通过射频信号识别目标对象并获取相关数据，不需要人工进行干预。

（二）组成

RFID 的基本组成部分包含应答器、阅读器和应用软件系统。

应答器是由天线、耦合元件及芯片组成，一般来说都是用标签作为应答器，每个标签具有唯一的电子编码，附着在物体上标识目标对象，如图 5 - 2 - 1 所示。

图 5 - 2 - 1　RFID 标签

阅读器是由天线，耦合元件，芯片组成，通过天线与 RFID 电子标签进行无线通信，可以实现对标签识别码和内存数据的读出或写入操作，可设计为手持式 RFID 读写器或固定式读写器，如图 5 - 2 - 2 所示。

图 5 - 2 - 2　RFID 读写器

应用软件系统是应用层软件，主要是把收集的数据进一步处理，并为人们所使用。

（三）工作原理

RFID 技术的基本工作原理是标签进入磁场后，接收解读器发出的射频信号，凭借感应电流所获得的能量发送出存储在芯片中的货物信息（Passive Tag，无源标签或被动标签），或者由标签主动发送某一频率的信号（Active Tag，有源标签或主动标签），解读器读取信息并解码后，送至中央信息系统进行有关数据处理，如图 5 - 2 - 3 所示。

图 5 - 2 - 3 RFID 工作原理

（四）特点

从概念上来讲，RFID 类似于条码扫描。对于条码技术而言，它是将已编码的条码附着于目标物并使用专用的扫描读写器利用光信号将信息由条形磁传送到扫描读写器；而 RFID 则使用专用的 RFID 读写器及专门的可附着于目标物的 RFID 标签，利用频率信号将信息由 RFID 标签传送至 RFID 读写器。

然而，RFID 对比条码来说具有七大特点。

1. 快速扫描

条码一次只能有一个条码受到扫描；RFID 辨识器可同时辨识读取数个 RFID 标签。

2. 体积小型化、形状多样化

RFID 在读取上并不受尺寸大小与形状限制，不需为了读取精确度而配合纸张的固定尺寸和印刷品质。此外，RFID 标签更可往小型化与多样形态发展，以应用于不同产品。

3. 抗污染能力和耐久性

传统条码的载体是纸张，因此容易受到污染，但 RFID 对水、油和化学药品等物质具有很强抵抗性。此外，由于条码是附于塑料袋或外包装纸箱上，所以特别容易受到折损；RFID 卷标是将数据存在芯片中，因此可以免受污损。

4. 可重复使用

现今的条码印刷上去之后就无法更改，RFID 标签则可以重复地新增、修改、删除 RFID 卷标内储存的数据，方便信息的更新。

5. 穿透性和无屏障阅读

射频识别系统最重要的优点是非接触识别，在被覆盖的情况下，RFID 能够穿透纸张、木材和塑料等非金属或非透明的材质，并能够进行穿透性通信。而条码扫描机必须在近距离而且没有物体阻挡的情况下，才可以辨读条码。

6. 数据的记忆容量大

一维条码的容量是 50Bytes，二维条码最大的容量可储存 2～3000 字符，RFID 最大的容量则有数 MegaBytes。随着记忆载体的发展，数据容量也有不断扩大的趋势。未来物品所需携带的资料量会越来越大，对卷标所能扩充容量的需求也相应增加。

7. 安全性

由于 RFID 承载的是电子式信息，其数据内容可经由密码保护，使其内容不易被伪造及变造。

制约射频识别系统发展的主要问题是不兼容的标准。射频识别系统的主要厂商提供的都是专用系统，导致不同的应用和不同的行业采用不同厂商的频率和协议标准，这种混乱和割据的状况已经制约了整个射频识别行业的增长。许多欧美组织正在着手解决这个问题，并已经取得了一些成绩。标准化必将刺激射频识别技术的大幅度发展和广泛应用。

二、RFID 标签

（一）按标签内部供电有无分类

1. 被动式标签（无源标签）

被动式标签没有内部供电电源。其内部集成电路通过接收到的电磁波进行驱动，这些电磁波是由 RFID 读取器发出的。当标签接收到足够强度的信号时，可以向读取器发出数据。这些数据不仅包括 ID 号（全球唯一标识 ID），还可以包括预先存在于标签内 EEP-ROM 中的数据。

由于被动式标签具有价格低廉，体积小巧，无须电源的优点。市场的 RFID 标签主要是被动式的。

2. 半主动式标签（半有源标签）

一般而言，被动式标签的天线有两个任务：第一，接收读取器所发出的电磁波，借以驱动标签 IC；第二，标签回传信号时，需要靠天线的阻抗作切换，才能产生 0 与 1 的变化。问题是，想要有最好的回传效率的话，天线阻抗必须设计在"开路与短路"，这样又会使信号完全反射，无法被标签 IC 接收，半主动式标签就是为了解决这样的问题。半主动式类似于被动式，不过它多了一个小型电池，电力恰好可以驱动标签 IC，使得 IC 处于工作的状态。这样的好处在于天线可以不用管接收电磁波的任务，充分作为回传信号之用。比起被动式，半主动式有更快的反应速度，更好的效率。

3. 主动式标签（有源标签）

与被动式和半被动式不同的是，主动式标签本身具有内部电源供应器，用以供应内部 IC 所需电源以产生对外的信号。一般来说，主动式标签拥有较长的读取距离和较大的记忆体容量可以用来储存读取器所传送来的一些附加讯息。

（二）按工作频率分类

1. 低频电子标签

低频段电子标签，简称为低频标签，其工作频率范围为 30～300kHz。典型工作频率有：125kHz，133kHz（也有接近的其他频率，如 TI 使用 134.2kHz）。低频标签一般为无源标签，其工作能量通过电感耦合方式从阅读器耦合线圈的辐射近场中获得。低频标签与阅读器之间传送数据时，低频标签需位于阅读器天线辐射的近场区内。低频标签的阅读距离一般情况下小于 1 米。

2. 中高频段电子标签

中高频段电子标签的工作频率一般为 3～30MHz。典型工作频率为：13.56MHz。该频段的电子标签，从射频识别应用角度来说，因其工作原理与低频标签完全相同，即采用电感耦合方式工作，所以宜将其归为低频标签类中。另外，根据无线电频率的一般划分，其工作频段又称为高频，所以也常将其称为高频标签。

高频电子标签一般也采用无源方式，其工作能量同低频标签一样，也是通过电感（磁）耦合方式从阅读器耦合线圈的辐射近场中获得。标签与阅读器进行数据交换时，标签必须位于阅读器天线辐射的近场区内。中频标签的阅读距离一般情况下也小于 1 米（最大读取距离为 1.5 米）。

3. 超高频与微波标签

超高频与微波频段的电子标签，简称为微波电子标签，其典型工作频率为：433.92MHz，862（902）～928MHz，2.45GHz，5.8GHz。微波电子标签可分为有源标签与无源标签两类。工作时，电子标签位于阅读器天线辐射场的远区场内，标签与阅读器之间的耦合方式为电磁耦合方式。阅读器天线辐射场为无源标签提供射频能量，将有源标签唤醒。相应的射频识别系统阅读距离一般大于 1 米，典型情况为 4～7 米，最大可达10 米以上。阅读器天线一般均为定向天线，只有在阅读器天线定向波束范围内的电子标签可被读/写。

三、RFID 阅读器

（一）功能

（1）RFID 不同频道的读写

（2）Wi-Fi/GPRS/蓝牙无线数据传输

（3）GPS 定位

（4）摄像头摄像

（5）支持条码扫描

（6）指纹识别

（7）蓝牙

（二）基本参数

1. 性能参数

CPU：samsung ARM920T@533MHz

内存：256MBit SRAM/1G ROM

接口/通信：USB、UART

存储卡空间扩展：最大支持8G Micro SD（TF）卡

2. 使用环境

工作温度：–20℃~50℃

储存温度：–25℃~70℃

湿度：5%~95%RH（无凝露）

跌落规格：在操作温度范围内，6面均可承受从1.5米高度跌落至水泥地面的冲击

滚动规格：1000次0.5米，六个接触面滚动

密封环境：IP64

（三）频率

RFID读写器根据频率可以分为125K，13.56M，900M，2.4G等频段的读写器。

（1）125K频段读写器一般叫做LF，使用简单，价格低廉，典型读写器有YW–206和YW–266等。

（2）13.56M频段读写器一般叫做HF，保密性强，是近距离RFID保密性好，经典优秀的方案，性价比高的读写器有YW–605系列，SDT系列读写器。

（3）900M频段读写器一般叫做UHF，通信距离远，防冲突性能好，一般用做停车场和物流上，典型的读写器有YW–602系列。

（4）2.4G频段读写器属于微波段RFID读卡器，穿透性强，是自动智能设备的首选，典型的读卡器有YW–650系列。

（四）选购RFID读写器七大要素

RFID读写器作为应用系统中必不可少的一部分，其选型正确与否将关系到客户项目能否顺利实施和实施成本；在读写器选用方面最好经过严密的流程才能保证项目的成功。

（1）需要关注读写器设备的频率范围，看其是否满足项目使用地的频率规范；

（2）了解读写器的最大发射功率和配套选型的天线是否辐射超标；

（3）看读写器具备的天线端口数量，根据应用是否需要多接口的读写器；

（4）通信接口是否满足项目的需求；

（5）了解读距和防碰撞指标，读距指标要明确什么天线和标签下测试的；防碰撞要明确什么标签在什么排列方式下多长时间内全部读完；

（6）一个RFID应用系统除了和读写器有关外，还和标签、天线、被贴标物品材质、被贴标物品运动速度、周围环境等相关，在确定设备前最好能模拟现场情况进行测试和验证，确保产品真是能满足应用需求；

（7）模拟情况下连续测试设备的稳定性，确保能长时间的稳定工作。

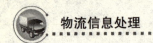

四、RFID 工作流程

（1）读写器通过发射天线发送一定频率的射频信号，当标签进入发射天线工作区域时产生感应电流，标签获得能量被启动。

（2）标签将自身编码等信息透过天线发送出去。

（3）读写器接收天线接收到从标签发送来的载波信号，经天线调节器传送到读写器，读写器对接收的信号进行解调和译码然后送到后台软件系统处理。

（4）应用软件系统根据逻辑运算判断该卡的合法性，针对不同的设定做出相应的处理和控制，发出指令信号控制执行相应的动作。

五、RFID 系统类型

根据 RFID 系统完成的功能不同，可以粗略地把 RFID 系统分成四种类型：EAS 系统、便携式数据采集系统、网络系统、定位系统。

（一）EAS 系统

ELECTRONIC ARTICLE SURVEILLANCE（EAS）是一种设置在需要控制物品出入的门口的 RFID 技术。这种技术的典型应用场合是商店、图书馆、数据中心等地方，当未被授权的人从这些地方非法取走物品时，EAS 系统会发出警告。

在应用 EAS 技术时，首先在物品上黏附 EAS 标签，当物品被正常购买或者合法移出时，在结算处通过一定的装置使 EAS 标签失活，物品就可以取走。物品经过装有 EAS 系统的门口时，EAS 装置能自动检测标签的活动性，发现活动性标签 EAS 系统会发出警告。EAS 技术的应用可以有效防止物品的被盗，不管是大件的商品，还是很小的物品。

应用 EAS 技术，物品不用再锁在玻璃橱柜里，可以让顾客自由地观看、检查商品，这在自选日益流行的今天有着非常重要的现实意义。典型的 EAS 系统一般由三部分组成：

（1）附着在商品上的电子标签，电子传感器；

（2）电子标签灭活装置，以便授权商品能正常出入；

（3）监视器，在出口造成一定区域的监视空间。

EAS 系统的工作原理是：在监视区，发射器以一定的频率向接收器发射信号。发射器与接收器一般安装在零售店、图书馆的出入口，形成一定的监视空间。当具有特殊特征的标签进入该区域时，会对发射器发出的信号产生干扰，这种干扰信号也会被接收器接收，再经过微处理器的分析判断，就会控制警报器的鸣响。根据发射器所发出的信号不同以及标签对信号干扰原理不同，EAS 可以分成许多种类型。

（二）便携式数据采集系统

便携式数据采集系统是使用带有 RFID 阅读器的手持式数据采集器采集 RFID 标签上的数据。这种系统具有比较大的灵活性，适用于不宜安装固定式 RFID 系统的应用环境。手持式阅读器（数据输入终端）可以在读取数据的同时，通过无线电波数据传输方式（RFDC）实时地向主计算机系统传输数据，也可以暂时将数据存储在阅读器中，再一批一批地向主计算机系统传输数据。

（三）物流控制系统

在物流控制系统中，固定布置的 RFID 阅读器分散布置在给定的区域，并且阅读器直接与数据管理信息系统相连，信号发射机是移动的，一般安装在移动的物体、人上面。当物体、人流经阅读器时，阅读器会自动扫描标签上的信息并把数据信息输入数据管理信息系统存储、分析、处理，达到控制物流的目的。

（四）定位系统

定位系统用于自动化加工系统中的定位以及对车辆、轮船等进行运行定位支持。阅读器放置在移动的车辆、轮船上或者自动化流水线中移动的物料、半成品、成品上，信号发射机嵌入到操作环境的地表下面。信号发射机上存储有位置识别信息，阅读器一般通过无线的方式或者有线的方式连接到主信息管理系统。

六、RFID 在物流中的应用

尽管 RFID 技术在物流行业中的应用很广泛，但供应链与物流管理才是 RFID 技术最重要的应用领域。主要表现在以下几个方面：

（一）物料管理

在物料管理方面，由于物料配送的不协调而影响货物的生产效率，通过 RFID 技术对采购的生产物料按统一的规则建立编码，从而改变物料供应的无序状态，防止不必要的损失和混乱。对于需要进行跟踪的物料，管理人员要贴上电子标签，以便进行管理。利用 RFID 技术不仅利于对物料追踪和管理，而且有助于合理准备物料库存，提高生产效率，合理调动企业资金。物联网帮助管理人员及时根据生产进度进行补货，不仅减少了物料库存和库存统计压力，使物料库存信息实时准确，同时也加强了对货物质量的监控和管理，减少了货物召回和维护成本。

（二）生产管理

在生产管理方面，货物通过 RFID 可以实现生产线运作的动化，快速准确地找到所需的零部件，及时将其送上生产线，实现在整个生产线上对材料、零件、货物的识别和跟踪，从而杜绝仿冒部件和不合格货物，降低识别的成本，减少出错率，提高生产效益。通过 RFID 技术实时监控生产情况和货物状态，提高货物合格率，为管理者提供及时准确的数据，以便根据生产实际情况及时调整作业计划，便利地解决生产中出现的问题，自动管理库存、均衡流水线的负载状况。通过 RFID 技术对各车间生产物料的识别和实时跟踪，可以将企业的管理信息系统与生产过程监控系统融为一体，实现其一体化集成和资源共享，建立综合实时信息库，确保各类数据的一致和完整，从而为企业决策者提供动态的监控生产，为企业生产调度、决策提供依据，提高管理效率，延伸企业管理功能，进而为实现 JIT 等先进的管理模式做出保证。

（三）仓储作业

在仓储环节中，RFID 技术广泛应用于货物的存取、盘点和存量控制。以 RFID 技术为核心的智能托盘系统解决了货物在仓库中堆放、卸载、管理和跟踪的问题，保证了相关信息的准确、可靠。管理人员通过 RFID 技术能够实时了解到货物的存放位置，有效地利用库存空间，不仅提高了工作效率，也降低了库存成本。通过 RFID 技术对货物进行自动识别和数据采集，能够避免数据的重复输入，杜绝由此造成的失误，提高了作业的准确率和速率，因此节省了人工成本，并减少了由于错误所造成的损耗。

由于 RFID 实现数据录入的自动化，盘点时管理员无须再检查或重新扫描条码，可以减少大量的人力物力，使盘点速度更快、更准确。企业利用 RFID 技术进行库存控制，能够随时了解货物库存的准确信息，从中掌握各种货物的需求数量，快速补货，改变低效率的运作情况，同时提高库存管理的能力，降低库存平均水平，最终降低库存成本。

（四）配送分销作业

在配送分销环节中，利用 RFID 技术可以加快配送速度，提高配送过程准确率，降低配送成本。配送中心利用 RFID 技术，能够缩短配送作业流程、改善配送作业质量、节省人力成本。由于在流程中捕获数据，信息的传送更加迅速准确，管理也更加透明化。由于入库、盘点、补货的准确性的提高，改善了整个供货配送的效率。

如果到达配送（分销）中心的所有货物都贴有 RFID 标签，在货物的发运与接收过程中，就能够自动处理装货与卸货、自动换装、自动生成准确的电子配货清单，从而减少人力需求，使处理速度更快；在货物的存储与配送过程中，自动搬运、分拣与包装货物，增加仓库物流和货物存放准确性，减少时间浪费，提高订单完成率，并支持最后一分钟订货，改善送货容器的利用率。

（五）运输作业

在运输环节中，企业可以通过 RFID 技术随时了解供应链中的某些特定货物的状态。在直接转装运作过程中使用 RFID 能实现自动送货处理，提高装载准确性，减少货物转移，提高核查点效率，提高运输安全性，并改善运输资产利用率，使交付周转速度更快。

由于人工数据采集工作只有在停止当前业务流程的情况下才能进行，这样不但会影响采集数据的准确性，并且限制了运输过程中业务的处理速度。使用 RFID 技术能够对高速移动的远距离目标进行非接触自动识别，并且还可以追踪货物的"生存状态"，提供更完备的过程资料记录。"电子标签可以嵌入到货物装运设施中，以便在货物从仓库运往商店上架的途中监视温度、震动腐坏和其他因素的变化。这样企业就能够及时掌握在途货物的情况和实时跟踪运输工具"。

（六）零售环节

在零售环节中，RFID 技术主要用于单个货物，在每一个货物上以 RFID 标签取代条码标签，每一个 RFID 标签上用货物编号加上序号来识别每一个货物，利用这个方式进行盘点、收货以及零售点的付款台作业。由于每一个货物具有唯一的 RFID 标签，可将所有货物以最小单位进行管理，对货架上的货物促销、防窃、顾客行为分析等也可以按照单个货物来进行管理。通过 RFID 技术对单个货物的管理，可以实时监控供应链中的物品运送情况，同时提高运营效率与商店的效率，而有效的供应链运营又可以确保消费者在准备进行购买时商品能够及时到货。当货物实现 RFID 标签化以后，开架销售可以提高货物的销售额。

RFID 在零售领域所产生的可见性的潜在收益还包括：减少库存量，降低人力成本和提高销售额。通过使用 RFID 技术可以消除由于脱销而导致的销售额损失；提高商店收货、处理、补货以及销售点效率，加快退货处理的速度：在商店收货时可以快速通知销售现场所需的数量；通过在销售现场以及仓库存放商品的情况，即时地满足客户需求：快速、准确地进行库存核算；及时监控整个环节中的装置、纸箱以及货盘；在检查点立即识别异常情况；及时进行补货；杜绝缺陷商品与仿冒商品；改进零售商的运营方式，对货物的生存周期进行控制；在销售终端自动扫描、自动统计和自动收费。

步骤一：蒸蛋器入库上架数据采集

1. RFID 标签制作

在货物入库之前，工作人员须制作 RFID 电子标签，对每批（或箱或件）货物都建立 RFID 电子标签来标识。每个电子标签产生唯一的码序列号，每个电子标签对应货物的相关信息，如货物的品名、规格、数量、入库日期、出库日期及保质期等，具体操作步骤如表 5 - 2 - 1 所示。

表 5 - 2 - 1 　　　　　　　　　　　　　RFID 标签制作

岗　位	作业进度	具体操作
信息管理员	RFID 标签制作	登录到物流综合业务平台，以给定的账号进入第三方物流信息管理系统中的"仓储管理"系统，选择"配置管理"模块下的"RFID 配置"，进行 RFID 标签制作 　点击"查询货品"，选中客户需要入库的货品条目，并选择使用的 RFID 标签，点击"写入"，将货品信息写入到 RFID 标签中

将录入货物信息的 RFID 标签制作成唯一对应的货物 RFID 标签，如图 5 - 2 - 4 所示。

2. 准进货区验货

在特殊指定的"准进货区"，由仓库管理员按货物入库单照单验货，若准确无误就将 RFID 电子标签贴（或挂）在货物上，准予入库，如图 5 - 2 - 5 所示。

3. RFID 入库理货

货物准予入库后，工作人员进行入库理货操作，具体操作步骤如表 5 - 2 - 2 所示。

图 5 – 2 – 4　制作完成的 RFID 标签

图 5 – 2 – 5　RFID 标签粘贴

表 5 – 2 – 2　　　　　　　　　　　　　　　　RFID 入库理货

岗　位	作业进度	具体操作
信息管理员	RFID 入库理货	登录到物流综合业务平台，以给定的账号进入第三方物流信息管理系统中的"仓储管理"系统，选择"入库作业"模块下的"入库反馈"，进行 RFID 入库理货 点击"理货"，进入库理货界面，选中客户需要入库的货品条目，点击"RFID 扫描"，进行货物入库扫描

　　货物通过仓库入口的固定式 RFID 系统时，读写器读入入库货物的 RFID 标签编码，进行 RFID 入库数据信息采集，如图 5 – 2 – 6 所示。

　　货物完全通过仓库入口的固定式 RFID 系统后，自动在电脑数据库里产生入库的上架记录，RFID 数据信息扫描结束，如图 5 – 2 – 7 所示。

　　工作人员点击"RFID 结束"，完成货物的入库扫描操作。

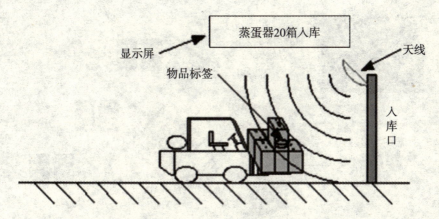

图5-2-6　RFID入库数据采集

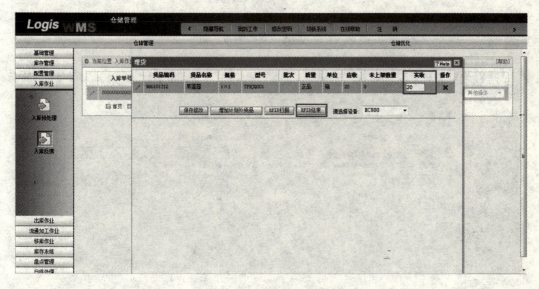

图5-2-7　RFID入库扫描

4. 货物搬运上架

工作人员利用固定式RFID读写器和车载电脑构成移动作业平台的叉车搬运货物，读写器通过读写RFID标签，自动指示叉车到货物上架储位，如图5-2-8所示。

5. 系统反馈

货物上架完成后，工作人员点击RFID入库理货界面的"完成"，证明货物蒸蛋器已入库，如图5-2-9所示。

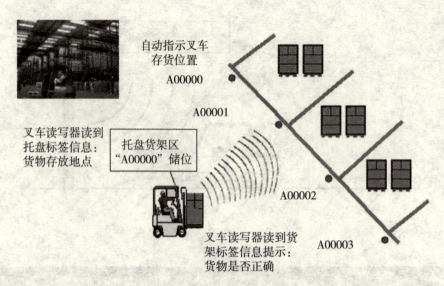

图 5 - 2 - 8　货物搬运上架

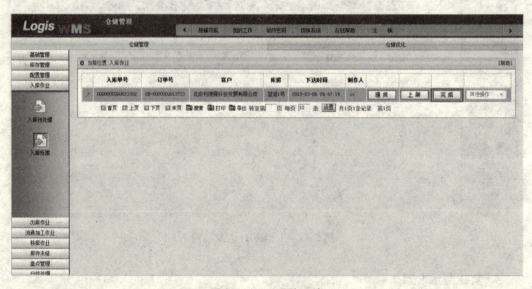

图 5 - 2 - 9　系统反馈

步骤二：剪刀拣货出库数据采集

1. 货物下架

仓库管理员在接到货物出库指令后，操作固定式 RFID 读写器和车载电脑构成移动作业平台的叉车，根据 RFID 读写器提示，行驶到货物的仓库储位拣选出货物剪刀 5 箱，如图 5 - 2 - 10 所示。

图 5 - 2 - 10　货物下架

2. RFID 出库理货

货物通过 RFID 拣选下架后，工作人员进行出库理货操作，具体操作步骤如表 5 - 2 - 3 所示。

表 5 - 2 - 3　　　　　　　　　　　　RFID 出库理货

岗　位	作业进度	具体操作
信息管理员	RFID 出库理货	登录到物流综合业务平台，以给定的账号进入第三方物流信息管理系统中的"仓储管理"系统，选择"出库作业"模块下的"出库反馈"，进行 RFID 出库理货 点击"理货"，进出库理货界面，选中客户需要出库的货品条目，点击"RFID 扫描"，进行货物出库扫描

货物通过仓库出口的固定式 RFID 系统时，读写器读入出库货物的 RFID 标签编码，进行 RFID 出库数据信息采集，如图 5 - 2 - 11 所示。

货物完全通过仓库出口的固定式 RFID 系统后，自动在电脑数据库里产生出库记录，RFID 数据信息扫描结束，如图 5 - 2 - 12 所示。

工作人员点击"RFID 结束"，完成货物的出库扫描操作。

3. 系统反馈

货物出库完成后，工作人员点击 RFID 出库理货界面的"完成"，证明货物剪刀已出库，如图 5 - 2 - 13 所示。

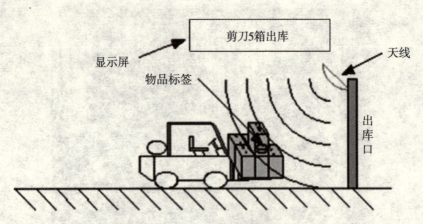

图 5 - 2 - 11　RFID 出库数据采集

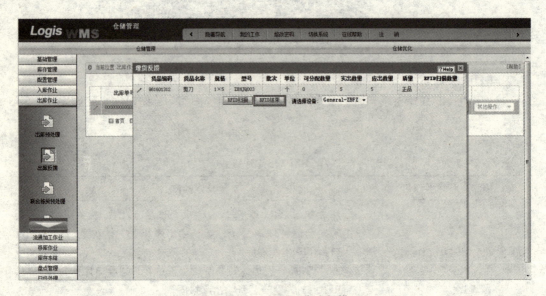

图 5 - 2 - 12　RFID 出库扫描

4. 准出货区验货

在特殊指定的"准出货区",由仓库管理员按货物出库领货单照单做最后的验货,以保证发货的准确性,以免造成难以挽回的损失。若发现错误,可及时采取补救措施纠正。若准确无误,就准予出库。

5. RFID 标签回收

当仓库管理员确认发货准确无误时,将贴(或挂)在货物上的 RFID 电子标签收回,以便仓库管理重复使用。

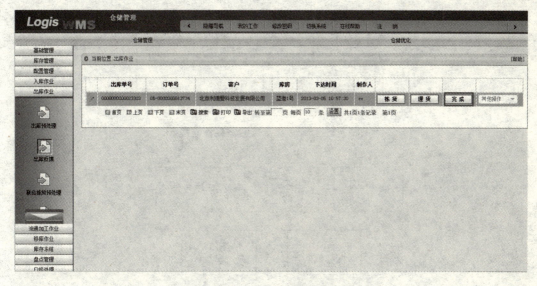

图 5 – 2 – 13　系统反馈

图 5 – 2 – 14 RFID 标签回收

分析总结

　　运用 RFID 进行入库数据采集的基本流程为操作人员根据入库货物信息制作 RFID 标签，在准进货区进行货物的验货并粘贴 RFID 标签，应用 RFID 进行入库理货、搬运上架，然后进行入库反馈完成 RFID 入库上架数据采集，如图 5 – 2 – 15 所示。

　　运用 RFID 进行出库数据采集的基本流程为操作人员按照 RFID 读写器提示进行货物的货物下架、出库理货，然后进行出库反馈后在准出货区验货并回收 RFID 标签，完成货物的出库数据采集，如图 5 – 2 – 16 所示。

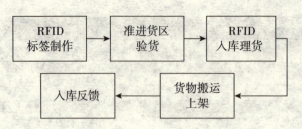

图 5 – 2 – 15　入库上架数据采集流程

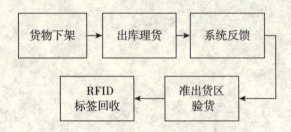

图 5 – 2 – 16　出库数据采集流程

任务评价

班级			姓名		小组		
任务名称			RFID 数据采集				
考核内容		评价标准			参考分值	考核得分	
		优秀	良好	合格		自评（10%）	互评（30%）	教师评价（60%）
1	活动参与情况	积极观摩模仿，及时按任务要求做，认真分析总结	按时完成任务要求，积极观摩模仿	能够参加任务活动，认真观察思考	20			
2	技能掌握情况	能够准确并详尽地描述仓库 RFID 数据采集过程	能够基本准确地描述仓库 RFID 数据采集过程	能够大致地描述仓库 RFID 数据采集过程	40			
3	总结归纳相应知识情况	积极参加总结讨论，观点鲜明、新颖、独特	能够参加讨论总结，有自己的观点	有自己的见解；但需要通过总结修正自己的观点	40			
总体评价					总分			

单选题

1. RFID 的基本组成部分包含（　　　）。

A. 天线、耦合元件、芯片　　　　　B. 标签、读写器和应用软件系统

C. 标签、天线、芯片　　　　　　　D. 标签、耦合元件、应用软件系统

多选题

2. RFID 对比条码来说具有哪些特点（　　　）。

A. 扫描速度慢　　　　　　　　　　B. 体积小型化、形状多样化

C. 安全、可重复使用　　　　　　　D. 数据的记忆容量大

判断题

3. 被动式标签设有内部供电电源，当标签接收到足够强度的信号时，可以向读取器发出数据。（　　　）

A. 正确　　　　　　　　　　　　　B. 错误

填空题

4. RFID 标签按标签内部供电有无可分为 _____、_____ 和 _____。

5. 根据 RFID 系统完成的功能不同，可以粗略地把 RFID 系统分成四种类型：_____、_____、_____ 和 _____。

问答题

6. 请简述 RFID 的工作流程。

答案

1. B

2. BCD

3. B

4. 被动式标签、半主动式标签、主动式标签

5. EAS 系统、便携式数据采集系统、网络系统、定位系统

6. （1）读写器通过发射天线发送一定频率的射频信号，当标签进入发射天线工作区域时产生感应电流，标签获得能量被启动。

（2）标签将自身编码等信息透过天线发送出去。

（3）读写器接收天线接收到从标签发送来的载波信号，经天线调节器传送到读写器，读写器对接收的信号进行解调和译码然后送到后台软件系统处理。

（4）应用软件系统根据逻辑运算判断该卡的合法性，针对不同的设定做出相应的处理和控制，发出指令信号控制执行相应的动作。

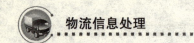

项目六　物流信息系统报表导出

任务一　仓库明细表的制作

学习目标

◎ 知识目标

　　了解 Excel 排序和筛选方法

　　理解仓库明细表的作用

◎ 能力目标

　　掌握制作仓库明细表的方法

◎ 情感态度与价值观目标

　　培养学生积极思考的工作习惯

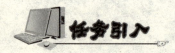任务引入

北京祥瑞汽车物流有限公司主要从事汽车零部件入厂物流业务。汽车零部件入厂物流业务的主要业务活动为：

（1）检验、保管从供应商送来的汽车零部件。

（2）根据汽车企业生产厂要求向生产线按时、按量输送需要的汽车零部件。

北京祥瑞汽车物流有限公司零部件拣货工作流程：

（1）计划打单室打单员使用仓储管理系统按生产计划打出投料卡。

（2）保管员班长领投料卡，分发给对应保管员。

（3）保管员根据投料卡拣货，并将零部件放入暂存区。

（4）转运员将放在暂存区的零部件送到汽车生产线并将一联投料卡交给生产车间对应负责人。

2012 年 7 月 18 日上午，北京祥瑞汽车物流有限公司计划打单室赵鑫班长要求打单员张强从仓储系统中导出 2012 年 7 月 18 日出库明细表，并为保管员 WL01B002 制作保管员明细表。

工作前张强已经从仓储管理系统中导出一张包括 2012 年 7 月 18 日所有需要拣货（出库）的零部件明细表，如图 6 - 1 - 1 所示。

图 6 - 1 - 1　2012 年 7 月 18 日计划打单明细

任务单

任务单

任务名称	完成订单拣货
任务要求	了解 Excel 排序和筛选的定义和方法 了解 Excel 定位的方法 了解 Excel 相对引用、绝对引用、混合引用的方法 了解 Excel 文本合并的意义和方法
任务成果	能够根据要求对数据进行排序和筛选 能够灵活运用 Excel 查找定位功能进行定位 能够灵活运用相对引用、绝对引用、混合引用 能够使用 & 进行文本合并

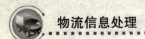

针对本任务，分析相关内容如下。

项　目		准备内容
环境准备	设备/道具	计算机、从系统中导出的出库 Excel 表
	主要涉及岗位角色	计划打单员
	软件	Excel
	涉及单据	无
制订计划	步骤一	系统中导出 2012 年 7 月 18 日出库明细表
	步骤二	删除多余项
	步骤三	对保管员字段进行排序与筛选
	步骤四	对物料号排序，合并供应商编码与物料号
	步骤五	对合并栏排序
	步骤六	使用逻辑函数 A = B 判断并删除重复项
	步骤七	通过定位复制剩余项到新表
	步骤八	添加编号列保存表格

一、保管员明细表

1. 保管员明细表是什么

保管员明细表记录着每位保管员一天为生产供应需要拣取的所有商品信息。如图 6 - 1 - 2 所示。

编号	用料部门	工位	供应商编码	供应商简称	物料号	物料名称	保管员
1	总装线边库	ZRDP200	A0147	南京民光	1106635600521	前制动胶管总成	WL01B002
2	总装线边库	ZTCF010	A0147	南京民光	1110835600008	钢管总成-四回路至储气筒	WL01B002
3	总装线边库	ZRDP170	A0147	南京民光	1110835600029	高温橡胶管总成	WL01B002
4	总装线边库	ZRDP180	A0147	南京民光	1114135600003	橡胶管总成	WL01B002

图 6 - 1 - 2　保管员明细表

2. 为什么要制作保管员明细表

由于投料卡在打印、传递、拣货过程中可能遗漏，导致零部件供应出现问题，计划打单员制作了每位保管员的保管员明细表，这样保管员通过核对保管员明细表上的零部件和自己拿到投料卡上的零部件，就能知道自己应该有几张投料卡，防止投料卡遗漏。

如图6-1-3所示保管员明细表至少包括编号、出库单号、用料部门、工位、供应商简称、物料号、物料名称、保管员几个字段，通过保管员明细表与保管员投料卡核对，保管员可以掌握自己应拿到投料卡的正确数量和一天所需拣所有零部件种类。

	A	B	C	D	E	F	G	H
	编号	出库单号	用料部门	工位	供应商简称	物料号	物料名称	保管员
	1	JC71606892	总装线边库	ZTDP180	南京民光	H2356102004A0	钢管总成-干燥器至直通	WL01B002
	2	JC71606893	总装线边库	ZTFF060	南京民光	H2356102003A0	钢管总成-直通至软管	WL01B002
	3	JC71606116	总装线边库	ZTDP180	南京民光	H1356102006A0	钢管总成-软管至车架	WL01B002
	4	JC71607356	总装线边库	ZRDP180	南京民光	H1356102003A0	钢管总成-软管至车架	WL01B002
	5	JC71607353	总装线边库	ZRFF060	南京民光	H1356102002A0	钢管总成-空压机至软管	WL01B002
	6	JC71605729	总装线边库	ZRDP180	南京民光	H1356102001A0	钢管总成-软管至隔直	WL01B002
	7	JC71606894	总装线边库	ZTDP210	南京民光	H1340240004A0	助力缸油管总成2	WL01B002
	8	JC71606894	总装线边库	ZTDP210	南京民光	H1340240003A0	助力缸油管总成1	WL01B002
	9	JC71607362	总装线边库	ZRDP200	河北恒业	H1340240002A0	助力缸油管总成2	WL01B002
	10	JC71607362	总装线边库	ZRDP200	河北恒业	H1340240001A0	助力缸油管总成1	WL01B002
	11	JC71607361	总装线边库	ZRDP210	河北恒业	H1340090008A0	吸油钢管	WL01B002
	12	JC71606115	总装线边库	ZTDP210	南京民光	H1340090007A0	吸油钢管	WL01B002

图6-1-3　保管员明细表示例

通过为每个保管员（例如，图6-1-3中为保管员WL01B002明细表）制作明细表，使每位保管员能够确定自己需要拣的零部件总量和投料卡总量，不会出现丢单和漏拣现象。

二、排序与筛选

1. 排序

对数据进行排序是数据分析不可缺少的组成部分，对数据进行排序有助于快速直观地显示数据并更好地理解数据，有助于组织并查找所需数据，有助于最终做出更有效的决策。在进行字段处理前对数据进行排序和筛选，不仅能够杜绝不必要的错误，同时也能大大提高工作效率。

Execl本身具有很方便的排序与筛选功能，下拉"数据"菜单即可选择排序或筛选对数据清单进行排序或筛选。Excel的排序功能分为简单排序和高级排序。

简单排序是指在对数据清单进行排序时，如果只是按照单列的内容进行简单排序，可以直接使用工具栏中的"升序排序"按钮 或"降序排序"按钮 。

高级排序是指按照多个条件对数据清单进行排序。一般来说，可以按照以下方式对数据进行排序：将名称列表按字母顺序排列；按从高到低的顺序编制产品存货水平列表，按颜色或图标对行进行排序。具体来说，可以对一列或多列中的数据按文本（升序或降序）、数字（升序或降序）以及日期和时间（升序或降序）进行排序。还可以按自定义序列（如大、中和小）或格式（包括单元格颜色、字体颜色或图标集）进行排序。大多数排序操作都是针对列进行的，但是，也可以针对行进行。

排序的基本步骤：

首先，选中需要进行排序的区域，如图6-1-4所示。

	A	B	C	D	E	F
	序号	姓名	属地	部门	通用职位	入职时间
2	1	管亚军	北京	开发实施三部	软件服务顾问	2005年10月8日
3	2	姜敏兰	北京	北京大客户实施一部	质量保证工程师	2005年11月17日
4	3	赵慧君	天津	北京大客户实施一部ADM1组	软件系统工程师	2006年11月1日
5	4	权才明	北京	北京大客户实施一部ADM1组	软件工程师	2007年4月9日
6	5	王冰冰	北京	北京大客户实施一部ADM1组	软件系统工程师	2007年4月16日
7	6	杨叶	上海	北京大客户实施一部ADM1组	开发主管	2007年5月21日
8	7	林琦	北京	北京大客户实施一部ADM1组	测试工程师	2007年10月8日
9	8	曹威	上海	开发实施三部	软件工程师	2007年11月1日
10	9	向天礼	北京	开发实施三部	软件工程师	2007年11月1日
11	10	周顺	上海	开发实施三部	软件工程师	2007年11月1日
12	11	张洪霞	北京	开发实施三部	软件工程师	2007年11月1日
13	12	潘晓路	天津	开发实施三部	软件工程师	2007年11月1日
14	13	张超	北京	开发实施三部	软件工程师	2007年11月1日
15	14	杨帆	广州	开发实施三部	高级软件工程师	2007年11月1日
16	15	沈晓刚	北京	开发实施三部	高级软件工程师	2007年11月1日
17	16	卢波	广州	开发实施三部	高级软件工程师	2007年11月1日
18	17	王硕梅	北京	北京大客户实施一部ADM1组	软件系统工程师	2008年3月11日
19	18	魏志杰	北京	北京大客户实施一部ADM1组	软件工程师	2008年5月7日
20	19	陶翔涛	天津	开发实施三部	高级架构师	2008年6月6日
21	20	马志国	北京	北京大客户实施一部ADM1组	高级软件工程师	2008年7月1日

图6-1-4　排序区域选择

其次，点击数据标签栏中的排序按钮，进入排序条件设置窗口。

接下来，设置排序的条件，加入"主要关键字"、"次要关键字"，并设置其是升序还是排序，如图6-1-5所示。

点击确定后，完成排序。排序结果如图6-1-6所示。

2. 筛选

使用自动筛选来筛选数据，可以快速而又方便地查找和使用单元格区域或表列中数据的子集。筛选过的数据仅显示那些满足指定条件的行，并隐藏那些不希望显示的行。筛选数据之后，对于筛选过的数据的子集，不需要重新排列或移动就可以复制、查找、编辑、设置格式、制作图表和打印。

还可以按多个列进行筛选。筛选器是累加的，这意味着每个追加的筛选器都基于当

图 6 – 1 – 5 排序条件设置

	A	B	C	D	E	F
1	序号	姓名	属地	部门	通用职位	入职时间
2	2	姜敏兰	北京	北京大客户实施一部	质量保证工程师	2005年11月17日
3	4	权才明	北京	北京大客户实施一部ADM1组	软件工程师	2007年4月9日
4	5	王冰冰	北京	北京大客户实施一部ADM1组	软件系统工程师	2007年4月16日
5	7	林琦	北京	北京大客户实施一部ADM1组	测试工程师	2007年10月8日
6	17	王硕梅	北京	北京大客户实施一部ADM1组	软件系统工程师	2008年3月11日
7	18	魏志杰	北京	北京大客户实施一部ADM1组	软件工程师	2008年5月7日
8	20	马志国	北京	北京大客户实施一部ADM1组	高级软件工程师	2008年7月1日
9	21	宋晓光	北京	北京大客户实施一部ADM1组	测试工程师	2008年7月28日
10	24	付中宇	北京	北京大客户实施一部ADM1组	高级软件工程师	2009年7月23日
11	25	车珠明	北京	北京大客户实施一部ADM1组	高级软件工程师	2009年7月23日
12	28	胡肖宇	北京	北京大客户实施一部ADM1组	高级软件工程师	2009年8月10日
13	29	裴晓峰	北京	北京大客户实施一部ADM1组	软件工程师	2009年8月11日
14	27	包巍	北京	北京大客户实施一部SIS组	项目经理	2009年7月27日
15	1	管亚军	北京	开发实施三部	软件服务顾问	2005年10月8日
16	9	向天礼	北京	开发实施三部	软件工程师	2007年11月1日
17	11	张洪霞	北京	开发实施三部	软件工程师	2007年11月1日
18	13	张超	北京	开发实施三部	软件工程师	2007年11月1日
19	15	沈晓刚	北京	开发实施三部	高级软件工程师	2007年11月1日
20	22	付文杰	北京	开发实施三部	软件服务顾问	2008年10月6日

图 6 – 1 – 6 排序结果

前筛选器, 从而进一步减少了数据的子集。使用自动筛选可以创建三种筛选类型: 按列表值、按格式或按条件。对于每个单元格区域或列表来说, 这三种筛选类型是互斥的。例如, 不能既按单元格颜色又按数字列表进行筛选, 只能在两者中任选其一; 不能既按图标又按自定义筛选进行筛选, 只能在两者中任选其一。

为了获得最佳效果, 请不要在同一列中使用混合的存储格式, 因为每一列只有一种类型的筛选命令可用。如果使用了混合的存储格式, 则显示的命令将是出现次数最多的存储格式。例如，如果该列包含作为数字存储的三个值和作为文本存储的四个值，则显示的筛选命令是"文本筛选"。

筛选的主要步骤：

（1）选择需要进行筛选的单元格区域

1）选择需要进行筛选的单元格区域，选中该区域的表头，如6-1-7所示。

	A	B	C
1	姓名	属地	适用职位
2	管亚军	北京	项目经理
3	权才明	北京	软件工程师
4	王冰冰	北京	高级软件工程师
5	林琦	北京	主管软件工程师
6	向天礼	北京	软件工程师
7	张洪霞	北京	软件工程师
8	张超	北京	软件工程师
9	沈晓刚	北京	高级软件工程师
10	王硕梅	北京	软件工程师
11	魏志杰	北京	软件工程师
12	杨帆	广州	高级软件工程师
13	卢波	广州	高级软件工程师

图6-1-7　筛选区域选择

2）在"开始"选项卡上的"编辑"组中，单击"排序和筛选"，然后单击"筛选"。

（2）单击列标题中的箭头 ⊡

（3）创建筛选条件

在文本值列表中，选择或清除一个或多个要作为筛选依据的文本值。文本值列表最多可以达到10000。如果列表很大，请清除顶部的"（全选）"，然后选择要作为筛选依据的特定文本值。此例中，我们设置筛选条件为文本等于北京，如图6-1-8所示。

1）指向"文本筛选"，然后单击一个比较运算符（比较运算符：在比较条件中用于比较两个值的符号。此类运算符包括：=等于、>大于、<小于、>=大于等于、<=小于等于和 <> 不等于。）命令，或单击"自定义筛选"。

例如，若要按以特定字符开头的文本进行筛选，请选择"始于"，或者，若要按在文本中任意位置有特定字符的文本进行筛选，请选择"包含"。

2）在"自定义自动筛选方式"对话框中，在右侧框中，输入文本或从列表中选择文本值。

例如，若要筛选以字母"J"开头的文本，请输入"J"，或者，若要筛选在文本中任意位置有"bell"的文本，请输入"bell"。

3）按多个条件筛选。

若要对表列或选择内容进行筛选，以便两个条件都必须为 True，请选择"与"。若要筛选表列或选择内容，以便两个条件中的任意一个或者两个都可以为 True，请选择"或"。

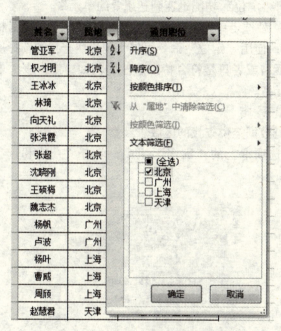

图 6 - 1 - 8　创建筛选条件

点击确定后，完成数据的筛选工作，筛选完成后的结果如图 6 - 1 - 9 所示。

姓名	属地	通用职位
管亚军	北京	项目经理
权才明	北京	软件工程师
王冰冰	北京	高级软件工程师
林琦	北京	主管软件工程师
向天礼	北京	软件工程师
张洪霞	北京	软件工程师
张超	北京	软件工程师
沈晓刚	北京	高级软件工程师
王硕梅	北京	软件工程师
魏志杰	北京	软件工程师

图 6 - 1 - 9　筛选结果

三、定位方法

在 Excel 中，当我们需要到达某一单元格时，一般是使用鼠标拖动滚动条来进行，但如果数据范围超出一屏幕显示范围或数据行数非常多时，想快速定位到某一单元格非常麻烦。这时候可以使用"定位"功能迅速到达想要的单元格。

Excel 定位功能是一种选定单元格的方式，主要用来选定"位置相对无规则但条件有规则的单元格或区域"。使用"定位"命令可以实现快速查找和选择所有包含特定类型数据（例如公式）的单元格或者只是符合特定条件（例如，工作表上最后一个包含数据或格式的单元格）的单元格。

定位的基本步骤如下：

（1）选择需要进行数据定位查找的区域。

（2）在"开始"选项卡上的"编辑"组中，单击"查找和选择"，然后单击"定位"。如图 6 - 1 - 10 所示。

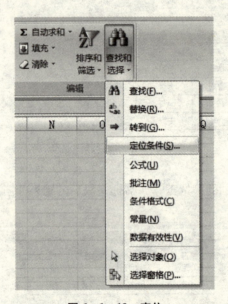

图 6 - 1 - 10 定位

（3）单击"特殊"，并在"定位条件"对话框中，设置定位条件。定位条件的设置如表 6 - 1 - 1 所示。

表 6 - 1 - 1 定位条件设置说明

定位条件	设置说明
批注	包含批注的单元格
常量	包含常量（常量：不进行计算的值，因此也不会发生变化。）的单元格
公式	包含公式的单元格
空值	空单元格
当前区域	当前区域（当前区域：填写了数据的区域，该区域包括当前选定的单元格或单元格区域。该区域向四周扩展到第一个空行或空列），如整个列表
当前数组	如果活动单元格包含在数组中，则为整个数组
对象	工作表上文本框中的图形对象，包括图表和按钮
行内容差异单元格	选择的行中与活动单元格内容存在差异的所有单元格。选定内容（不管是区域、行，还是列）中始终都有一个活动单元格。活动单元格默认为一行中的第一个单元格，但是通过按 Enter 或 Tab，您可以更改活动单元格的位置。如果选择了多行，则会对选择的每一行分别进行比较，每一行中用于比较的单元格与活动单元格处于同一列
列内容差异单元格	选择的列中与活动单元格内容存在差异的所有单元格。选定内容（不管是区域、行，还是列）中始终都有一个活动单元格。活动单元格默认为一列中的第一个单元格，但是通过按 Enter 或 Tab，您可以更改活动单元格的位置。如果选择了多列，则会对选择的每一列分别进行比较，每一列中用于比较的单元格与活动单元格处于同一行
引用单元格	由活动单元格中的公式所引用的单元格。单击"直属"可仅查找由公式直接引用的单元格。单击"所有级别"可查找由选定区域内的单元格直接或间接引用的所有单元格
从属单元格	其公式引用了活动单元格的单元格。单击"直属"可仅查找其公式直接引用活动单元格的单元格。单击"所有级别"可查找直接或间接引用活动单元格的所有单元格
最后一个单元格	工作表上最后一个含数据或格式的单元格
可见单元格	仅查找包含隐藏行或隐藏列的区域中的可见单元格
条件格式	仅查找应用了条件格式的单元格。在"数据有效性"下，单击"全部"可查找所有应用了条件格式的单元格。单击"相同"可查找条件格式与当前选择的单元格相同的单元格
数据有效性	仅查找应用了数据有效性规则的单元格。单击"全部"可查找所有应用了数据有效性的单元格。单击"相同"可查找数据有效性与当前选择的单元格相同的单元格

四、Excel 引用

Excel 的引用包括相对引用、绝对应用和混合引用三种，三种引用的使用各不相同。加上了绝对引用符"contentrdquo"的列标和行号为绝对地址，在公式向旁边复制时不会发生变化，没有加上绝对地址符号的列标和行号为相对地址，在公式向旁边复制时会跟着发生变化。混合引用时部分地址发生变化。

相对引用、绝对引用和混合引用是指在公式中使用单元格或单元格区域的地址时，当将公式向旁边复制时，地址是如何变化的。具体情况举例说明：

（1）相对引用，复制公式时地址跟着发生变化，如图 6 - 1 - 11 所示。

C1 单元格有公式：= A1 + B1

当将公式复制到 C2 单元格时变为：= A2 + B2

当将公式复制到 D1 单元格时变为：= B1 + C1

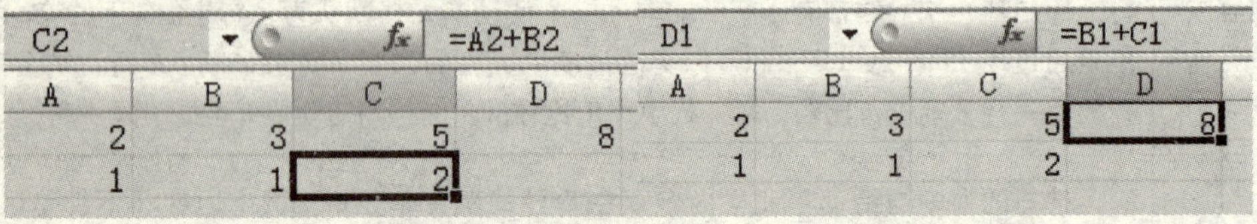

图 6 - 1 - 11　相对引用

（2）绝对引用，复制公式时地址不会跟着发生变化，如图 6 - 1 - 12 所示。

C1 单元格有公式：=\$A\$1 +\$B\$1

当将公式复制到 C2 单元格时仍为：=\$A\$1 +\$B\$1

当将公式复制到 D1 单元格时仍为：=\$A\$1 +\$B\$1

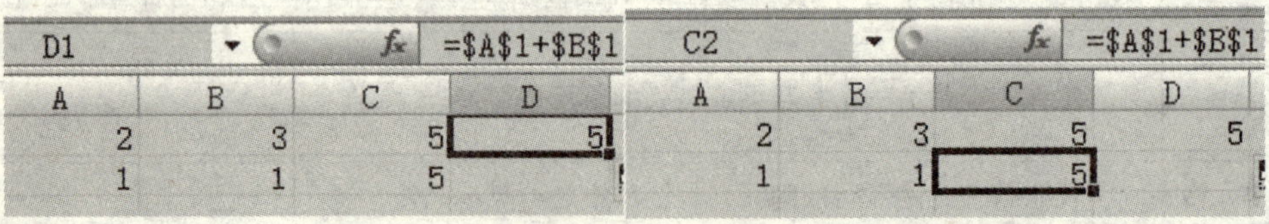

图 6 - 1 - 12　绝对引用

（3）混合引用，复制公式时地址的部分内容跟着发生变化，如图 6 - 1 - 13 所示。

C1 单元格有公式：=\$A1 + B\$1，其中 \$A1 中 A 为固定值，意味着 A 列值为固定引用，1 不固定，说明行数要相对变化，同理，B\$1 中 1 为固定值，说明行数为绝对值，但是列数会相对变化。

当将公式复制到 C2 单元格时变为：=\$A2 + B\$1

当将公式复制到 D1 单元格时变为：=\$A1 + C\$1

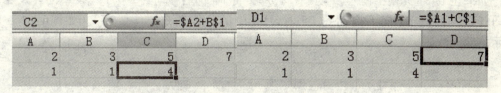

图 6 - 1 - 13　混合引用

随着公式的位置变化，所引用单元格位置也是在变化的是相对引用；而随着公式位置的变化所引用单元格位置不变化的就是绝对引用。

以"C4"、"\$C4"、"C\$4"和"\$C\$4"之间的区别来说明相对引用、绝对应用、混合引用的不同和用法。

在一个工作表中，在C4、C5中的数据分别是60、50。如果在D4单元格中输入"=C4"，那么将D4向下拖动到D5时，D5中的内容就变成了50，里面的公式是"=C5"，将D4向右拖动到E4，E4中的内容是60，里面的公式变成了"=D4"。如图6-1-14所示。

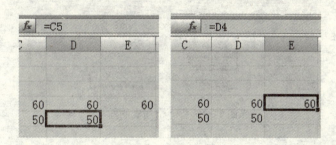

图 6 - 1 - 14　引用说明一

现在在D4单元格中输入"=\$C4"，将D4向右拖动到E4，E4中的公式还是"=\$C4"，而向下拖动到D5时，D5中的公式就成了"=\$C5"。如图6-1-15所示。

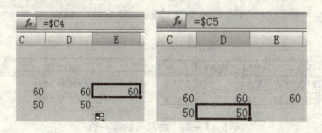

图 6 - 1 - 15　引用说明二

如果在 D4 单元格中输入"=C$4",那么将 D4 向右拖动到 E4 时,E4 中的公式变为"=D$4",而将 D4 向下拖动到 D5 时,D5 中的公式还是"=C$4"。如图6-1-16所示。

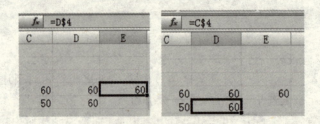

图6-1-16 引用说明三

如果在 D4 单元格中输入"=$C$4",那么不论你将 D4 向哪个方向拖动,自动填充的公式都是"=$C$4",如图6-1-17所示。

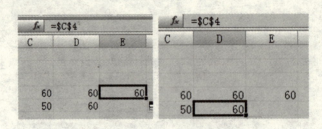

图6-1-17 引用说明四

五、物料号的唯一性

在进行数据筛选时需要存在一列数据能够唯一识别出各组不同的数据。如图6-1-18所示的数据中,物料号不能唯一代表商品,物料号相同的物料,其供应商不一定相同。为了保证物料号的唯一性,应用 & 合并供应商编码与物料号,得到一种能够唯一代表商品的编码。其是供应商编码加物料号的合成编码,其能唯一确定商品。

	A	B	C	D	E	F
1	用料部门	工位	供应商编码	供应商简称	物料号	物料名称
2	总装线边库	ZTDP200	A0147	南京民光	1417035600186	前气室胶管总成
3	总装线边库	ZRDP200	A1288	西安燎原	1417035600186	前气室胶管总成

图6-1-18 物料号的唯一性

一、系统中导出 2012 年 7 月 18 日出库明细表

从仓库管理系统中导出所需的原始数据，2012 年 7 月 20 日出库表（拣货表）。如图
6 - 1 - 19 所示。

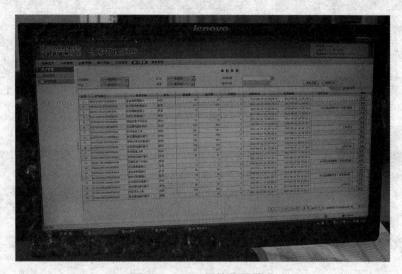

图 6 - 1 - 19　原始数据导出

二、删除多余项

打开原始数据我们可以发现，其中数据量非常庞大，数据项非常多。但是其中很多
数据都是无用的，因此我们需要将多余项删除。需要保留的列数据包括"编号"、"用料
部门"、"工位"、"供应商编码"、"供应商简称"、"物料号"、"物料名称"、"保管员"
几项，删除其他不需要的列数据，结果如图 6 - 1 - 20 所示。

三、对保管员字段进行排序与筛选

按照保管员字段进行排序，点击数据栏目下的排序，设置排序条件为按保管员升序
排序，如图 6 - 1 - 21 所示。

排序完成后，进行数据的筛选。选择需要进行筛选的区域，保管员所在列。自定义
筛选条件为文本等于"WL01B002"，如图 6 - 1 - 22 所示。

	A	B	C	D	E	F	G	H
1	编号	用料部门	工位	应商编	供应商简称	物料号	物料名称	保管员
2	1	总装线边库	ZRFF110	A1277	山东旭鑫	H4101050018A0	动力后悬置右支架	WL01B016
3	2	总装线边库	ZTDP240	A0453	霸州北方	H0858020056A0	防钻保护架总成	WL01B029
4	3	总装线边库	ZTDP240	A0453	霸州北方	H0858020056A0	防钻保护架总成	WL01B029
5	4	总装线边库	ZTDP240	A0453	霸州北方	H0858020056A0	防钻保护架总成	WL01B029
6	5	总装线边库	ZRDF010	A1282	青岛众力	1325129581003	平衡轴总成	WL01B047
7	6	总装线边库	ZRNS320	A0745	丹阳新泉	1B22053504055	右角板	WL01B026
8	7	总装线边库	ZTDP140	A0256	北京北汽远东	H1220260000A0	传动轴带中间支撑总成	WL01B012
9	8	总装线边库	ZRWL010	A0072	山东兴民钢圈	1417031100012	车轮总成(8.0V旋压)	WL05B001
10	9	总装线边库	ZRWL010	A0072	山东兴民钢圈	1417031100012	车轮总成(8.0V旋压)	WL05B001
11	10	总装线边库	ZRDF040	A1282	青岛众力	H0240010361A0	斯太尔双联后桥(带气室, 5.7	WL01B027
12	11	总装线边库	ZRDP140	A0256	北京北汽远东	1325322080003	后传动轴总成	WL01B012
13	12	总装线边库	ZRWL010	A0072	山东兴民钢圈	1417031100012	车轮总成(8.0V旋压)	WL05B001

图 6 - 1 - 20　删除多余项

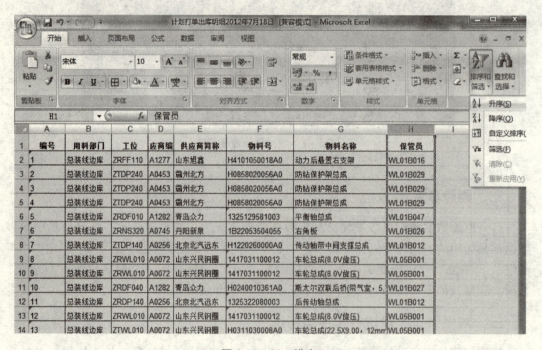

图 6 - 1 - 21　排序

排序筛选后的结果如图 6 - 1 - 23 所示，则完成对保管员字段的排序和筛选。

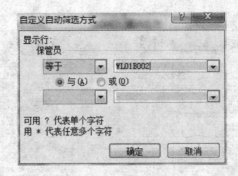

图 6-1-22　筛选条件设置

用料部门	工位	应商编	供应商简称	物料号	物料名称	保管员
总装线边库	ZRDP210	A0147	南京民光	H1340080004A0	高压油管总成	WL01B002
总装线边库	ZRDP210	A0147	南京民光	H1340080004A0	高压油管总成	WL01B002
总装线边库	ZRDP200	A0147	南京民光	1417035600186	前气室胶管总成	WL01B002
总装线边库	ZRFF060	A0147	南京民光	1418311925038	空压机进气钢管	WL01B002
总装线边库	ZRFF060	A0147	南京民光	1325335681108	钢管总成-空压机至胶管	WL01B002
总装线边库	ZRDP180	A0147	南京民光	1325335681109	钢管总成-干燥器至车架	WL01B002
总装线边库	ZRDP180	A0147	南京民光	1325335681109	钢管总成-干燥器至车架	WL01B002
总装线边库	ZRDP180	A0147	南京民光	1114135600003	橡胶管总成	WL01B002
总装线边库	ZRDP170	A0147	南京民光	1110835600029	高温橡胶管总成	WL01B002
总装线边库	ZRDP180	A0147	南京民光	H1356102001A0	钢管总成-软管至隔直	WL01B002
总装线边库	ZRDP180	A0147	南京民光	1325135602811	钢管总成-后储三通至后储	WL01B002
总装线边库	ZRFF060	A0147	南京民光	1525313303031	组合式冷却水管	WL01B002
总装线边库	ZRCF010	A0147	南京民光	1424135680037	钢管总成-调压阀至干燥筒	WL01B002
总装线边库	ZRCF010	A1245	河北恒业	1110835600008	钢管总成-四回路至储气筒	WL01B002
总装线边库	ZRDP200	A0147	南京民光	1131135602049	钢管总成-前气室胶管至前气	WL01B002
总装线边库	ZRDP200	A1245	河北恒业	H1340240002A0	助力缸油管总成2	WL01B002
总装线边库	ZRFF060	A0147	南京民光	1418311925038	空压机进气钢管	WL01B002
总装线边库	ZRDP180	A0147	南京民光	1327135680010	钢管总成-前储至直通	WL01B002
总装线边库	ZRDP180	A0147	南京民光	1325135602813	钢管总成-四23至隔直角	WL01B002

图 6-1-23　筛选结果

四、对物料号排序，合并供应商编码与物料号

由于物料号不能唯一代表商品，为了保证物料号的唯一性，应用 & 合并供应商编码与物料号，得到一种能够唯一代表商品的编码。合并公式为" = A2&B2"，合并结果如图 6-1-24 所示。

	A	B	C
	供应商编码	物料号	合并供应商编码和物料号
1			
2	A0147	H1340080004A0	A0147H1340080004A0
3	A0147	H1340080004A0	A0147H1340080004A0
4	A0147	1417035600186	A01471417035600186
5	A0147	1418311925038	A01471418311925038
6	A0147	1325335681108	A01471325335681108
7	A0147	1325335681109	A01471325335681109
8	A0147	1325335681109	A01471325335681109
9	A0147	1114135600003	A01471114135600003
10	A0147	1110835600029	A01471110835600029
11	A0147	H1356102001A0	A0147H1356102001A0
12	A0147	1325135602811	A01471325135602811
13	A0147	1525313303031	A01471525313303031
14	A0147	1424135680037	A01471424135680037
15	A1245	1110835600008	A12451110835600008
16	A0147	1131135602049	A01471131135602049
17	A1245	H1340240002A0	A1245H1340240002A0
18	A0147	1418311925038	A01471418311925038
19	A0147	1327135680010	A01471327135680010

图 6 – 1 – 24　合并供应商编号和物料号

五、对合并栏排序

选中合并栏为排序的区域，选中按升序自动排序，使 Excel 行排列连续不出现断档，排序后结果如图 6 – 1 – 25 所示。

	A	B	C	D	E	F	G
	揽料部门	工位	供应商编码	物料号	合并供应商编码和物料号	物料名称	保管员
1							
2	总装线边库	ZRDP200	A0147	1106635600521	A01471106635600521	前制动胶管总成	WL01B002
3	总装线边库	ZTDP200	A0147	1106635600521	A01471106635600521	前制动胶管总成	WL01B002
4	总装线边库	ZRDP200	A0147	1106635600521	A01471106635600521	前制动胶管总成	WL01B002
5	总装线边库	ZTDP200	A0147	1106635600521	A01471106635600521	前制动胶管总成	WL01B002
6	总装线边库	ZRDP200	A0147	1106635600521	A01471106635600521	前制动胶管总成	WL01B002
7	总装线边库	ZTCF010	A0147	1110835600008	A01471110835600008	钢管总成-四回路	WL01B002
8	总装线边库	ZTCF010	A0147	1110835600008	A01471110835600008	钢管总成-四回路	WL01B002
9	总装线边库	ZRDP170	A0147	1110835600029	A01471110835600029	高温橡胶管总成	WL01B002
10	总装线边库	ZTDP170	A0147	1110835600029	A01471110835600029	高温橡胶管总成	WL01B002
11	总装线边库	ZTDP170	A0147	1110835600029	A01471110835600029	高温橡胶管总成	WL01B002
12	总装线边库	ZRDP170	A0147	1110835600029	A01471110835600029	高温橡胶管总成	WL01B002
13	总装线边库	ZRDP170	A0147	1110835600029	A01471110835600029	高温橡胶管总成	WL01B002
14	总装线边库	ZRDP180	A0147	1114135600003	A01471114135600003	橡胶管总成	WL01B002
15	总装线边库	ZRDP200	A0147	1131135602049	A01471131135602049	钢管总成-前气室	WL01B002
16	总装线边库	ZRDP200	A0147	1131135602049	A01471131135602049	钢管总成-前气室	WL01B002
17	总装线边库	ZTDP200	A0147	1131135602049	A01471131135602049	钢管总成-前气室	WL01B002
18	总装线边库	ZRDP200	A0147	1131135602049	A01471131135602049	钢管总成-前气室	WL01B002
19	总装线边库	ZRDP200	A0147	1131135602049	A01471131135602049	钢管总成-前气室	WL01B002
20	总装线边库	ZRDP180	A0147	1131713380102	A01471131713380102	组合式冷却水管	WL01B002
21	总装线边库	ZRFF060	A0147	1131735611016	A01471131735611016	钢管总成-空压机	WL01B002
22	总装线边库	ZRDP200	A0147	1138135600056	A01471138135600056	蝶阀橡胶管总成	WL01B002
23	总装线边库	ZRDP200	A0147	1138135600056	A01471138135600056	蝶阀橡胶管总成	WL01B002
24	总装线边库	ZRDP200	A0147	1138135600056	A01471138135600056	蝶阀橡胶管总成	WL01B002
25	总装线边库	ZRDP200	A0147	1138135600056	A01471138135600056	蝶阀橡胶管总成	WL01B002
26	总装线边库	ZRDP200	A0147	1138135600063	A01471138135600063	前气室胶管总成	WL01B002
27	总装线边库	ZRDP200	A0147	1138135600063	A01471138135600063	前气室胶管总成	WL01B002

图 6 – 1 – 25　合并栏排序

六、使用逻辑函数 A = B 判断并删除重复项

使用逻辑函数"A = B"判断是否存在重复项，判断结果如图 6 - 1 - 26 所示。判断结果为 true 则说明其是重复项，结果为 false 则说明不是重复项。

	C	D	E	F	G	H
	供应商编码	物料号	合并供应商编码和物料号	逻辑函数判断重复项	物料名称	保管员
2	A0147	1106635600521	A01471106635600521	TRUE	前制动胶管总成	WL01B002
3	A0147	1106635600521	A01471106635600521	TRUE	前制动胶管总成	WL01B002
4	A0147	1106635600521	A01471106635600521	TRUE	前制动胶管总成	WL01B002
5	A0147	1106635600521	A01471106635600521	TRUE	前制动胶管总成	WL01B002
6	A0147	1106635600521	A01471106635600521	FALSE	前制动胶管总成	WL01B002
7	A0147	1110835600008	A01471110835600008	TRUE	钢管总成-四回路	WL01B002
8	A0147	1110835600008	A01471110835600008	FALSE	钢管总成-四回路	WL01B002
9	A0147	1110835600029	A01471110835600029	TRUE	高温橡胶管总成	WL01B002
10	A0147	1110835600029	A01471110835600029	TRUE	高温橡胶管总成	WL01B002
11	A0147	1110835600029	A01471110835600029	TRUE	高温橡胶管总成	WL01B002
12	A0147	1110835600029	A01471110835600029	TRUE	高温橡胶管总成	WL01B002
13	A0147	1110835600029	A01471110835600029	FALSE	高温橡胶管总成	WL01B002
14	A0147	1114135600003	A01471114135600003	FALSE	橡胶管总成	WL01B002
15	A0147	1131135602049	A01471131135602049	TRUE	钢管总成-前气室	WL01B002
16	A0147	1131135602049	A01471131135602049	TRUE	钢管总成-前气室	WL01B002
17	A0147	1131135602049	A01471131135602049	TRUE	钢管总成-前气室	WL01B002
18	A0147	1131135602049	A01471131135602049	TRUE	钢管总成-前气室	WL01B002
19	A0147	1131135602049	A01471131135602049	FALSE	钢管总成-前气室	WL01B002
20	A0147	1131713380102	A01471131713380102	FALSE	组合式冷却水管	WL01B002
21	A0147	1131735611016	A01471131735611016	FALSE	钢管总成-空压机	WL01B002
22	A0147	1138135600056	A01471138135600056	TRUE	蝶阀橡胶管总成	WL01B002
23	A0147	1138135600056	A01471138135600056	TRUE	蝶阀橡胶管总成	WL01B002
24	A0147	1138135600056	A01471138135600056	TRUE	蝶阀橡胶管总成	WL01B002
25	A0147	1138135600056	A01471138135600056	FALSE	蝶阀橡胶管总成	WL01B002
26	A0147	1138135600063	A01471138135600063	TRUE	前气室胶管总成	WL01B002
27	A0147	1138135600063	A01471138135600063	FALSE	前气室胶管总成	WL01B002

图 6 - 1 - 26 使用逻辑函数判断重复项

使用筛选条件，选择判断列判断值为"FALSE"的数据，这些数据即为不重复项目，删选设置如图 6 - 1 - 27 所示。

筛选出没有重复项的结果如图 6 - 1 - 28 所示，至此完成重复数据的判断和删除。

七、通过定位复制剩余项到新表

删除完重复项以后，剩余的可见内容即是需要保存的内容。通过定位的方式复制可见单元格到新表并进行保存。选中所有单元格，设置定位条件为"可见单元格"，并进行复制、粘贴到新的表格，定位条件设置如图 6 - 1 - 29 所示。

八、添加编号列保存表格

新建编号列并保存表格，删除不需要的列，则完成了为保管员 WL01B002 制作保管员明细表，如图 6 - 1 - 30 所示。

图 6-1-27　筛选未重复项

	C	D	E	F	G	H
1	族底剂编号	物料号	合并族底剂编码数物料料号	逻辑函数判断数据结项	物料名称	位管员
6	A0147	1106635600521	A01471106635600521	FALSE	前制动胶管总成	WL01B002
8	A0147	1110835600008	A01471110835600008	FALSE	钢管总成-四回路	WL01B002
13	A0147	1110835600029	A01471110835600029	FALSE	高温橡胶管总成	WL01B002
14	A0147	1114135600003	A01471114135600003	FALSE	橡胶管总成	WL01B002
19	A0147	1131135602049	A01471131135602049	FALSE	钢管总成-前气室	WL01B002
20	A0147	1131713380102	A01471131713380102	FALSE	组合式冷却水管	WL01B002
21	A0147	1131735611016	A01471131735611016	FALSE	钢管总成-空压机	WL01B002
25	A0147	1138135600056	A01471138135600056	FALSE	蝶阀橡胶管总成	WL01B002
27	A0147	1138135600063	A01471138135600063	FALSE	前气室胶管总成	WL01B002
32	A0147	1325135602811	A01471325135602811	FALSE	钢管总成--后储	WL01B002
37	A0147	1325135602813	A01471325135602813	FALSE	钢管总成--四23至	WL01B002
41	A0147	1325335681108	A01471325335681108	FALSE	钢管总成-空压机	WL01B002
46	A0147	1325335681109	A01471325335681109	FALSE	钢管总成-干燥器	WL01B002
51	A0147	1327135680010	A01471327135680010	FALSE	钢管总成-前储车	WL01B002
53	A0147	1327135680016	A01471327135680016	FALSE	钢管总成-单向阀	WL01B002
57	A0147	1417035600173	A01471417035600173	FALSE	蝶阀橡胶管总成	WL01B002
59	A0147	1417035600186	A01471417035600186	FALSE	前气室胶管总成	WL01B002
63	A0147	1417135600050	A01471417135600050	FALSE	蝶阀橡胶管总成	WL01B002
69	A0147	1418311925038	A01471418311925038	FALSE	空压机进气钢管	WL01B002
70	A0147	1418735680013	A01471418735680013	FALSE	钢管总成--单向阀	WL01B002
75	A0147	1418735681104	A01471418735681104	FALSE	高温橡胶管	WL01B002
80	A0147	1418735681107	A01471418735681107	FALSE	高温橡胶管	WL01B002
84	A0147	1424135680037	A01471424135680037	FALSE	钢管总成-干燥器	WL01B002
85	A0147	1425135603028	A01471425135603028	FALSE	钢管总成-干燥器	WL01B002
86	A0147	1518335610001	A01471518335610001	FALSE	钢管总称-空压机	WL01B002
91	A0147	1525313303031	A01471525313303031	FALSE	组合式冷却水管	WL01B002

图 6-1-28　筛选出的无重复项结果

图6-1-29 定位条件设置

	A	B	C	D	E	F	G	H
1	编号	用料部门	工位	供应商编码	供应商简称	物料号	物料名称	保管员
2	1	总装线边库	ZRDP200	A0147	南京民光	1106635600521	前制动胶管总成	WL01B002
3	2	总装线边库	ZTCF010	A0147	南京民光	1110835600008	钢管总成-四回路至储气	WL01B002
4	3	总装线边库	ZRDP170	A0147	南京民光	1110835600029	高温橡胶管总成	WL01B002
5	4	总装线边库	ZRDP180	A0147	南京民光	1114135600003	橡胶管总成	WL01B002
6	5	总装线边库	ZRDP200	A0147	南京民光	1131135602049	钢管总成-前气室胶管至	WL01B002
7	6	总装线边库	ZRDP180	A0147	南京民光	1131713380102	组合式冷却水管	WL01B002
8	7	总装线边库	ZRFF060	A0147	南京民光	1131735611016	钢管总成-空压机至软管	WL01B002
9	8	总装线边库	ZRDP200	A0147	南京民光	1138135600056	蝶阀橡胶管总成	WL01B002
10	9	总装线边库	ZRDP200	A0147	南京民光	1138135600063	前气室胶管总成	WL01B002
11	10	总装线边库	ZRDP180	A0147	南京民光	1325135602811	钢管总成--后储三通至尾	WL01B002
12	11	总装线边库	ZRDP180	A0147	南京民光	1325135602813	钢管总成-四23至隔直角	WL01B002
13	12	总装线边库	ZRFF060	A0147	南京民光	1325335681108	钢管总成-空压机至胶管	WL01B002
14	13	总装线边库	ZRDP180	A0147	南京民光	1325335681109	钢管总成-干燥器至车架	WL01B002
15	14	总装线边库	ZRDP180	A0147	南京民光	1327135680010	钢管总成-前储至直通	WL01B002
16	15	总装线边库	ZTDP180	A0147	南京民光	1327135680016	钢管总成-单向阀至挂车	WL01B002
17	16	总装线边库	ZRDP200	A0147	南京民光	1417035600173	蝶阀橡胶管总成	WL01B002
18	17	总装线边库	ZTDP200	A0147	南京民光	1417035600186	前气室胶管总成	WL01B002
19	18	总装线边库	ZRDP200	A0147	南京民光	1417135600050	蝶阀橡胶管总成	WL01B002
20	19	总装线边库	ZRFF060	A0147	南京民光	1418311925038	空压机进气钢管	WL01B002
21	20	总装线边库	ZRDP180	A0147	南京民光	1418735680013	钢管总成-单向阀至挂车	WL01B002
22	21	总装线边库	ZRDP180	A0147	南京民光	1418735681104	高温橡胶管	WL01B002
23	22	总装线边库	ZRDP180	A0147	南京民光	1418735681107	高温橡胶管	WL01B002
24	23	总装线边库	ZRCF010	A0147	南京民光	1424135680037	钢管总成-调压阀至干燥	WL01B002
25	24	总装线边库	ZRDP180	A0147	南京民光	1425135603028	钢管总成-干燥器至车架	WL01B002
26	25	总装线边库	ZTFF060	A0147	南京民光	1518335610001	钢管总称-空压机至软管	WL01B002
27	26	总装线边库	ZRFF060	A0147	南京民光	1525313303031	组合式冷却水管	WL01B002

图6-1-30 完成后保管员明细表

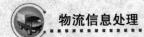

出库明细表原始数据是从仓库管理系统内导出的，由于是原始数据，因此存在很多无用的项目，需要将多余的项目进行删除。

使用逻辑函数 A = B 判断前，需要先对合并后的供应商编码与物料号进行排序，才能准确删除多余项目。

使用逻辑函数"A = B"判断时，判断结果为 true 说明此项与下一项结果一样，则是重复项，判断结果为 false 说明此项与下一项结果不一样，则不是重复项。

进行筛选以后，列表中只显示符合条件的项目，需要注意的是不符合条件的项目依然存在于表格中，只是出于不显示状态。更改筛选条件，则显示其他符合筛选条件的项目。

考核评价表

姓名	制作速度（30）	美观（15）	准确率（55）	得分

备注：（1）制作速度：20 分钟以内完成给 20 分以上，每快 1 分钟加一分，慢 2 分钟减一分。

（2）美观：文字大小统一、单元格大小与内容比例适当、整体美观。

（3）准确率：少一条记录扣 2 分，多一条记录扣 1 分。

单选题

1. 对 A1 单元格的绝对引用是（　　　）。

A. = A1　　　　　　　　　　　B. = $A1

C. = A $1　　　　　　　　　　D. = $A $1

多选题

2. 一般来说，可以按照以下方式对数据进行排序（　　　）。

A. 按字母顺序排列　　　　　　B. 按数据排序

C. 按颜色排序　　　　　　　　D. 按多种颜色排序

3. 北京祥瑞汽车物流有限公司零部件拣货工作流程包括（　　　）。

A. 计划打单室打单员使用仓储管理系统按生产计划打出投料卡

B. 保管员班长领投料卡，分发给对应保管员

C. 保管员根据投料卡拣货，并将零部件放入暂存区

D. 保管员将放在暂存区的零部件送到汽车生产线

填空题

4. C1 单元格有公式：= A1 + B1，当将公式复制到 C2 单元格时变为＿＿＿＿＿＿，当将公式复制到 D1 单元格时变为＿＿＿＿＿。

5. C1 单元格有公式：= $A1 + B $1，当将公式复制到 C2 单元格时变为＿＿＿＿＿，当将公式复制到 D1 单元格时变为＿＿＿＿＿。

简答题

6. 为什么要制作保管员明细表？

答案

1. D

2. ABCD

3. ABC

4. = A2 + B2　= B1 + C1

— 317 —

5. =＄A2＋B＄1 =＄A1＋C＄1

6. 由于投料卡在打印、传递、拣货过程中可能遗漏，导致零部件供应出现问题，计划打单元制作了每为保管员的保管员明细表，这样保管员通过核对保管员明细表上的零部件和自己拿到投料卡上的零部件，就能知道自己应该有几张投料卡，防止投料卡遗漏。

保管员明细表至少包括编号、出库单号、用料部门、工位、供应商简称、物料号、物料名称、保管员几个字段，通过保管员明细表与保管员投料卡核对，保管员可以掌握自己应拿到投料卡的正确数量和一天所需拣所有零部件种类。

通过为每个保管员（例如，图 6 - 1 - 30 中为保管员 WL01B002 明细表）制作明细表，使每位保管员能够确定自己需要拣的零部件总量和投料卡总量，不会出现丢单和漏拣现象。

任务二 物流业务信息统计

◎ 知识目标

　　了解数据透视表的制作方法

　　了解 COUNTIF 函数在统计中的使用方法

　　了解 RANK 函数、SUMIF 函数在统计中的使用方法

◎ 能力目标

　　能够运用 COUNTIF 函数进行物流相关数据统计

　　能够灵活运用数据透视表对物流原始数据进行统计加工

　　能够灵活运用 SUMIF 函数对物流原始数据进行统计加工

◎ 情感态度与价值观目标

　　培养学生使用 Excel 进行物流相关数据统计的意识

（1）全顺物流公司人力资源张部长正在完成全顺公司中层干部绩效考核表，请你使用 Excel 相关功能计算总分、平均分和名次，如表 6 - 2 - 1 所示。

表 6 - 2 - 1　　　　　　　　全顺公司中层干部绩效考核

姓名	出勤	业务拓展	团队合作	业务改进与创新	负责业务量	总分	平均分	名次
李华	90	80	83	58	73			
张怡宁	98	91	93	73	84			
赵新龙	91	57	78	81	95			
张三	75	80	65	78	80			
宁与	73	82	69	63	91			
刘平	66	78	95	80	59			

（2）接近月底全顺物流公司业务部李部长要求库管员小张根据公司 3 月份出货订单（Ei，$i = 1$，2，3，…）与每种商品（Ii，$i = 1$，2，3，…）出货量计算出 EQ、EN、IQ、IN 四个指标，为合理规划货位提供数据基础，如图 6 - 2 - 1 所示。

全顺物流配送中心订单的EIQ分析

	I1	I2	I3	I4	I5	I6	I7	I8	I9	I10	I11	I12	I13	I14	I15	I16	EQ	EN
e1	12	3	0	2	4	6	1	27	2	1	14	9	3	13	4	4		
e2	10	8	0	3	3	2	0	14	1	1	0	6	1	5	2	2		
e3	13	17	3	4	4	6	12	30	4	3	0	4	2	3	3	3		
e4	12	11	2	4	4	6	12	30	4	1	4	3	2	4	3	4		
e5	11	8	1	6	6	5	4	25	2	2	7	7	2	8	4	4		
e6	9	1	1	3	3	3	1	6	0	3	1	7	1	1	1			
e7	12	8	2	5	5	5	2	2	2	7	5	4	11	3	3			
e8	23	11	6	11	11	10	14	27	3	0	9	5	2	12	5	5		
e9	20	9	1	6	6	7	3	30	2	0	4	18	6	13	3	3		
e10	13	9	0	6	6	6	2	29	3	1	0	5	1	9	2	2		
e11	6	5	1	2	2	5	14	1	0	4	4	1	3	0	0			
e12	14	9	1	14	14	7	5	30	4	3	9	4	3	9	9			
e13	59	9	3	25	25	16	12	44	5	3	13	15	7	17	6	6		
e14	20	6	1	9	9	11	5	13	2	4	3	9	9					
e15	15	1	3	8	6	4	2	4	1	8	4	2	0	0				
e16	12	11	1	4	4	12	4	24	4	3	11	6	1	7	4	4		
e17	16	7	0	5	6	3	14	1	1	7	11	3	2	3	3			
e18	23	13	4	56	34	56	13	46	25	45	68	3	2	36	2	7		
e19	13	6	0	5	14	3	0	5	4	3	2	2	2					
e20	23	14	2	9	9	11	2	35	5	3	14	19	6	16	6	6		
e21	9	8	1	8	9	1	5	3	12	16	6	19	0	0				
e22	8	3	0	2	3	0	7	0	0	5	2	4	1	1				
e23	5	0	0	0	6	3	13	1	0	9	5	5	12	2	2			
e24	19	10	1	9	9	6	3	30	4	5	8	7	4	16	7	7		
e25	166	12	3	46	46	57	10	84	25	8	15	37	12	44	20	20		
e26	13	7	1	7	9	9	24	3	0	2	10	0	3	3				
e27	18	3	1	8	7	14	18	4	2	2	14	6	3	5	5			
e28	8	5	1	3	3	2	11	2	0	5	4	3	5	2	2			
e29	24	11	2	13	13	10	9	25	5	2	9	12	4	10	2	2		
e30	24	6	1	12	12	11	6	25	2	4	12	5	8	4	4		
IQ																		
IK																		

图 6 - 2 - 1　EIQ 分析

（3）全顺物流位于马驹桥的配送中心负责销售好意得电子商城家用电器，现将 3 月份各产品销量表给出，如表 6 - 2 - 2 所示，请信息员小李统计各种家电 3 月份销售量与金额，如表 6 - 2 - 3 所示。

表 6 - 2 - 2　　　　　　　　　3 月各产品销量统计

负责人	销售日期	产品	数量	单价	金额
李本成	2012/3/2	彩电	12	3000	
王五	2012/3/3	空调	9	1200	
李开	2012/3/4	电冰箱	12	1100	
黄二	2012/3/5	微波炉	18	500	
张三中	2012/3/6	彩电	17	3000	
黄明	2012/3/7	空调	3	1200	
左拉	2012/3/8	电冰箱	6	1100	
国轲	2012/3/9	微波炉	12	500	

表6-2-3   数量和金额的汇总统计

品名	销售总数	总金额
彩电		
空调		
电冰箱		
微波炉		

（4）全顺物流有限公司综合管理部王经理要求小张根据员工资料统计不同组别不同岗位人员总数，如图6-2-2所示。

	A	B	C
1	顺远汽车物流公司员工资料		
2	姓名	组别	岗位
3	李 闯	配送工段	转运工
4	白海楠	综合	理货员
5	卞 冲	大件转运班	转运司机
6	曹 博	大件	理货员
7	曹海军	装卸组	装卸工
8	曹维杰	装卸组	装卸工
9	曹文峰	内饰	保管员
10	曹小利	综合	保管员
11	曹晓慧	内饰	保管员
12	曹友泉	底盘工段	转运工
13	常 凯	内饰	保管员
14	陈彩廷	叉车	叉车司机
15	陈海亮	配送工段	转运工
16	陈晶辉	底盘	理货员
17	陈林林	叉车	叉车司机
18	陈明芳	收货组	收货员
19	陈志刚	叉车	叉车司机
20	池建国	叉车	叉车司机
21	迟秀娟	收货组	收货员

图6-2-2 员工资料统计

（5）全顺物流信息员小张需要统计2012年3月公司向各门店进行配送的次数合计，原始数据如表6-2-4所示。

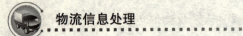

表 6 – 2 – 4　　　　　　　　　　2012 年 3 月公司向各门店配送统计

门店名称	时间（2012年3月）																															合计
	1	2	3	4	5	6	7	8	9	10	11	12	13	14	15	16	17	18	19	20	21	22	23	24	25	26	27	28	29	30	31	
家乐福上海古北店	▲			▲			▲				▲			▲					▲			▲				▲			▲			
百安居上海金桥店		▲				▲			▲				▲			▲				▲				▲				▲				
百安居上海龙阳店	▲		▲				▲							▲			▲				▲							▲		▲		
百安居上海杨浦店			▲					▲					▲			▲					▲							▲		▲		
大润发上海滕桥店		▲				▲							▲			▲			▲													
大润发上海杨浦店				▲											▲		▲				▲					▲						
家乐福上海新里程店		▲																		▲												
乐购上海锦绣店					▲						▲					▲															▲	
欧尚上海长阳店			▲					▲						▲					▲						▲							
世纪联华浦东御桥店	▲									▲						▲													▲			
世纪联华上海鲁班路店						▲									▲								▲									
乐购上海南汇店							▲														▲										▲	
欧尚上海中原店									▲											▲										▲		
沃尔玛上海五角场店								▲									▲						▲									

▲表示送货一次

任务单

任务名称	完成订单拣货
任务要求	1. 了解数据透视表的制作方法 2. 了解 COUNTIF 函数在统计中的应用方法 3. 了解 RANK 函数的使用方法 4. 了解 SUMIF 函数的使用方法
任务成果	1. 能够运用 COUNTIF 函数进行物流相关数据统计 2. 能够灵活运用数据透视表对物流原始数据进行统计加工 3. 能够灵活运用 SUMIF 函数对物流原始数据进行统计加工

针对本任务，操作准备工作内容如下。

项　　目		准备内容
环境准备	设备/道具	各种物流相关数据和原始数据、计算机
	主要涉及岗位角色	物流分析员
	软件	Excel
	涉及单据	各种原始数据
制订计划	步骤一	Excel 相关功能的应用
	步骤二	应用 Excel 进行 EIQ 分析
	步骤三	SUMIF 函数的应用
	步骤四	数据透视表的应用
	步骤五	COUNTIF 函数的应用

一、物流业务数据统计

物流业务数据统计能够反映出物流企业的业务状况，同时也能发现存在的问题，帮助企业找到发展的突破口以及帮助企业高层制定发展策略。

（一）数据统计在企业经营中的意义

数据统计不仅能统计一家公司的业务状况，更重要的是这些统计数据能协助公司高层制定相应的发展策略，找到公司发展的突破口。准确、及时的统计数据在客服工作中起着至关重要的作用，根据统计的数据，物理企业各部门能够及时把握本部门工作的实际价值与工作重点，以便迅速、有效地提高工作效率和专业能力。

数据统计能够通过数字揭示事物在特定时间方面的数量特征，以便企业对业务进行定量乃至定性分析，从而做出正确的决策。正因如此，统计信息越来越多地和其他信息结合在一起，如情报信息、商品信息等。而诸如此类信息，以统计数字显示或以统计数字为依据，可利用程度大为提高。

（二）物流业务信息统计方式

1. 运用办公自动化软件进行简单的数据统计

处于初级阶段的小规模物流企业，客户数据档案较少，出于节约成本的考虑，大多采用这种方式。简单的数据统计就是将客户档案形成电子化文档资料，通过 Excel 等办公自动化软件进行简单的统计操作。这种方式的优点是成本比较低，对工作人员的技术水平要求不高；缺点是对于客户资料的分析效果不是很好，资料整合和再利用的可能性不是很大。

2. 利用客户档案数据库进行数据统计

企业发展到一定程度，客户的数量有一定的规模，必须建立客户档案库才能更好地对客户进行管理。具有一定规模的物流企业会采用信息化的客户数据系统来对客户进行管理，如客户关系管理系统（CRM）软件就有相应的功能对客户数据进行统计，自动导出报表。

这种方式的优点是可以快捷地处理大量的客户数据资料，而且能够利用数据挖掘技术，根据企业客户档案的特点建立合理的数据挖掘分析模型和挖掘方法，从大量客户档案原始资料中通过数据选择和检测，揭示出隐含的具有潜在价值的信息；其缺点是建立客户数据库的成本较高，对员工的技术水平有较高要求。

二、RANK 函数

RANK 函数是排名函数，最常用的是求某一个数值在某一区域内的排名。RANK 函数语法形式：RANK（number, ref, [order]）。

参数中，number 为要求排名的那个数值或者单元格名称（单元格内必须为数字），ref 为排名的参照数值区域，order 的为 0 和 1，默认不用输入，得到的就是从大到小的排名，若是想求倒数第几，order 的值请使用 1。

下面是几个 RANK 函数的范例：

示例 1：正排名

我们在 B1 单元格求 10 这个数值在 A1：A8 区域内的排名情况，我们并没有输入 order 参数，不输入 order 参数的情况下，默认 order 值为 0，也就是从高到低排序。此例中 10 在 A1：A8 区域内的正排序是 8，所以显示的结果是 8。具体结果如图 6-2-3 所示。

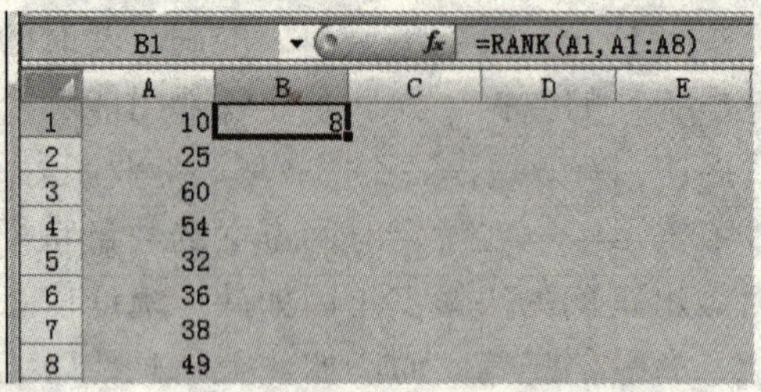

图 6-2-3　正排名示例

示例 2：倒排名

我们在上面示例的情况下，将 order 值输入为 1，发现结果大变，因为 order 值为 1，意思是求倒数的排名，10 在 A1：A8 区域内的倒数排名就是 1。具体结果如图 6 - 2 - 4 所示。

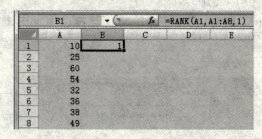

图 6 - 2 - 4　倒排名示例

示例 3：求一列数的排名

在实际应用中，我们往往需要求某一列的数值的排名情况。

例如，我们求 A1 到 A8 单元格内的数据的各自排名情况。我们可以使用单元格引用的方法来排名：= RANK（a1，a1：a8），此公式就是求 a1 单元格在 a1：a5 单元格的排名情况，当我们使用自动填充工具拖拽数据时，发现结果是不对的。

仔细研究一下，发现 a2 单元格的公式居然变成了 = RANK（a2，a2：a9），这超出了我们的预期，我们比较的数据区域是 a1：a8，不能变化，所以，我们需要使用 $ 符号锁定公式中 a1：a2 这段公式，所以，a1 单元格的公式就变成了 = RANK（a1，a$1：a$8）。具体结果如图 6 - 2 - 5 所示。

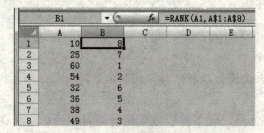

图 6 - 2 - 5　一列数排名示例

三、COUNTIF 函数

COUNTIF 函数的作用是求出一个数据单元格区域内满足条件的数据的个数。

函数格式：COUNTIF（range，criteria）

说明：Range 为需要计算其中满足条件的单元格数目的单元格区域，即要进行统计数据个数的区域。

Criteria 为统计条件，用来确定哪些单元格将被计算在内的条件。其形式可以为数字、表达式、单元格引用或文本。例如，条件可以表示为 32、"32"、"＞32"、"apples"或 B4。

示例：＝COUNTIF（B1：B10，"＞85"）

此函数表达式的作用是统计出 B1 到 B10 单元格区域中大于 85 的数据的个数。计算过程如图 6-2-6 所示。

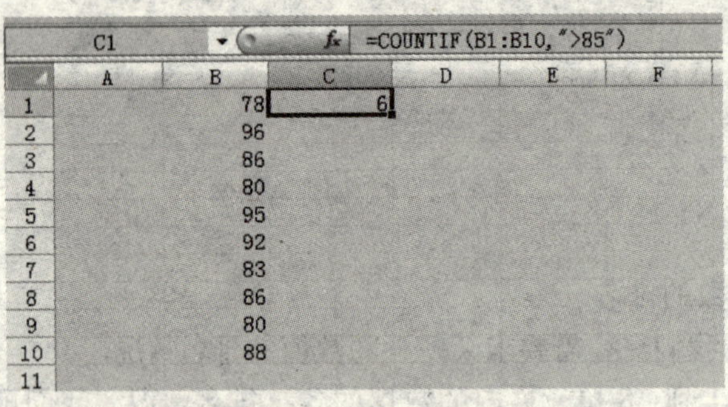

图 6-2-6　COUNTIF 示例

此例中，我们在 C1 单元格求 B1 到 B10 单元格区域中大于 85 的数据的个数。C1 显示的结果为 6，说明 B1 到 B10 单元格区域中大于 85 的数据共有 6 个。

四、SUMIF 函数

SUMIF 函数的作用是根据指定条件对若干单元格、区域或引用求和。按照语法，可以分成两种。

函数格式一：SUMIF（range，criteria）

参数如下：

第一个参数：Range 为进行求和区域，同时也是进行条件判断区域，用于条件判断的单元格区域。

第二个参数：Criteria 是求和条件也就是统计条件，由数字、逻辑表达式等组成的判定条件。它可以是一个常量，如某个单元格的值，也可以是一个比较式，如"＞85"。（注意要用双引号将比较式括起来）

示例：＝SUMIF（B1：B10，"＞85"）

此函数表达式的作用是计算出 B1 到 B10 单元格区域中大于 85 的数据之和。计算过程如图 6-2-7 所示。

此例中，我们在 C1 单元格求 B1 到 B10 单元格区域中大于 85 的数据之和。C1 显示的结果为 543，说明 B1 到 B10 单元格区域中大于 85 的数据之和为 543。

函数格式二：SUMIF（range，criteria，sum_ range）

参数如下：

C1		f_x	=SUMIF(B1:B10,">85")	
	A	B	C	D	E
1		78	543		
2		96			
3		86			
4		80			
5		95			
6		92			
7		83			
8		86			
9		80			
10		88			

图 6 − 2 − 7　SUMIF 示例一

第一个参数：Range 为进行求和区域，同时也是进行条件判断区域，用于条件判断的单元格区域。

第二个参数：Criteria 是求和条件也就是统计条件，由数字、逻辑表达式等组成的判定条件。它可以是一个常量，如某个单元格的值，也可以是一个比较式，如"＞85"。

第三个参数：Sum_ range 为实际求和区域，需要求和的单元格、区域或引用。

说明：函数格式二比函数格式一多了一个参数 sum_ range，它将条件判断区域和求和区域分开了，range 为进行条件判断的范围，sum_ range 是求和的区域。

示例：SUMIF（B1：B10，"＞85"，C1：C10）

此函数表达式的作用是先按照条件在 B1 到 B10 单元格区域中找出符合条件的项，然后计算出 C1：C10 区域中与其存在对应关系的所有项之和。计算过程如图 6 − 2 − 8 所示。

D1		f_x	=SUMIF(B1:B10,">80",C1:C10)		
	A	B	C	D	E	F
1		78	1	26		
2		96	5			
3		86	3			
4		80	2			
5		95	6			
6		92	2			
7		83	6			
8		86	3			
9		80	5			
10		88	1			
11						

图 6 − 2 − 8　SUMIF 示例二

此例中，我们在 C1：C10 单元格区域随机输入数据，在 D1 单元格中输入 = SUMIF（B1：B10，"＞80"，C1：C10），用来计算 C1：C10 单元格区域与 B1：B10 单元格区域中所有大于 80 的项相对应的数据之和。

D1 显示的结果为 26，说明 C1：C10 单元格区域与 B1：B10 单元格区域中所有大于 80 的项相对应的数据之和为 26。

五、数据透视表

数据透视表是一种可以快速汇总、分析大量数据表格的交互式工具。使用数据透视表可以按照数据表格的不同字段从多个角度进行透视，并建立交叉表格，用以查看数据表格不同层面的汇总信息、分析结果以及摘要数据。使用数据透视表可以深入分析数值数据，以帮助用户发现关键数据，并作出有关企业中关键数据的决策。

例如，可以水平或者垂直显示字段值，然后计算每一行或列的合计；也可以将字段值作为行号或列标，在每个行列交汇处计算出各自的数量，然后计算小计和总计。如果要按季度来分析每个雇员的销售业绩，可以将雇员名称作为列标放在数据透视表的顶端，将季度名称作为行号放在表的左侧，然后对每一个雇员以季度计算销售数量，放在每个行和列的交汇处。

之所以称为数据透视表，是因为可以动态地改变它们的版面布置，以便按照不同方式分析数据，也可以重新安排行号、列标和页字段。每一次改变版面布置时，数据透视表会立即按照新的布置重新计算数据。另外，如果原始数据发生更改，则可以更新数据透视表。

1. 数据透视表说明

图6-2-9为新建的空白数据透视表。

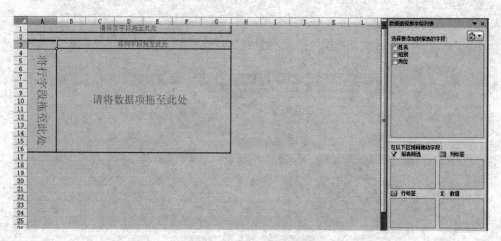

图6-2-9　空白数据透视表

图6-2-9中左边为数据透视表的报表生成区域，会随着选择的字段不同而自动更新；右侧为数据透视表字段列表。创建数据透视表后，可以使用数据透视表字段列表来添加字段。如果要更改数据透视表，可以使用该字段列表来重新排列和删除字段。默认情况下，数据透视表字段列表显示两部分：上方的字段部分用于添加和删除字段，下方的布局部分用于重新排列和重新定位字段。可以将数据透视表字段列表停靠在窗口的任意一侧，然后沿水平方向调整其大小；也可以取消停靠数据透视表字段列表，此时既可

以沿垂直方向也可以沿水平方向调整其大小。

右下方为数据透视表的 4 个区域，其中"报表筛选"、"列标签"、"行标签"区域用于放置分类字段，"数值"区域放置数据汇总字段。当将字段拖动到数据透视表区域中时，左侧会自动生成数据透视表报表。

将字段拖动到"行标签"区域，则此字段中的每类项目会成为一行；我们可以将希望按行显示的字段拖动到此区域。

将字段拖动到"列字段"区域，则此字段中的每类项目会成为一列；我们可以将希望按列显示的字段拖动到此区域。

将字段拖动到"数值"区域，则会自动计算此字段的汇总信息（如求和、计数、平均值、方差等）；我们可以将任何希望汇总的字段拖动到此区域。

将字段拖动到"报表筛选"区域，则可以根据此字段对报表实现筛选，可以显示每类项目相关的报表。我们可以将较大范围的分类拖动到此区域，以实现报表筛选。

在数据透视表中，如果勾选的字段是文本类型，字段默认自动出现在行标签中，如果勾选的字段是数值类型的，字段默认自动出现在数值区域中。

2. 数据透视表示例

根据表 6 - 2 - 5 所示数据制作按职工分产品的数量透视表。

表 6 - 2 - 5　　　　　　　　　　数据透视表示例

A	B	C	D	E	F	G	H	I
3	序号	日期	姓名	品名	单价	数量	金额	运输方式
4	09701	2003 - 3 - 1	张三	创维	3080	5	15400	汽车
5	09702	2003 - 3 - 1	李四	创维	3600	7	25200	轮船
6	09703	2003 - 3 - 1	王五	创维	3200	2	6400	火车
7	09704	2003 - 3 - 1	马六	TCL	3080	5	15400	轮船
8	09705	2003 - 3 - 1	周七	熊猫	3300	6	19800	汽车
9	09706	2003 - 3 - 1	郑八	熊猫	3300	4	13200	汽车
10	09707	2003 - 3 - 1	张三	康佳	2980	3	8940	火车
11	09708	2003 - 3 - 1	李四	TCL	3200	7	22400	轮船
12	09709	2003 - 3 - 1	王五	康佳	3200	5	16000	汽车
13	09710	2003 - 3 - 1	马六	TCL	3080	3	9240	汽车
14	09711	2003 - 2 - 24	周七	长虹	3600	1	3600	汽车
15	09712	2003 - 2 - 25	郑八	创维	2980	6	17880	汽车
16	09713	2003 - 2 - 26	张三	TCL	3600	5	18000	汽车
17	09714	2003 - 2 - 27	李四	长虹	3200	4	12800	火车
18	09715	2003 - 2 - 28	王五	熊猫	2980	1	2980	火车

制作步骤：

点数据源，数据清单或数据库中任意非空单元格，点"数据—数据透视表和数据透视图"，按照以下过程操作。

首先，保持原选取内容不变，点"下一步"。

接下来，选择要分析的数据，此时选择数据所在区域 B3：I18，点"下一步"。然后，选择放置工作表的位置为新工作表，点击确认后即在新的页面生成一空白的数据透视表。如图 6-2-10 所示。

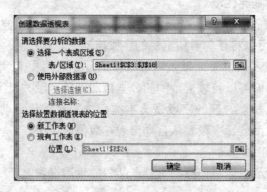

图 6-2-10　创建空白透视表

接下来，进行报表字段的选择，题目要求按职工分产品的数量透视表，因此选择字段"姓名"、"品名"和"数量"，报表的字段选择如图 6-2-11 所示。

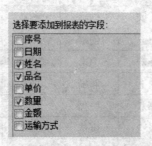

图 6-2-11　报表字段选择

并且，将"姓名"按钮拖至"行标签"框，将"品名"按钮拖至"列标签"框，将"数量"按钮拖至"数值"框；点"确定"。具体设置方式如图 6-2-12 所示。

此时，即可自动形成"按职工分产品的数量透视表"，如表 6-2-6 所示。

图 6 - 2 - 12　报表字段设置

表 6 - 2 - 6　　　　　　　　　　　按职工分产品的数量透视表

求和项：数量	列标签					
行标签	TCL	创维	康佳	熊猫	长虹	总计
李四	7	7			4	18
马六	8					8
王五		2	5	1		8
张三	5	5	3			13
郑八		6		4		10
周七				6	1	7
总计	20	20	8	11	5	64

3. 透视表使用技巧

（1）查看透视表数据来源：在透视表中双击任何有数据之单元格，Excel 将新建一个明细表予以列示。

（2）修改数据透视表：

1）增减行列数据项：点"姓名"行或"品名"列之下拉箭头，选取或取消拟增减的具体人名或品名即完成明细项增减。

2）行列置换：单击并按住左键，将行"姓名"拖至列"品名"旁边，同法将"品名"拖至行字段处即可完成行列互换。

3）行列表内移动：单击拟移动的列标或行标，在鼠标移至拟动单元格边缘鼠标变成4 个小箭头时，将其放置新位置即可。

（3）建立多重数据字段（行列标）透视表：

1）在第三步版式（或布局）中操作：可在"行"或"列"框中拖进多个字段钮。

2）在已建透视表中修改：单击表中任一非空单元格，将弹出的"数据透视表"中列出字段拖至已有行或列字段旁边即可；或右击任一单元格，选"显示字段列标"，在"数据透视表字段列表"中选定项目，拖至已有行或列字段旁即可。

（4）修改透视表的概要函数：双击透视表"数据字段"，即"求和项：数量"，在弹出的"数据透视表字段—汇总方式"选择新函数，单击"确定"。

（5）制作数据透视图：右键单击透视表任一非空单元格，选"数据透视图"即可插入一张数据透视图；可点"图表"选择图表类型；可选择"页"、"行"和"列"下拉菜单明细内容，改变透视图显示内容。

步骤一：Excel 相关功能的应用

任务要求计算总分、平均分和名次，如表6－2－7所示。

表6－2－7　　　　　　　　　全顺公司中层干部绩效考核

姓名	出勤	业务拓展	团队合作	业务改进与创新	负责业务量	总分	平均分	名次
李华	90	80	83	58	73			
张怡宁	98	91	93	73	84			
赵新龙	91	57	78	81	95			
张三	75	80	65	78	80			
宁与	73	82	69	63	91			
刘平	66	78	95	80	59			

总分即为每个人各项成绩求和，函数为 sum（B3：F3），计算结果如图6－2－13和图6－2－14所示。

图6－2－13　sum函数应用

G3			f_x	=SUM(B3:F3)					
	A	B	C	D	E	F	G	H	I
1	全顺公司中层干部绩效考核								
2	姓名	出勤	业务拓展	团队合作	务改进与创	负责业务里	总分	平均分	名次
3	李华	90	80	83	58	73	384		
4	张怡宁	98	91	93	73	84	439		
5	赵新龙	91	57	78	81	95	402		
6	张三	75	80	65	78	80	378		
7	宁与	73	82	69	63	91	378		
8	刘平	66	78	95	80	59	378		

图 6 – 2 – 14　sum 函数结果

计算平均数使用函数为 AVERAGE（B3：F3），计算结果如图 6 – 2 – 15 和图 6 – 2 – 16 所示。

H3			f_x	=AVERAGE(B3:F3)					
	A	B	C	D	E	F	G	H	I
1	全顺公司中层干部绩效考核								
2	姓名	出勤	业务拓展	团队合作	务改进与创	负责业务里	总分	平均分	名次
3	李华	90	80	83	58	73	384	76.8	
4	张怡宁	98	91	93	73	84	439		
5	赵新龙	91	57	78	81	95	402		
6	张三	75	80	65	78	80	378		
7	宁与	73	82	69	63	91	378		
8	刘平	66	78	95	80	59	378		

图 6 – 2 – 15　AVERAGE 函数应用

H3			f_x	=AVERAGE(B3:F3)					
	A	B	C	D	E	F	G	H	I
1	全顺公司中层干部绩效考核								
2	姓名	出勤	业务拓展	团队合作	务改进与创	负责业务里	总分	平均分	名次
3	李华	90	80	83	58	73	384	76.8	
4	张怡宁	98	91	93	73	84	439	87.8	
5	赵新龙	91	57	78	81	95	402	80.4	
6	张三	75	80	65	78	80	378	75.6	
7	宁与	73	82	69	63	91	378	75.6	
8	刘平	66	78	95	80	59	378	75.6	

图 6 – 2 – 16　AVERAGE 函数结果

名次计算使用排名函数 RANK（number，ref，［order］）。其中，number 为需要排名的那个数值或者单元格名称（单元格内必须为数字），I3 项计算的是 A3 的排名，因此其 number 为 G3；ref 为排名的参照数值区域，设定为 \$G\$3：\$G\$8，为防止审行将其锁定；因为是正排名，则 order 的值设为 0，因为其默认为 0，也可以不用输入。

计算函数为 RANK（G3，\$G\$3：\$G\$8，0），计算结果如图 6 – 2 – 17 和图6 – 2 – 18

所示。

I3			f_x	=RANK(G3, $G$3:$G$8,0)					
	A	B	C	D	E	F	G	H	I
1	全顺公司中层干部绩效考核								
2	姓名	出勤	业务拓展	团队合作	务改进与创	负责业务里	总分	平均分	名次
3	李华	90	80	83	58	73	384	76.8	3
4	张怡宁	98	91	93	73	84	439	87.8	
5	赵新龙	91	57	78	81	95	402	80.4	
6	张三	75	80	65	78	80	378	75.6	
7	宁与	73	82	69	63	91	378	75.6	
8	刘平	66	78	95	80	59	378	75.6	

图 6-2-17　RANK 函数应用

I3			f_x	=RANK(G3, $G$3:$G$8,0)					
	A	B	C	D	E	F	G	H	I
1	全顺公司中层干部绩效考核								
2	姓名	出勤	业务拓展	团队合作	务改进与创	负责业务里	总分	平均分	名次
3	李华	90	80	83	58	73	384	76.8	3
4	张怡宁	98	91	93	73	84	439	87.8	1
5	赵新龙	91	57	78	81	95	402	80.4	2
6	张三	75	80	65	78	80	378	75.6	4
7	宁与	73	82	69	63	91	378	75.6	4
8	刘平	66	78	95	80	59	378	75.6	4

图 6-2-18　RANK 函数结果

步骤二：应用 Excel 进行 EIQ 分析

由图中数据可知，横坐标代表品项 I，本任务有 I1、I2、I3、…、I15、I16 等十六项商品；而纵坐标则代表订单，本任务有 E1、E2、E3、…、E29、E30 等 30 个订单。而图中的数字代表订货数量，可以是以整栈板、整箱或单品等，假设在此的表格是整箱的订货。

根据该图所给出的数据，可以进行相关的 EIQ 分析。我们以客户 E1 为例说明 EQ、EN 分析的方法和过程，其他客户依此类推。以品项 I1 为例说明 IQ、IK 分析的方法和过程，其他品项以此类推。

1. EQ 分析

EQ 分析是指每张订单的订货数量分析，即每张订单（E）订货的总数量（Q）的统计分析。则订单 E1 的 EQ = SUM（B3：Q3），从表中可知客户 E1 在品项 I1 订了 12 箱，品项 I2 订了 3 箱，品项 I3 没有订购，……，品项 I15 订了 4 箱，品项 I16 订了 4 箱。经过统计可得，客户 E1 总共订了 105 箱。

详细的计算结果如图 6-2-20 所示。

| S38 | ▼ | fx | | | | | | | | | | | | | | | | |

	A	B	C	D	E	F	G	H	I	J	K	L	M	N	O	P	Q	R	S
1					全顺物流配送中心订单的EIQ分析														
2		I1	I2	I3	I4	I5	I6	I7	I8	I9	I10	I11	I12	I13	I14	I15	I16	EQ	EN
3	e1	12	3	0	2	4	6	1	27	2	1	14	9	3	13	4	4		
4	e2	10	8	0	3	3	2	0	14	1	1	0	6	1	5	2	2		
5	e3	13	17	3	4	4	6	12	30	4	3	0	4	2	2	3	3		
6	e4	12	11	2	4	4	6	12	30	4	1	7	4	2	8	3	3		
7	e5	11	8	1	6	6	5	4	25	2	2	7	2	2	8	4	4		
8	e6	9	1	1	3	3	3	1	6	1	0	6	3	1	7	1	1		
9	e7	12	8	2	5	5	5	2	25	2	2	7	5	4	11	3	3		
10	e8	23	11	0	11	11	10	14	27	3	0	9	5	2	12	5	5		
11	e9	20	9	1	6	6	7	3	30	2	0	4	18	6	12	3	3		
12	e10	13	9	0	6	6	2	2	29	3	1	0	5	1	9	2	2		
13	e11	6	5	1	2	2	2	5	14	1	0	4	1	3	0	0	0		
14	e12	14	9	1	14	14	7	5	23	8	4	9	10	4	10	9	9		
15	e13	59	9	3	25	25	16	12	44	5	3	13	15	7	17	6	6		
16	e14	20	6	1	9	9	11	5	13	2	2	5	12	4	3	9	9		
17	e15	15	1	3	6	6	8	2	12	4	1	8	4	4	2	0	0		
18	e16	12	11	1	4	4	12	4	24	4	3	11	6	1	7	4	4		
19	e17	16	7	0	5	5	6	3	14	1	1	7	11	3	6	3	3		
20	e18	23	13	4	58	34	56	13	46	25	45	68	3	2	36	2	7		
21	e19	13	6	0	6	6	5	5	14	3	0	5	4	3	2	2	2		
22	e20	23	14	3	9	9	11	2	35	5	3	14	19	6	16	6	6		
23	e21	9	8	1	8	9	1	5	29	3	3	12	16	6	19	0	0		
24	e22	8	3	0	2	2	3	0	7	0	0	0	5	2	4	1	1		
25	e23	5	0	0	0	0	6	3	13	1	0	9	5	5	12	2	2		
26	e24	19	10	1	9	9	9	8	28	5	0	8	7	4	16	7	7		
27	e25	166	12	3	46	46	57	10	84	25	15	37	12	44	20	20			
28	e26	13	7	1	7	7	9	4	24	3	0	2	10	4	10	3	3		
29	e27	18	3	1	8	8	7	14	18	4	2	2	14	6	3	5	5		
30	e28	8	5	1	3	3	2	2	11	2	0	5	3	0	5	3	3		
31	e29	24	11	2	13	13	10	1	25	5	0	9	12	4	10	2	2		
32	e30	24	6	1	12	12	11	6	25	3	0	4	12	5	6	4	4		
33	IQ																		
34	IK																		

图6-2-19 EIQ分析

| R3 | ▼ | fx | =SUM(B3:Q3) | | | | | | | | | | | | | | | |

	A	B	C	D	E	F	G	H	I	J	K	L	M	N	O	P	Q	R	S
1					全顺物流配送中心订单的EIQ分析														
2		I1	I2	I3	I4	I5	I6	I7	I8	I9	I10	I11	I12	I13	I14	I15	I16	EQ	EN
3	e1	12	3	0	2	4	6	1	27	2	1	14	9	3	13	4	4	105	
4	e2	10	8	0	3	3	2	0	14	1	1	0	6	1	5	2	2	58	
5	e3	13	17	3	4	4	6	12	30	4	3	0	4	2	2	3	3	110	
6	e4	12	11	2	4	4	6	12	30	4	1	7	4	2	8	3	3	113	
7	e5	11	8	1	6	6	5	4	25	2	2	7	2	2	8	4	4	102	
8	e6	9	1	1	3	3	3	1	6	1	0	6	3	1	7	1	1	47	
9	e7	12	8	2	5	5	5	2	25	2	2	7	5	4	11	3	3	101	
10	e8	23	11	0	11	11	10	14	27	3	0	9	5	2	12	5	5	148	
11	e9	20	9	1	6	6	7	3	30	2	0	4	18	6	12	3	3	130	
12	e10	13	9	0	6	6	2	2	29	3	1	0	5	1	9	2	2	94	
13	e11	6	5	1	2	2	2	5	14	1	0	4	1	3	0	0	0	50	
14	e12	14	9	1	14	14	7	5	23	8	4	9	10	4	10	9	9	150	
15	e13	59	9	3	25	25	16	12	44	5	3	13	15	7	17	6	6	265	
16	e14	20	6	1	9	9	11	5	13	2	2	5	12	4	3	9	9	120	
17	e15	15	1	3	6	6	8	2	12	4	1	8	4	4	2	0	0	76	
18	e16	12	11	1	4	4	12	4	24	4	3	11	6	1	7	4	4	112	
19	e17	16	7	0	5	5	6	3	14	1	1	7	11	3	6	3	3	91	
20	e18	23	13	4	58	34	56	13	46	25	45	68	3	2	36	2	7	433	
21	e19	13	6	0	6	6	5	5	14	3	0	5	4	3	2	2	2	76	
22	e20	23	14	3	9	9	11	2	35	5	3	14	19	6	16	6	6	181	
23	e21	9	8	1	8	9	1	5	29	3	3	12	16	6	19	0	0	129	
24	e22	8	3	0	2	2	3	0	7	0	0	0	5	2	4	1	1	38	
25	e23	5	0	0	0	0	6	3	13	1	0	9	5	5	12	2	2	63	
26	e24	19	10	1	9	9	9	8	28	5	0	8	7	4	16	7	7	147	
27	e25	166	12	3	46	46	57	10	84	25	15	37	12	44	20	20		605	
28	e26	13	7	1	7	7	9	4	24	3	0	2	10	4	10	3	3	112	
29	e27	18	3	1	8	8	7	14	18	4	2	2	14	6	3	5	5	118	
30	e28	8	5	1	3	3	2	2	11	2	0	5	3	0	5	3	3	61	
31	e29	24	11	2	13	13	10	1	25	5	0	9	12	4	10	2	2	153	
32	e30	24	6	1	12	12	11	6	25	3	0	4	12	5	6	4	4	137	
33	IQ																		
34	IK																		

图6-2-20 EQ分析

2. EN 分析

EN 分析是指每张订单的订货品项数量分析，即每张订单（E）订货的品项数量（I）的统计分析。根据任务所给数据可以发现，客户 E1 在 I1、I2、I3、…、I15、I16 等十六项商品中，品项 I3 没有订购，其他商品均有订购。因此，客户共订购了 15 种商品。

此处使用 COUNTIF 函数进行求解，COUNTIF（B3：Q3，">0"）为统计 B3 到 Q3 行中，大于 0 的数的个数，大于 0 则表示订购了该品项的货物。经过统计可得，客户 E1 共订够了 15 种货品。

详细的计算结果如图 6 - 2 - 21 所示。

| S3 | | | fx | =COUNTIF(B3:Q3,">0") | | | | | | | | | | | | | | |

	I1	I2	I3	I4	I5	I6	I7	I8	I9	I10	I11	I12	I13	I14	I15	I16	EQ	EN
全顺物流配送中心订单的EIQ分析																		
e1	12	3	0	2	4	6	1	27	2	1	14	9	3	13	4	4	105	15
e2	10	8	0	3	3	2	0	14	1	1	0	6	1	5	2	2	58	13
e3	13	17	3	4	4	6	12	30	4	3	0	4	2	2	3	3	110	15
e4	12	11	2	4	4	8	12	30	4	1	7	4	2	8	3	3	113	16
e5	11	8	1	6	6	5	4	25	2	2	7	7	2	8	4	4	102	16
e6	9	1	1	3	3	3	1	6	1	0	6	3	1	7	1	1	47	15
e7	12	8	2	5	5	6	2	25	2	2	7	5	4	11	3	3	101	16
e8	23	11	0	11	11	10	14	27	3	0	9	5	2	12	5	5	148	14
e9	20	9	1	6	6	7	3	30	3	1	4	18	6	12	3	3	130	15
e10	13	9	0	6	6	2	2	29	3	1	0	5	1	9	2	2	94	14
e11	6	5	1	2	2	2	5	14	1	0	4	4	1	3	0	0	50	13
e12	14	9	1	14	14	7	3	23	8	4	9	10	4	10	9	9	150	15
e13	59	9	3	25	25	16	12	44	5	3	13	15	7	17	6	6	265	16
e14	20	6	1	9	9	11	5	13	2	2	5	12	4	3	9	9	120	16
e15	15	1	3	6	6	8	2	12	4	1	8	4	4	2	0	0	76	14
e16	12	11	1	4	4	12	4	24	4	3	11	6	1	7	4	4	112	16
e17	16	7	0	5	5	6	3	14	1	1	7	11	3	6	3	3	91	15
e18	23	13	4	56	34	56	10	46	25	45	68	3	2	38	2	7	433	16
e19	13	6	0	6	6	5	5	14	3	0	5	4	3	2	2	2	76	14
e20	23	12	3	9	9	11	2	35	5	3	14	19	6	16	6	6	181	16
e21	9	8	1	4	4	3	5	29	3	3	12	16	6	19	0	0	129	14
e22	8	3	0	2	2	3	0	9	0	0	0	5	2	4	1	1	38	11
e23	5	0	0	0	0	6	3	13	1	0	9	5	5	12	2	2	63	11
e24	19	10	1	9	9	8	3	28	6	0	8	7	4	16	7	7	147	15
e25	166	12	3	46	46	57	10	84	25	8	15	37	12	44	20	20	605	16
e26	13	7	1	7	7	9	9	24	3	0	2	10	4	10	3	3	112	16
e27	18	3	1	8	8	7	14	18	4	2	2	14	6	3	5	5	118	16
e28	9	5	1	3	3	2	0	14	2	0	9	4	3	3	2	3	61	15
e29	24	11	2	13	13	10	9	25	5	2	9	12	4	10	2	2	153	16
e30	24	6	1	12	12	11	6	25	3	2	4	12	5	6	4	4	137	16
IQ																		
IK																		

图 6 - 2 - 21　EN 分析

3. IQ 分析

IQ 分析是指每个单品的订货数量分析，即每个品项的货品被订购的总数量的统计分析。根据任务所给数据可知，品项 I1 在订单 E1 中被订购了 12 箱，在订单 E2 中被订购了 10 箱，在客户 E3 中被订购了 13 箱，……，在订单 E29 中被订购了 24 箱，在订单 E30 中被订购了 24 箱。经过统计可得，品项 I1 总共被订够了 630 箱。

详细的计算结果如图 6 - 2 - 22 所示。

| B33· | fx =SUM(B3:B32) |

全顺物流配送中心订单的EIQ分析

	I1	I2	I3	I4	I5	I6	I7	I8	I9	I10	I11	I12	I13	I14	I15	I16	EQ	EN
e1	12	3	0	2	4	6	1	27	2	1	14	9	3	13	4	4	105	15
e2	10	8	0	3	3	2	0	14	1	1	0	8	1	5	2	2	58	13
e3	13	17	3	4	4	6	12	30	4	3	0	4	2	2	3	3	110	15
e4	12	11	2	4	4	6	12	30	4	1	7	4	2	8	3	3	113	16
e5	11	8	1	6	6	5	4	25	2	2	7	7	2	8	4	4	102	15
e6	9	1	1	3	3	3	1	6	1	0	6	3	1	7	1	1	47	15
e7	12	8	2	5	5	5	2	25	2	2	7	5	4	11	3	3	101	16
e8	23	11	0	11	11	10	14	27	3	0	9	5	2	12	5	5	148	14
e9	20	9	1	6	6	7	3	30	2	0	4	18	6	12	3	3	130	15
e10	13	9	0	6	6	6	2	29	3	1	0	5	1	9	2	2	94	14
e11	6	5	1	3	3	3	1	8	1	1	4	4	1	3	0	0	50	13
e12	14	9	1	14	14	7	5	23	8	4	9	9	3	10	9	9	150	16
e13	59	16	3	25	25	16	12	44	5	3	13	15	7	17	6	6	265	16
e14	20	8	1	9	9	11	5	13	2	2	5	12	4	3	9	9	120	16
e15	15	1	3	6	6	8	2	12	4	1	8	4	4	2	0	0	76	14
e16	12	11	1	4	4	12	4	24	4	3	11	6	1	7	4	4	112	16
e17	16	7	0	5	5	6	3	14	1	1	7	11	3	6	3	3	91	15
e18	23	13	4	58	34	58	13	46	25	45	68	3	2	36	2	7	433	16
e19	13	6	0	3	3	5	1	14	3	0	5	4	3	2	2	2	76	14
e20	23	14	3	9	9	12	2	35	5	3	14	19	6	18	6	6	181	16
e21	9	8	1	8	9	1	5	29	3	1	12	16	6	19	0	0	129	14
e22	8	3	0	2	2	3	0	7	0	0	3	2	4	1	1	1	38	11
e23	5	0	0	0	0	6	3	13	1	0	9	5	5	12	2	2	63	11
e24	19	10	1	9	9	8	8	28	5	0	8	7	4	16	7	7	147	15
e25	166	12	3	46	46	57	10	84	25	16	15	37	12	44	20	20	605	16
e26	13	7	1	7	7	9	9	24	3	0	10	4	3	10	3	3	112	15
e27	8	8	1	8	8	7	14	18	4	2	2	14	6	5	5	5	115	16
e28	8	5	1	3	3	2	2	11	2	0	5	4	3	5	3	3	61	15
e29	24	11	2	13	13	10	9	25	5	2	9	11	4	10	2	2	153	16
e30	24	8	1	12	12	11	6	25	5	2	6	13	4	4	2	2	137	16
IQ	630	231	38	294	275	306	173	746	133	90	264	276	110	318	118	123		
IK																		

图 6 – 2 – 22　IQ 分析

4. IK 分析

IK 分析是指每个单品的订货次数分析，即每个品项（I）被订购的次数（K）的统计分析。根据任务所给数据可以发现，品项 I1 在订单 E1 中被订购了 12 箱，在订单 E2 中被订购了 10 箱，在客户 E3 中被订购了 13 箱，……，在订单 E29 中被订购了 24 箱，在订单 E30 中被订购了 24 箱。所有客户都订购了品项 I1，因此品项 I1 一共被订购了 30 次。

此处使用 COUNTIF 函数进行求解，COUNTIF（B3：B32，">0"）为统计 B3 到 B32 列中，大于 0 的数的个数。大于 0 则表示该订单订购了品项 I1，经过统计可得，品项 I1 总共被订够了 30 次。

详细的计算结果如图 6 – 2 – 23 所示。

EIQ 分析最重要的是如何判读与应用，尤其是公司的经营变化可以由 EIQ 分析的图形中识别出来，另外 EQ 分析及 IQ 分析也可以单独的应用，例如，EQ 分析可以应用在物流中心的进出货暂存区的规划、包装纸箱大小的决定、捡货顺序的安排、配送路线的安排、客户 ABC 分级及客户情报管理。而 IQ 分析可以应用在物流中心的布置规划、物流设备的选择、批量捡货、商品贩卖情报、商品的营销预测及捡货作业人力的安排。在物流中心的布置规划里，A 类商品应该尽量规划于靠门口及通道的位置，C 类商品则规划于角落的

B34　＝COUNTIF(B3:B32,">0")

全顺物流配送中心订单的EIQ分析

	I1	I2	I3	I4	I5	I6	I7	I8	I9	I10	I11	I12	I13	I14	I15	I16	EQ	EN
e1	12	3	0	2	4	6	1	27	2	1	14	9	3	13	4	4	105	15
e2	10	8	0	3	3	2	0	14	1	1	0	6	1	5	2	2	58	13
e3	13	17	3	4	4	6	12	30	4	3	0	4	2	2	3	3	110	15
e4	12	11	2	4	4	6	12	30	4	1	7	4	2	8	3	3	113	16
e5	11	8	1	6	6	5	4	25	2	2	7	7	2	8	4	4	102	16
e6	9	1	1	2	6	3	2	25	2	0	6	3	1	1	1	1	47	15
e7	12	8	2	5	5	5	2	25	2	2	7	5	4	11	3	3	101	16
e8	23	11	0	11	11	10	14	27	3	0	9	5	2	12	5	5	148	14
e9	20	9	1	6	6	7	3	30	2	0	4	18	6	12	3	3	130	15
e10	13	9	0	6	6	2	2	29	3	1	0	5	1	9	2	2	94	14
e11	6	5	1	2	2	2	5	14	1	0	4	4	1	3	0	0	50	13
e12	14	9	1	14	14	7	5	23	4	9	10	4	10	9	9		150	16
e13	59	9	3	25	25	16	12	44	5	3	13	15	7	17	6	6	265	16
e14	20	6	1	9	9	11	5	13	2	2	5	12	4	3	9	9	120	16
e15	15	1	3	6	6	8	2	12	4	1	8	4	4	2	0	0	76	14
e16	11	6	1	4	4	12	4	24	3	1	11	6	1	4	5	5	112	16
e17	16	7	0	5	5	6	3	14	1	1	7	11	3	6	3	3	91	15
e18	23	13	4	56	34	56	13	46	25	45	68	3	2	36	2	7	433	16
e19	13	6	0	6	6	5	5	14	3	0	5	4	3	2	2		76	14
e20	23	14	3	9	9	11	2	35	5	3	14	19	6	16	6	6	181	16
e21	9	8	1	8	9	1	5	29	3	3	12	16	6	19	0	0	129	14
e22	8	3	0	2	2	3	0	7	0	0	5	2	4	1	1		38	11
e23	5	0	0	0	0	6	3	13	1	0	9	5	5	12	2	2	63	11
e24	19	10	1	9	9	9	8	28	5	0	8	7	4	16	7	7	147	16
e25	166	12	6	46	46	57	10	84	25	6	15	37	12	44	20	20	605	16
e26	13	7	1	7	7	9	9	24	3	0	4	10	4	3	3		112	15
e27	18	3	1	8	8	7	14	18	4	2	2	14	6	3	5	5	118	16
e28	8	5	1	3	3	3	2	11	2	0	5	4	3	5	3	3	61	15
e29	24	11	2	13	13	10	9	25	5	2	9	12	4	10	4	4	153	16
e30	24	6	1	12	12	11	6	25	3	2	4	12	5	6	4	4	137	16
IQ	630	231	38	294	275	306	173	746	133	90	264	276	110	318	118	123		
IK	30	29	22	29	29	30	28	30	29	20	26	30	30	30	27	27		

图 6 – 2 – 23　IK 分析

位置，而 B 类商品则介于两者之间。另外在料架的陈列上，使用栈板式的料架时 A 类商品规划于第一层容易存取的地方，而 C 类商品则规划料架最高层的地方。

步骤三：SUMIF 函数的应用

要求计算每个人的销售金额，则应该用每个人的销售数量×产品单价，函数为 D2×E2。计算结果如图 6 – 2 – 24 所示。

F2　＝D2*E2

	A 负责人	B 销售日期	C 产品	D 数量	E 单价	F 金额
1	负责人	销售日期	产品	数量	单价	金额
2	李本成	2012/3/2	彩电	12	3000	36000
3	王五	2012/3/3	空调	9	1200	10800
4	李开	2012/3/4	电冰箱	12	1100	13200
5	黄二	2012/3/5	微波炉	18	500	9000
6	张三中	2012/3/6	彩电	17	3000	51000
7	黄明	2012/3/7	空调	3	1200	3600
8	左拉	2012/3/8	电冰箱	6	1100	6600
9	国轲	2012/3/9	微波炉	12	500	6000

图 6 – 2 – 24　每人销售金额计算

计算各家电销售的总数量，使用函数 SUMIF（range，criteria，sum_ range）。要求计算各种家电的销售总数，则需要将各种家电的销售数量分别统计，因此设定条件判断区域为 \$C\$2：\$C\$9；判断条件按家电的不同进行分类，因此设定其统计条件分别满足于 I5：I8 的各项，也就是分别按照彩电、空调、电冰箱、微波炉来进行统计；实际求和区域为该家电的销售数量，则为满足统计条件的 \$C\$2：\$C\$9 区域，所对应的 \$D\$2：\$D\$9 单元格的数值。

因此，彩电的销售总数 = SUMIF（\$C\$2：\$C\$9，I5，\$D\$2：\$D\$9），其他项以此类推。计算结果如图 6 - 2 - 25 和图 6 - 2 - 26 所示。

图 6 - 2 - 25　家电销售总数计算

图 6 - 2 - 26　家电销售总数计算结果

计算各家电销售的总金额，使用函数 SUMIF（range，criteria，sum_ range）。要求计算各种家电的销售金额，则需要将各种家电的销售金额分别统计，因此设定条件判断区域为 \$C\$2：\$C\$9；判断条件按家电的不同进行分类，因此设定其统计条件分别满足于 I5：I8 的各项，也就是分别按照彩电、空调、电冰箱、微波炉来进行统计；实际求和区域为该种家电的销售金额，则为满足统计条件的 \$C\$2：\$C\$9 区域，所对应的 \$F\$2：\$F\$9 单元格的数值。

因此，彩电的销售金额 = SUMIF（\$C\$2：\$C\$9，I5，\$F\$2：\$F\$9），其他项以此类推。计算结果如图 6 - 2 - 27 和图 6 - 2 - 28 所示。

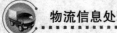

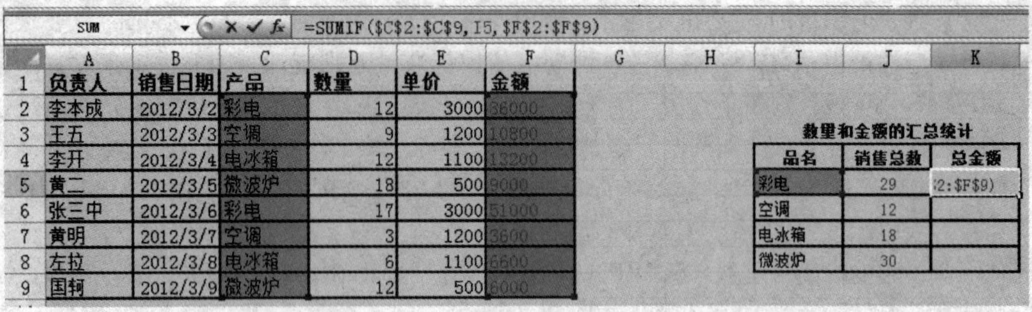

图 6 - 2 - 27　家电销售总金额计算

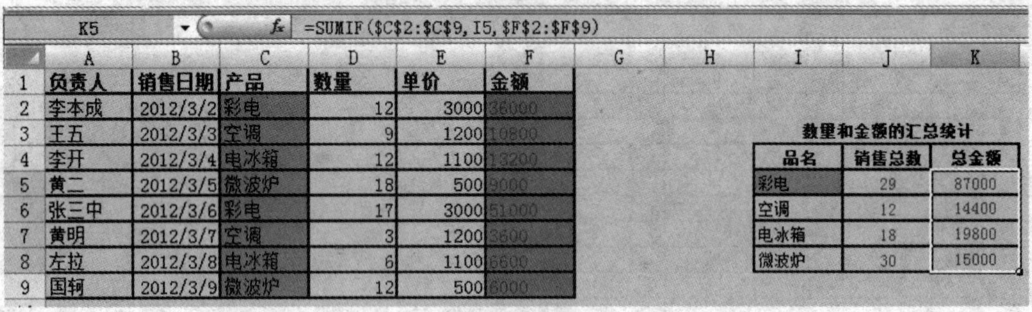

图 6 - 2 - 28　家电销售总金额计算结果

步骤四：数据透视表的应用

任务要求根据员工资料统计不同组别不同岗位人员总数。按照以下步骤完成该任务。

将光标点在表格数据源中任意有内容的单元格，或者将整个数据区域选中。选择"插入"选项卡，单击"数据透视表"命令，如图 6 - 2 - 29 所示。

图 6 - 2 - 29　建立数据透视表

在弹出的"创建数据透视表"对话框中，"请选择要分析的数据"一项已经自动选中了光标所处位置的整个连续数据区域，也可以在此对话框中重新选择想要分析的数据区域。"选择放置数据透视表位置"项，可以在新的工作表中创建数据透视表，也可以将数据透视表放置在当前的某个工作表中，如图 6-2-30 所示。

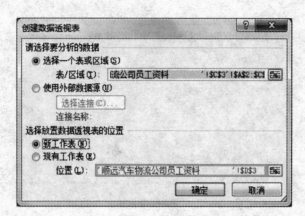

图 6-2-30　创建数据透视表

单击确定，我们将其放在一个新的工作表中，选择我们需要添加的报表字段，如图 6-2-31 所示。

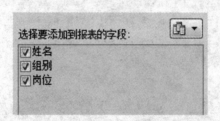

图 6-2-31　报表字段添加

然后根据需要，将相关的字段拖动到需要的位置，我们将岗位设为列标签，组别设为行标签，对姓名项进行计数。字段放置结果如图 6-2-32 所示。

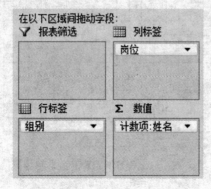

图 6-2-32　报表字段放置

得到按组别岗位的数量透视表，如图 6－2－33 所示。

计数项:姓名	岗位																				
组别	安全员	保管员	保洁员	材料会计	叉车司机	出库员	工艺员	计划打单	理货员	喷漆工	票据员	器具管理	入退库打	设备管理	收货员	统计员	转运工	转运司机	装卸工	综合管理	总计
安全组	5																				5
财务组				15							2										17
叉车					31																31
出库组						9															9
大件		12							16	3											31
大件转运班																		5			5
底盘		17							12												29
底盘工段																	13				13
底盘转运班																		10			10
内饰		36																			36
配送工段																	8				8
收货组															16						16
信息组								6					2								8
装卸组																			14		14
综合		6							11												17
综合组			2				2					2		1		2				1	10
总计	5	71	2	15	31	9	2	6	39	3	2	2	2	1	16	2	21	15	14	1	259

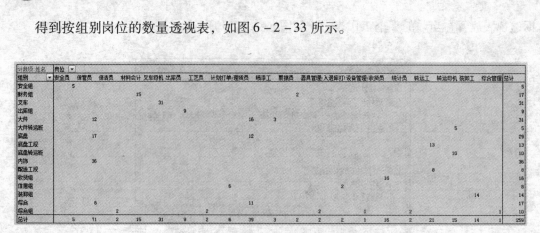

图 6－2－33　按组别岗位的数量透视表

步骤五：COUNTIF 函数的应用

任务要求统计 2012 年 3 月公司向各门店进行配送的次数合计。从原始数据可以看出，“▲”表示进行过一次配送，各个门店对应行中“▲”出现的次数即为配送的次数。

采用 COUNTIF 函数进行求解，函数为 COUNTIF（B5：AF5，“▲”）。B5：AF5 为需要进行统计数据个数的区域，“▲”为统计条件，即出现“▲”的单元格才被计算在内。计算结果如图 6－2－34 所示。

AG5　=COUNTIF(B5:AF5,"▲")

门店名称	时间（12年3月）																														合计
	1	2	3	4	5	6	7	8	9	10	11	12	13	14	15	16	17	18	19	20	21	22	23	24	25	26	27	28	29	30	31	
家乐福上海古北店	▲				▲			▲				▲				▲				▲				▲			▲			▲		9
百安居上海金桥店		▲				▲			▲				▲				▲				▲					▲			▲			8
百安居上海龙阳店	▲		▲				▲			▲				▲					▲			▲						▲			▲	9
百安居上海杨浦店			▲		▲			▲				▲			▲					▲			▲				▲			▲		9
大润发上海康桥店		▲				▲							▲			▲			▲					▲		▲			▲			8
大润发上海杨浦店			▲				▲					▲			▲		▲						▲					▲				7
家乐福上海新里程店		▲							▲					▲						▲						▲						5
乐购上海锦绣店					▲					▲					▲							▲									▲	5
欧尚上海长阳店			▲					▲					▲								▲						▲					5
世纪联华浦东御桥店	▲									▲						▲							▲						▲			5
世纪联华上海鲁班路店						▲								▲					▲							▲						4
乐购上海南汇店							▲															▲									▲	3
欧尚上海中原店									▲												▲									▲		3
沃尔玛上海五角场店								▲									▲							▲								3
▲表示送货一次																																

图 6－2－34　COUNTIF 函数求解结果

分析总结 ★★

COUNTIF 函数的作用是求出一个数据单元格区域内满足条件的数据的个数。SUMIF 函数的作用是求出一个数据单元格区域内满足条件的数据的总和。

制作数据透视表时，选择不同的数据标签即可生成不同的数据透视表。更改数据透视表的行标签和列标签同样也能生成不同的数据透视表。以任务准备中数据透视表示例为例，若设置报表字段如图 6 - 2 - 35 所示，则数据透视表如表 6 - 2 - 8 所示。

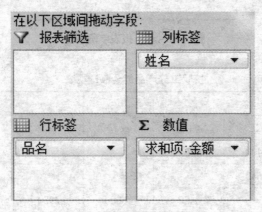

图 6 - 2 - 35　报表字段设置

表 6 - 2 - 8　　　　　　　　　　按产品分职工的金额透视表

求和项：金额	列标签						
行标签	李四	马六	王五	张三	郑八	周七	总计
TCL	22400	24640		18000			65040
创维	25200		6400	15400	17880		64880
康佳			16000	8940			24940
熊猫			2980		13200	19800	35980
长虹	12800					3600	16400
总计	60400	24640	25380	42340	31080	23400	207240

更改行标签和列标签位置，如图 6 - 2 - 36 所示，则生成的数据透视表如表 6 - 2 - 9 所示。

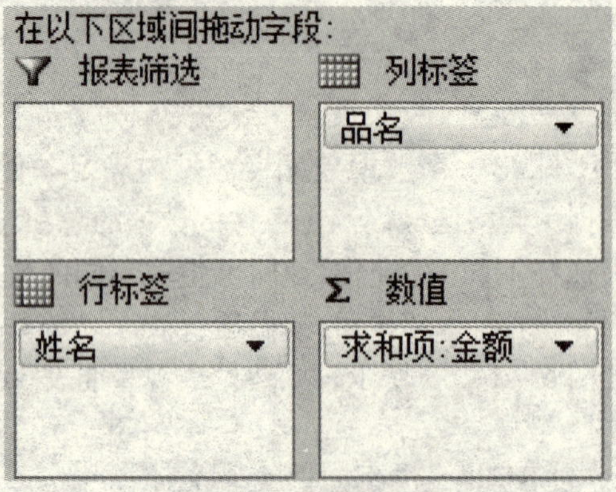

在以下区域间拖动字段：

▼ 报表筛选		⊞ 列标签
		品名 ▼

⊞ 行标签		Σ 数值
姓名 ▼		求和项：金额 ▼

图 6 – 2 – 36　报表字段设置

表 6 – 2 – 9　　　　　　　　　按职工分产品的金额透视表

求和项：金额	列标签					
行标签	TCL	创维	康佳	熊猫	长虹	总计
李四	22400	25200			12800	60400
马六	24640					24640
王五		6400	16000	2980		25380
张三	18000	15400	8940			42340
郑八		17880		13200		31080
周七				19800	3600	23400
总计	65040	64880	24940	35980	16400	207240

任务评价

班级			姓名		小组		
任务名称			物流业务信息统计				
考核内容		评价标准			参考分值	考核得分	
		优秀	良好	合格		自评（10%）	互评（30%）	教师评价（60%）
1	活动参与情况	积极观摩模仿，及时按任务要求做，认真分析总结	按时完成任务要求；积极观摩模仿	能够参加任务活动；认真观察思考	20			
2	技能掌握情况	掌握各种函数的使用方法，能准确高效地使用各种函数进行物流业务信息的统计计算	了解各种函数的使用方法，能使用各种函数进行业务信息统计	了解各种函数的使用方法，能在指导下使用各种函数进行业务信息统计	40			
3	总结归纳相应知识情况	积极参加总结讨论，观点鲜明、新颖、独特	能够参加讨论总结，有自己的观点	有自己的见解；但需要通过总结修正自己的观点	40			
总体评价					总分			

单选题

1. 求 A1 到 A10 单元格内数据的各自排名情况可以使用函数（　　　）。

A. RANK（a1，a1∶a10）　　　　B. RANK（a1，a1∶a10，0）

C. RANK（a1，a1∶a10，1）　　　D. RANK（a1，a$1∶a$10）

多选题

2. 以下函数格式正确的有（　　　）。

A. COUNTIF（range，criteria）　　　　B. COUNTIF（range，criteria，sum_ range）

C. SUMIF（range，criteria）　　　　D. SUMIF（range，criteria，sum_ range）

判断题

3. 数据透视表可以动态地改变版面布置，以便按照不同方式分析数据，也可以重新安排行号、列标和页字段。（　　　）

A. 正确　　　　　　　　　　　B. 错误

填空题

4. 统计出 C1 到 C6 单元格区域中小于 85 的数据的个数的函数为＿＿＿＿＿＿，计算 C1 到 C6 单元格区域中小于 85 的数据之和的函数为＿＿＿＿＿＿。

5. 在函数 RANK（number，ref，［order］）中，计算从大到小的排名时，order 的值为＿＿＿＿＿＿，计算从小到大的排名时，order 的值为＿＿＿＿＿＿。

问答题

6. 说明如下图所示空白数据透视表中，各部分的功能和使用。

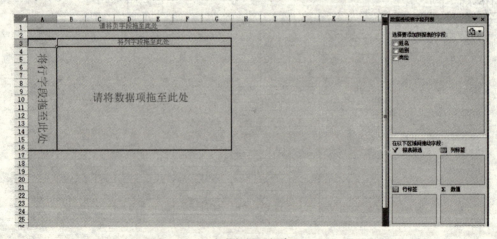

空白数据透视表

1. D

2. ACD

3. A

4. COUNTIF（C1：C6，"<85"）、SUMIF（C1：C6，"<85"）

5. 0、1

6. 答：左边为数据透视表的报表生成区域，会随着选择的字段不同而自动更新；右侧为数据透视表字段列表。创建数据透视表后，可以使用数据透视表字段列表来添加字段。如果要更改数据透视表，可以使用该字段列表来重新排列和删除字段。默认情况下，数据透视表字段列表显示两部分：上方的字段部分用于添加和删除字段，下方的布局部分用于重新排列和重新定位字段。可以将数据透视表字段列表停靠在窗口的任意一侧，然后沿水平方向调整其大小；也可以取消停靠数据透视表字段列表，此时既可以沿垂直方向也可以沿水平方向调整其大小。

右下方为数据透视表的 4 个区域，其中"报表筛选"、"列标签"、"行标签"区域用于放置分类字段，"数值"区域放置数据汇总字段。当将字段拖动到数据透视表区域中时，左侧会自动生成数据透视表报表。

任务三　物流业务信息查询

◎ 知识目标

了解 MATCH 函数的使用方法

了解制作 Excel 下拉菜单的方法

了解 LOOKUP、VLOOKUP、HLOOKUP 进行数据查询的方法

◎ 能力目标

能够使用 Excel 制造查询下拉菜单

能够灵活使用 LOOKUP、VLOOKUP、HLOOKUP 完成物流系统导出数据的自动查询

◎ 情感态度与价值观目标

培养学生使用 Excel 进行物流相关数据查询的意识

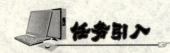

北京全顺物流有限公司仓储业务部部长交给信息员小李三件工作具体如下。

（1）根据公司库存表，制作自动查询功能，如表 6-3-1 所示。使库管员只要输入仓库内某产品名称就能查询到这种商品的本月退货数、盘盈/盘亏和期末库存量三个信息。

表 6-3-1　　　　　　　　　　各产品库存表

产品名称	期初库存量	本月入库数	本月退货数	盘盈/盘亏	期末库存量
12 寸鸿运扇	235	2156	35	3	2359
13 寸鸿运扇	543	5674	56	-2	6159
柜式空调	876	8923	85	-6	9708
1P 窗式空调	986	2315	45	2	3258
2P 窗式空调	84	5678	12	-1	5749
单门冰箱	943	9874	2	0	10815
双门冰箱	426	1235	0	-1	1660

（2）根据库存表制作自动查询功能，要求使仓管员通过下拉菜单选择月份和产品等形式就能查询其出货量，如表6－3－2所示。

表6－3－2　　　　　　　　各产品每月出货量

月份	1	2	3	4	5	6	7	8	9	10	11	12
产品 A	147	133	149	106	97	53	0	72	56	118	83	138
产品 B	74	0	110	82		145	51	53	83	111	81	98
产品 C	87	0	80	70	136	102	91	0	87	0	95	78
产品 D	59	116	82	138	88	84	0	105	120	114	87	91
产品 E	124	80		136	72	107	64	132	96	58	0	82
产品 F	91	85	135	77		92	103	92	85	105	75	125

（3）根据公司人事信息明细表制作自动查询功能，要求使办公室人员通过下拉菜单选择相应员工编号就能自动查询出此人的姓名、联系电话及岗位，如表6－3－3所示。

表6－3－3　　　　　　　　公司人力资源信息

员工编号	姓名	电话	岗位
A01	周成功	13325678902	办公室
A02	张晶	13845643368	人事
A03	郑鹏	13581345678	供应
A04	孙思淼	13836356865	销售
A05	孙楠	15336351833	财务
A06	李响	13865268034	工会

任务单★★

任务名称	完成入库接单		
任务要求	1. 根据每个任务要求录入相关数据 2. 使用 LOOKUP、VLOOKUP、HLOOKUP、MATCH 函数和下拉菜单制作自动查询功能 3. 检验自动查询功能是否正确运行		
任务成果	1. 能够完成任务 1 中本月退货数、盘盈/盘亏和期末库存量三个信息的自动查询 2. 能够完成任务 2 中出货量自动查询 3. 能够完成任务 3 中姓名、联系电话及岗位的自动查询		

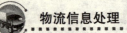

针对本任务，操作准备工作内容如下。

项　目		准备内容
环境准备	设备/道具	计算机
	主要涉及岗位角色	信息管理员
	软件	Excel 软件及原始数据
制订计划	步骤一	1. 根据每个任务要求录入相关数据
	步骤二	2. 使用 LOOKUP、VLOOKUP、HLOOKUP、MATCH 函数和下拉菜单制作自动查询功能
	步骤三	3. 检验自动查询功能是否正确运行（试一试检验功能是否可运行）

一、LOOKUP 函数

LOOKUP 函数的基本语法：LOOKUP（lookup_ value, lookup_ vector, result_ vector），其主要功能是能够实现返回向量中的数值。函数 LOOKUP 的向量形式是在单行区域或单列区域（向量）中查找数值，然后返回第二个单行区域或单列区域中相同位置的数值。它的各个参数的含义如下：

lookup_ value：LOOKUP 在第一个向量中搜索的值。Lookup_ value 可以是数字、文本、逻辑值、名称或对值的引用。

lookup_ vector：只包含一行或一列的区域。lookup_ vector 中的值可以是文本、数字或逻辑值，即查找数值范围。

result_ vector：只包含一行或一列的区域。它必须与 lookup_ vector 大小相同，即对应返回数值范围。

lookup_ vector 中的值必须以升序顺序放置：…，－2，－1，0，1，2，…；A－Z；FALSE，TRUE。否则，LOOKUP 可能无法提供正确的值。大写文本和小写文本是等同的。

如果 LOOKUP 找不到 lookup_ value，则它与 lookup_ vector 中小于或等于 lookup_ value 的最大值匹配。如果 lookup_ value 小于 lookup_ vector 中的最小值，则 LOOKUP 会提供 #N/A 错误值。

　　具体实例如图 6 - 3 - 1 所示。

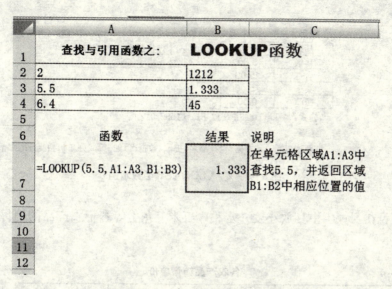

图 6 - 3 - 1　LOOKUP 函数示例

二、VLOOKUP 函数

　　VLOOKUP 函数基本语法：VLOOKUP（查找值，区域，列序号，逻辑值），其中主要参数含义如下：

　　"查找值"：为需要在数组第一列中查找的数值，它可以是数值、引用或文字符串。

　　"区域"：数组所在的区域，如"B2：E10"，也可以使用对区域或区域名称的引用，例如数据库或数据清单。

　　"列序号"：即希望区域（数组）中待返回的匹配值的列序号，为 1 时，返回第一列中的数值，为 2 时，返回第二列中的数值，以此类推；若列序号小于 1，函数 VLOOKUP 返回错误值 #VALUE!；如果大于区域的列数，函数 VLOOKUP 返回错误值 #REF!。

　　"逻辑值"：为 TRUE 或 FALSE。它指明函数 VLOOKUP 返回时是精确匹配还是近似匹配。如果为 TRUE 或省略，则返回近似匹配值，也就是说，如果找不到精确匹配值，则返回小于"查找值"的最大数值；如果"逻辑值"为 FALSE，函数 VLOOKUP 将返回精确匹配值。如果找不到，则返回错误值 #N/A。如果"查找值"为文本时，"逻辑值"一般应为 FALSE。

　　另外，如果"查找值"小于"区域"第一列中的最小数值，函数 VLOOKUP 返回错误值 #N/A。如果函数 VLOOKUP 找不到"查找值"且"逻辑值"为 FALSE，函数

VLOOKUP 返回错误值 #N/A。

下面举例说明 VLOOKUP 函数的使用方法。示例如图 6-3-2 所示。

	A	B	C	D	E	F	G	H
1								
9		题目:	提取品名的单价					
10		品名	单价		查找品名	单价		
11		稿纸	5.00		桌子	75		
12		台灯	15.00					
13		桌子	75.00					
14		铅笔	0.50					
15		公式:	=VLOOKUP(E12,B12:C15,2,0)					
16		结果:	75					
17		简要说明	根据(查找品名)提取(数据区)的,第二列单价数据,采用精确匹配0.					

图 6-3-2 VLOOKUP 函数示例

再如假设在 Sheet1 中存放小麦、水稻、玉米、花生等若干农产品的销售单价，如表 6-3-4 所示。

表 6-3-4　　　　　　　　　　各农产品销售单价

	A	B
	农产品名称	单价（元）
1		
2	小麦	0.56
3	水稻	0.48
4	玉米	0.39
5	花生	0.51
6	大豆	0.45

Sheet2 为销售清单，每次填写的清单内容不尽相同：要求在 Sheet2 中输入农产品名称、数量后，根据 Sheet1 的数据，自动生成单价和销售额。设表 6-3-5 为 Sheet2。

表 6-3-5　　　　　　　　　　销售清单

	A	B	C	D
1	农产品名称	数量	单价（元）	金额（元）
2	水稻	1000	0.48	480
3	玉米	2000	0.39	780

在 D2 单元格里输入公式：＝C2×B2；

在 C2 单元格里输入公式：＝VLOOKUP（A2，Sheet1！A2：B100，2，FALSE）。

如用语言来表述，就是：在 Sheet1 表 A2：B100 区域的第一列查找 Sheet2 表单元格 A2 的值，查到后，返回这一行第 2 列的值。

这样，当 Sheet2 表 A2 单元格里输入的名称改变后，C2 里的单价就会自动跟着变化。当然，如 Sheet1 中的单价值发生变化，Sheet2 中相应的数值也会跟着变化。

三、HLOOKUP 函数

1. 简要说明

在表格或数值数组的首行查找指定的数值，并由此返回表格或数组当前列中指定行处的数值，HOOKUP 中的 H 代表"行"。

2. 基本语法

HLOOKUP（lookup_ value，table_ array，row_ index_ num，range_ lookup）函数参数设置说明如表 6-3-6 所示。

表 6-3-6　　　　　　　　　　　　HLOOKUP 函数参数说明

参　　数	简单说明	输入数据类型
lookup_ value	要查找的值	数值、引用或文本字符串
table_ array	要查找的区域	数据表区域
row_ index_ num	返回数据在区域的第几行数	正整数
range_ lookup	模糊匹配/精确匹配	TRUE（或不填）/FALSE

HLOOKUP 函数示例如图 6-3-3 所示。

	A	B	C	D	E	F	G	H	I
9		题目：	提取数据B10:D15中寻找月份第四行数值100						
10		一月	二月	三月	行1	寻找月份：	二月		
11		10	80	97	行2	需要挑出的行：	4		
12		20	90	69	行3	结果是：	100		
13		30	100	45	行4				
14		40	110	51	行5				
15		50	120	77	行6				
16		公式：	=HLOOKUP(G10, $B$10:$D$15, G11, FALSE)						
17		结果：	100						
18		简要说明	根据(寻找月份)提取(数据区)的,(需要挑出的行)第四行月份数据,采用精确匹配0.						

图 6-3-3　HLOOKUP 函数示例

四、设置下拉菜单

（1）选择要设置的单元格，譬如 A1 单元格；

（2）选择菜单栏的"数据"→"有效性"→出现"数据有效性"弹出窗口；

（3）在"设置"选项中→"有效性条件"→"允许"中选择"序列"→右边的"忽略空值"和"提供下拉菜单"全部打勾→在"来源"下面输入数据，例如"1，2，3，4，5，6，7，8，9"（不包括双引号，分割符号"，"必须为半角模式）→按"确定"就 OK 了，再次选择该 A1 单元格，就出现了下拉菜单。

五、MATCH 函数

MATCH 函数的主要作用是返回指定数值在指定数组区域中的位置，返回指定数值在指定数组区域中的位置；返回阿拉伯数字，比如排在第 5 位，就返回 5。换句话来说，MATCH 函数可在单元格区域中搜索指定项，然后返回该项在单元格区域中的相对位置。如果需要获得单元格区域中某个项目的位置而不是项目本身，则应该使用 MATCH 函数而不是某个 LOOKUP 函数。

其基本语法结构是：MATCH（lookup_ value，lookup_ array，match_ type），其中各参数的含义如下：

lookup_ value：需要在数据表（lookup_ array）中查找的值；可以为数值（数字、文本或逻辑值）或对数字、文本或逻辑值的单元格引用。

lookup_ array：可能包含有所要查找数值的连续的单元格区域；lookup_ array 应为数组或数组引用。

match_ type：为 1 时，查找小于或等于 lookup_ value 的最大数值，lookup_ array 必须按升序排列；为 0 时，查找等于 lookup_ value 的第一个数值，lookup_ array 按任意顺序排列；为 −1 时，查找大于或等于 lookup_ value 的最小数值，lookup_ array 必须按降序排列。如果 match_ type 为 0 且 lookup_ value 为文本，lookup_ value 可以包含通配符星号（ * ）和问号（？），星号可以匹配任何字符序列，问号可以匹配单个字符。

举例：

表 6 – 3 – 7 　　　　　　　　　　各水产销售单价

	A	B
1	产品	单价（元）
2	香蕉	25
3	柑橘	38
4	苹果	40
5	梨子	41

MATCH 函数应用示例：

MATCH（39，B2：B5，1）返回结果 2，因为没有完全符合的项目，所以会传回范围 B2：B5 中下一个较小的值 38 所在的位置。

MATCH（41，B2：B5，0）返回结果 4，范围 B2：B5 中 41 的位置。

MATCH（40，B2：B5，-1）返回结果#N/A，因为 B2：B5 不是依递减顺序排列，所以会传回错误。

MATCH 函数与 VLOOKUP 函数配合使用可以对 VLOOKUP 函数查找的结果进行容错处理。

步骤一：数据录入

根据各个任务的要求，在 Excel 表格中录入相关数据。分别如图 6-3-4 至图 6-3-6 所示。

产品名称	期初库存量	本月入库数	本月退货数	盘盈/盘亏	期末库存量
12寸鸿运扇	235	2156	35	3	2359
13寸鸿运扇	543	5674	56	-2	6159
柜式空调	876	8923	85	-6	9708
1P窗式空调	986	2315	45	2	3258
2P窗式空调	84	5678	12	-1	5749
单门冰箱	943	9874	2	0	10815
双门冰箱	426	1235	0	-1	1660

图 6-3-4 任务一数据录入

月份	1	2	3	4	5	6	7	8	9	10	11	12
产品A	147	133	149	106	97	53	0	72	56	118	83	138
产品B	74	0	110	82	0	145	51	53	83	111	81	98
产品C	87	0	80	70	136	102	91	0	87	0	95	78
产品D	59	116	82	138	88	84	0	105	120	114	87	91
产品E	124	80	0	136	72	107	64	132	96	58	0	82
产品F	91	85	135	77	0	92	103	92	85	105	75	125

图 6-3-5 任务二数据录入

图 6 - 3 - 6　任务三数据录入

步骤二：自动查询功能制作

◉ 任务 1：VLOOKUP 函数应用

应用函数 VLOOKUP（查找值，区域，列序号，逻辑值）来进行查找。

查找值设置为输入框内读取到的值；区域选择数据所在的所有区域；列序号根据需要查询的项目所在的列数进行填写，逻辑值为 FALSE，表示返回精确匹配值。

因此，期末库存量查找函数为 VLOOKUP（B12，A3：F9，6，FALSE），查找结果如图 6 - 3 - 7 所示。

图 6 - 3 - 7　VLOOKUP 应用一

本月退货数查找函数为 VLOOKUP（B12，A3：F9，4，FALSE），查找结果如图 6 - 3 - 8所示。

F12		f_x	=VLOOKUP(B12,A3:F9,4,FALSE)		
	A	B	C	D	E	F
1			库存表1			
2	产品名称	期初库存量	本月入库数	本月退货数	盘盈/盘亏	期末库存量
3	12寸鸿运扇	235	2156	35	3	2359
4	13寸鸿运扇	543	5674	56	-2	6159
5	柜式空调	876	8923	85	-6	9708
6	1P窗式空调	986	2315	45	2	3258
7	2P窗式空调	84	5678	12	-1	5749
8	单门冰箱	943	9874	2	0	10815
9	双门冰箱	426	1235	0	-1	1660
10						
11					期末库存量：	3258
12	产品名称	1P窗式空调			本月退货数：	45
13					存货盘盈/盘亏	2
14						

图6-3-8 VLOOKUP 应用二

存货盘盈/盘亏查找函数为 VLOOKUP（B12，A3：F9，5，FALSE），查找结果如图 6-3-9 所示。

F13		f_x	=VLOOKUP(B12,A3:F9,5,FALSE)		
	A	B	C	D	E	F
1			库存表1			
2	产品名称	期初库存量	本月入库数	本月退货数	盘盈/盘亏	期末库存量
3	12寸鸿运扇	235	2156	35	3	2359
4	13寸鸿运扇	543	5674	56	-2	6159
5	柜式空调	876	8923	85	-6	9708
6	1P窗式空调	986	2315	45	2	3258
7	2P窗式空调	84	5678	12	-1	5749
8	单门冰箱	943	9874	2	0	10815
9	双门冰箱	426	1235	0	-1	1660
10						
11					期末库存量：	3258
12	产品名称	1P窗式空调			本月退货数：	45
13					存货盘盈/盘亏	2

图6-3-9 VLOOKUP 应用三

◉ 任务2：HLOOKUP 函数及下拉菜单应用

首先，根据任务要求设置下拉菜单，设置的下拉菜单如图6-3-10所示。

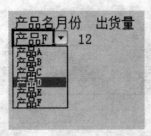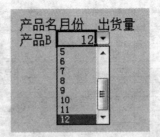

图 6 - 3 - 10　下拉菜单设置

设置查询函数，使用 HLOOKUP 函数进行查询。HLOOKUP 函数的作用是在表格或数值数组的首行查找指定的数值，并由此返回表格或数组当前列中指定行处的数值。

根据 HLOOKUP 函数的语法结构：HLOOKUP（lookup_ value，table_ array，row_ index_ num，range_ lookup），设置相关的参数如表 6 - 3 - 8 所示。

表 6 - 3 - 8　　　　　　　　　　　　　HLOOKUP 函数参数设置

参　　数	简单说明	设置
lookup_ value	要查找的值	在第一行的数值中查找，并满足于与 E12 栏目中的数值一样
table_ array	要查找的区域	区域为整个区域，设置为 A2：M8
row_ index_ num	返回数据在区域的第几行数	使用 match 函数，查找月份值与 D12 栏数值相同的行。返回值为 0，精确性查找
range_ lookup	模糊匹配/精确匹配	FALSE 表示返回精确匹配值

因此，查找函数为 HLOOKUP（E12，A2：M8，MATCH（D12，A2：A8，0），FALSE），查询结果如图 6 - 3 - 11 所示。

◉ 任务 3：LOOKUP 函数及下拉菜单应用

首先，根据任务要求设置下拉菜单，设置的下拉菜单如图 6 - 3 - 12 所示。

接下来，应用 LOOKUP 函数实现查询功能。

根据要求设定相关函数的参数，姓名查询函数为 LOOKUP（A11，A3：A8，B3：B8），查询结果如图 6 - 3 - 13 所示。

电话查询函数为 LOOKUP（A11，A3：A8，C3：C8），查询结果如图 6 - 3 - 14 所示。

岗位查询函数为 LOOKUP（A11，A3：A8，D3：D8），查询结果如图 6 - 3 - 15 所示。

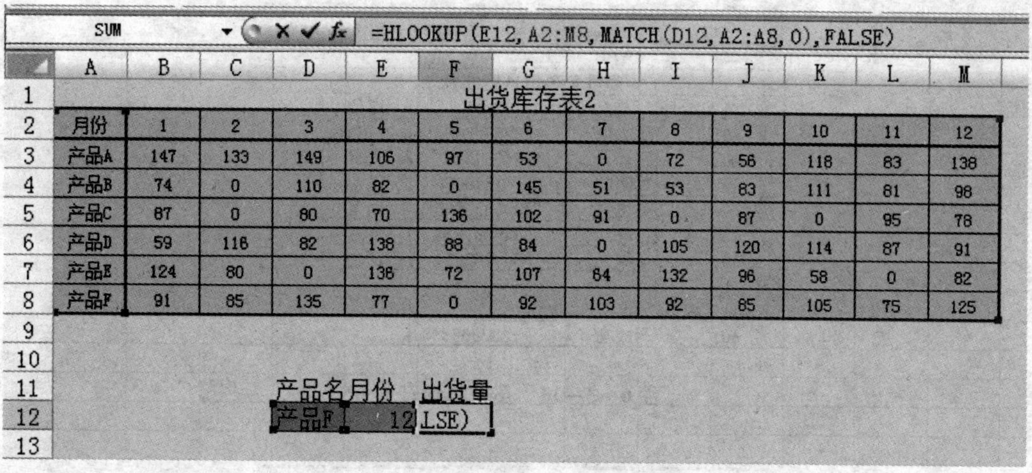

SUM	▼	✕ ✓ *fx*	=HLOOKUP(E12,A2:M8,MATCH(D12,A2:A8,0),FALSE)								
	A	B	C	D	E	F	G	H	I	J	K	L	M

	A	B	C	D	E	F	G	H	I	J	K	L	M
1	出货库存表2												
2	月份	1	2	3	4	5	6	7	8	9	10	11	12
3	产品A	147	133	149	106	97	53	0	72	56	118	83	138
4	产品B	74	0	110	82	0	145	51	53	83	111	81	98
5	产品C	87	0	80	70	136	102	91	0	87	0	95	78
6	产品D	59	116	82	138	88	84	0	105	120	114	87	91
7	产品E	124	80	0	136	72	107	84	132	96	58	0	82
8	产品F	91	85	135	77	0	92	103	92	65	105	75	125
9													
10													
11			产品名月份		出货量								
12			产品F		12	LSE)							
13													

图 6 - 3 - 11　HLOOKUP 函数及下拉列表应用

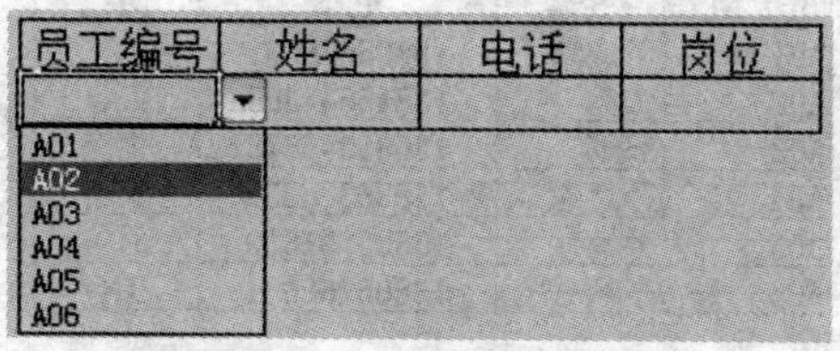

员工编号	姓名	电话	岗位
▼			
A01			
A02			
A03			
A04			
A05			
A06			

图 6 - 3 - 12　下拉菜单设置

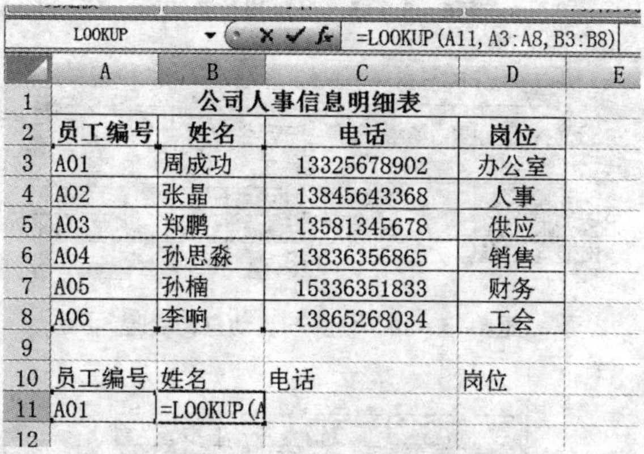

LOOKUP	▼	✕ ✓ *fx*	=LOOKUP(A11,A3:A8,B3:B8)	

	A	B	C	D	E
1	公司人事信息明细表				
2	员工编号	姓名	电话	岗位	
3	A01	周成功	13325678902	办公室	
4	A02	张晶	13845643368	人事	
5	A03	郑鹏	13581345678	供应	
6	A04	孙思淼	13836356865	销售	
7	A05	孙楠	15336351833	财务	
8	A06	李响	13865268034	工会	
9					
10	员工编号	姓名	电话	岗位	
11	A01	=LOOKUP(A			
12					

图 6 - 3 - 13　员工姓名查询

步骤三：检验自动查询功能

使用自动查询功能，检验其是否能够正确运行。分别如图 6 - 3 - 16 至图 6 - 3 - 18 所示。

C11		f_x	=LOOKUP(A11,A3:A8,C3:C8)	
	A	B	C	D	E
1	公司人事信息明细表				
2	员工编号	姓名	电话	岗位	
3	A01	周成功	13325678902	办公室	
4	A02	张晶	13845643368	人事	
5	A03	郑鹏	13581345678	供应	
6	A04	孙思淼	13836356865	销售	
7	A05	孙楠	15336351833	财务	
8	A06	李响	13865268034	工会	
9					
10	员工编号	姓名	电话	岗位	
11	A01	周成功	13325678902		

图 6 − 3 − 14　员工电话查询

D11		f_x	=LOOKUP(A11,A3:A8,D3:D8)	
	A	B	C	D	E
1	公司人事信息明细表				
2	员工编号	姓名	电话	岗位	
3	A01	周成功	13325678902	办公室	
4	A02	张晶	13845643368	人事	
5	A03	郑鹏	13581345678	供应	
6	A04	孙思淼	13836356865	销售	
7	A05	孙楠	15336351833	财务	
8	A06	李响	13865268034	工会	
9					
10	员工编号	姓名	电话	岗位	
11	A01	周成功	13325678902	办公室	

图 6 − 3 − 15　员工岗位查询

产品名称	单门冰箱
期末库存量:	10815
本月退货数:	2
存货盘盈/盘	0

产品名称	13寸鸿运扇
期末库存量:	6159
本月退货数:	56
存货盘盈/盘	-2

图 6 − 3 − 16　任务一自动查询检验

产品名	月份	出货量
产品D	12	91
产品A		
产品B		
产品C		
产品D		
产品E		
产品F		

图 6 − 3 − 17　任务二自动查询检验

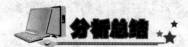

员工编号	姓名	电话	岗位
A03 ▼	郑鹏	13581345678	供应
A01			
A02			
A03			
A04			
A05			
A06			

图 6－3－18 任务三自动查询检验

分析总结

函数 LOOKUP 有两种语法形式：向量和数组。

向量为只包含一行或一列的区域。函数 LOOKUP 的向量形式是在单行区域或单列区域（向量）中查找数值，然后返回第二个单行区域或单列区域中相同位置的数值。如果需要指定包含待查找数值的区域，则可以使用函数 LOOKUP 的这种形式。函数 LOOKUP 的另一种形式为自动在第一列或第一行中查找数值。

◉ 语法1：向量形式

LOOKUP（lookup_value，lookup_vector，result_vector）

要点：lookup_vector 的数值必须按升序排序：…、－2、－1、0、1、2、…、A－Z、FALSE、TRUE；否则，函数 LOOKUP 不能返回正确的结果，文本不区分大小写。

result_vector：只包含一行或一列的区域，其大小必须与 lookup_vector 相同。

注意尺寸和对应位置。比如 lookup（A1，B1：B10，C2：C11）——其中 C2：C11 的尺寸要与 B1：B10 相同，且如果 A1 对应 B 列中的位置是 B2 的话，那么返回的将是 C3 的值。

◉ 语法2：数组形式

LOOKUP（lookup_value，array）

如果 lookup_value 小于第一行或第一列（取决于数组的维数）的最小值，函数 LOOKUP 返回错误值 #N/A。

Array：为包含文本、数字或逻辑值的单元格区域，它的值用于与 lookup_value 进行比较。

函数 LOOKUP 的数组形式与函数 HLOOKUP 和函数 VLOOKUP 非常相似。不同之处在于函数 HLOOKUP 在第一行查找 lookup_value，函数 VLOOKUP 在第一列查找，而函数 LOOKUP 则按照数组的维数查找。

函数 HLOOKUP 和函数 VLOOKUP 允许按行或按列索引，而函数 LOOKUP 总是选择行或列的最后一个数值。

要点：数组中的数值必须按升序排序。

任务评价

班级			姓名		小组	

任务名称			物流业务信息查询			

考核内容		评价标准			参考分值	考核得分		
		优秀	良好	合格		自评（10%）	互评（30%）	教师评价（60%）
1	活动参与情况	积极观摩模仿，及时按任务要求做，认真分析总结	按时完成任务要求；积极观摩模仿	能够参加任务活动；认真观察思考	20			
2	技能掌握情况	掌握各种函数的使用方法，能准确高效地使用下拉菜单和各种函数进行物流业务信息查询	了解各种函数的使用方法，能使用下拉菜单和各种函数进行物流业务信息查询	了解各种函数的使用方法，能在指导下使用下拉菜单和相关函数进行物流业务信息查询	40			
3	总结归纳相应知识情况	积极参加总结讨论，观点鲜明、新颖、独特	能够参加讨论总结，有自己的观点	有自己的见解；但需要通过总结修正自己的观点	40			
总体评价					总分			

单选题

1. 返回指定数值在指定数组区域中的位置的函数是（　　　）。

A. LOOKUP 函数　　　　　　　　　　B. VLOOKUP 函数

C. HLOOKUP 函数　　　　　　　　　　D. MATCH 函数

多选题

2. 以下语法正确的有（　　　）。

A. HLOOKUP（lookup_ value，table_ array，row_ index_ num，range_ lookup）

B. VLOOKUP（lookup_ value，table_ array，col_ index_ num，range_ lookup）

C. MATCH（lookup_ value，lookup_ array，match_ type）

D. LOOKUP（lookup_ value，lookup_ vector，result_ vector）

判断题

3. 函数 LOOKUP（lookup_ value，lookup_ vector，result_ vector）中的参数 lookup_ vector 中的值可以用倒序顺序放置。（　　　）

A. 正确　　　　　　　　　　　　B. 错误

填空题

4. 各产品销售单价表中：

各产品销售单价

	A	B
1	产品	单价（元）
2	笔	2.5
3	尺子	3
4	教材	20
5	参考书	33

公式 MATCH（20，B2：B5，1）的结果是＿＿＿＿＿＿；公式 MATCH（33，B2：B5，0）的结果是＿＿＿＿＿＿；公式 MATCH（3，B2：B5，-1）的结果是＿＿＿＿＿＿。

5. 数据统计结果如下表所示。

数据统计结果

	A	B	C	D
1	46	58	19	73
2	35	24	75	23
3	23	37	46	69
4	57	68	36	58
5	48	29	79	52

公式 LOOKUP（23，A1：A5，B1：B5）的结果是_____；公式 LOOKUP（57，A1：A5，C1：C5）的结果是_____；公式 LOOKUP（68，B1：B5，D1：D5）的结果是_____。

简答题

6. 如何设置下拉菜单？

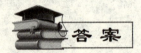

答案

1. D

2. ABCD

3. B

4. 3、4、#N/A

5. 37、36、58

6. 首先，选择要设置的单元格，譬如 A1 单元格；

接下来，选择菜单栏的"数据"→"有效性"→出现"数据有效性"弹出窗口；

最后，在"设置"选项中→"有效性条件"→"允许"中选择"序列"→右边的"忽略空值"和"提供下拉菜单"全部打勾→在"来源"下面输入数据，譬如"1，2，3，4，5，6，7，8，9"（不包括双引号，分割符号","必须为半角模式）→按"确定"就 OK 了，再次选择该 A1 单元格，就出现了下拉菜单。